KB263689

복음 수업

복음 수업

복음 수업

지은이 | 이인호
초판 발행 | 2025. 10. 22
등록번호 | 제1988-000080호
등록된 곳 | 서울특별시 용산구 서빙고로 65길 38
발행처 | 사단법인 두란노서원
영업부 | 2078-3333 FAX | 080-749-3705
출판부 | 2078-3331

책값은 뒤표지에 있습니다.
ISBN 978-89-531-5202-1 03230

독자의 의견을 기다립니다.
tpress@duranno.com www.duranno.com

두란노서원은 바울 사도가 3차 전도여행 때 에베소에서 성령 받은 제자들을 따로 세워 하나님의 말씀으로 양육하던 장소입니다. 사도행전 19장 8-20절의 정신에 따라 첫째 목회자를 돕는 사역과 평신도를 훈련시키는 사역, 둘째 세계선교(TIM)와 문서선교(단행본·잡지)사역, 셋째 예수문화 및 경배와 찬양 사역, 그리고 가정·상담 사역 등을 감당하고 있습니다. 1980년 12월 22일에 창립된 두란노서원은 주님 오실 때까지 이 사역들을 계속할 것입니다.

삶이 변화되는 로마서 공부

복음 수업

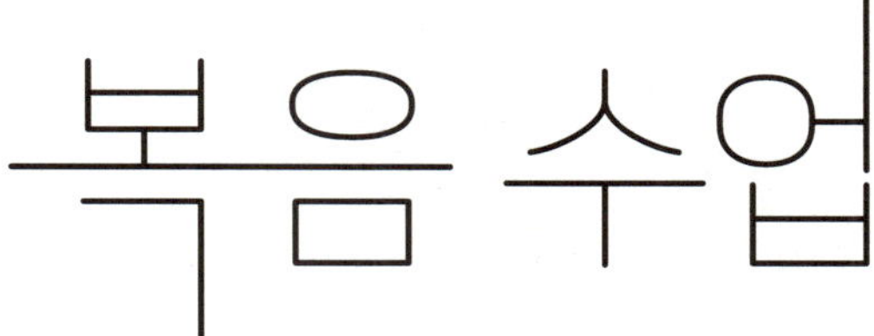

이인호 지음

두란노

목차

사도 바울의 로마서는 기독교 신앙의 심장부라 불리는 서신입니다. 그 안에는 인간의 죄와 하나님의 의, 믿음과 은혜, 그리고 성령 안에서의 새 삶과 공동체의 소명이 응축되어 있습니다. 《복음 수업》은 이 로마서를 따라가며 복음의 본질을 풀어내고, 오늘 우리의 삶 속에서 그 속에 담긴 의미가 어떻게 살아 움직이는지를 생생하게 전해 줍니다.

이 책의 가장 큰 미덕은 성경 본문에 대한 철저한 충실성에 있습니다. 동시에 단순한 주해에 머무르지 않고, 신학적 깊이와 목회적 감수성을 함께 담아내어 교리와 삶, 사유와 실천을 하나로 엮어 냅니다. 학문적 설명이 결코 건조하지 않고, 일상의 자리에서 복음이 울려 퍼지도록 만드는 영적 울림이 책 전반을 감돕니다.

그러므로 이 책은 신학생과 목회자들에게는 로마서를 새롭게 조망할 수 있는 귀한 길잡이가 될 것이며, 평신도 독자들에게는 복음을 삶으로 살아 내도록 도전과 위로를 동시에 주는 안내자가 될 것입니다. 특히 복음의 본질을 다시 확인하고자 하는 신앙인들에게는 믿음을 새롭게 굳건히 세워 주는 은혜의 통로가 될 것입니다.

이 책을 펼치는 독자들은 복음을 단순한 교리나 지식이 아니라, 오늘 우리의 삶을 변화시키는 살아 있는 능력으로 만나게 될 것입니다. 로마서가 증언하는 '하나님의 의'가 어떻게 우리의 죄를 덮고, 믿음으로 의롭다 하심을 주며, 성령 안에서 새로운 삶을 가능하게 하는지를 생생하게 경험하게 될 것입니다. 나아가 복음의 진리가 교회와 사회 속에서 어떻게 구현될 수 있는지를 깊이 숙고하며, 복음의 사람으로 살아가는 길에 대한 분명한 지침을 얻게 될 것입니다.

《복음 수업》은 단순한 성경 강의를 넘어, 우리의 사유와 영혼과 삶을 동시에 깨우는 신학적이면서도 목회적이고 영적인 안내서입니다. 이 책이 독자들의 믿음을 더욱 굳건히 하고, 그 믿음이 삶의 모든 자리에서 복음의 빛으로 드러나기를 바랍니다.

강영안_미국 칼빈신학교 철학신학 초빙교수, 한동대 석좌교수, 서강대 명예교수

오늘날 많은 성도가 복음의 참된 의미를 놓치고 있는 것 같습니다. 어떤 이들에게 복음은 죽어서 천국 가는 표 정도르 여겨지고, 또 다른 이들에게는 자신의 행위와 노력으로 인정받으려는 무거운 짐이 되어 버렸습니다. 그래서 복음을 알면서도 삶의 변화와 기쁨을 온전히 누리지 못하는 분들이 많습니다.

이런 때에 이인호 목사님의 《복은 수업》을 만나게 되어 참으로 감사합니다. 이 책은 우리를 다시 복음의 중심으로 자연스럽게 이끌어 주는 귀한 길잡이입니다. 로마서를 바탕으로 한 이 책은 복음이 단순한 교리나 지식이 아니라, 오늘도 우리에게 죄를 이기고 거룩한 삶을 살게 하는 하나님의 살아 있는 능력임을 따뜻하게 보여 줍니다.

저자는 '구원=믿음+행위'라는 잘못된 신앙 공식을 넘어서, 오직 그리스도 안에서 성령을 따라 사는 삶이 무엇인지를 마치 가까이 있는 목자처럼 알기 쉽게 들려줍니다. 이 책의 큰 매력은 신학적 이론에만 머물지 않고, 목회 현장에서 나온 실제적 적용들로 가득하다는 점입니다. 우리가 신앙생활에서 자주 경험하는 질투와 분노, 유혹과 좌절 앞에서 어떻게 서야 하는지를 구체적으로 알려 줍니다. '여기기-드리기-열심 내기'라는 단순하지만 깊이 있는 원리를 통해, 일상에서 성령의 능력으로 죄를 이기고 하나님의 사랑 안에 머무는 길을 친절하게 안내해 줍니다.

특히 로마서 7장의 탄식에서 8장의 성령 안 승리로 이어지는 흐름을 이토록 자연스럽게 풀어낸 것은 정말 놀랍습니다. "오호라 나는 곤고한 사람이로다"(롬 7:24)라는 절망이 "그러므로 이제 그리스도 예수 안에 있는 자에게는 결코 정죄함이 없나니"(롬 8:1)라는 선포로 이어질 수 있음을 성경적이면서도 우리 삶의 언어로 경험하게 해 줍니다.

무엇보다 이 책은 성령의 역사를 다루면서도 균형을 잃지 않습니다. 신비주의적으로 치우치지도 않고, 그렇다고 성령의 살아 있는 능력을 가볍게 여기지도 않습니다. 성령을 따라 행하는 삶, 육신의 생각과 영의 생각을 구분하는 법, 몸의 행실을 죽이는 길을 실제적이면서도 은혜롭게 가르쳐 줍니다.

《복음 수업》은 단순한 로마서 해설서가 아닙니다. 복음을 다시 붙잡아야 하는 이 시대 교회와 성도들에게 영적 각성과 실제적인 변화를 불러일으키는 복음의 선포서입니다. 복음이 개인의 구원을 넘어 교회와 세상을 변화시키는 하나님 나라의 복음임을 자연스럽게 드러내 줍니다.

이 책은 복음을 머리로만 아는 성도에게는 삶의 변화의 길을, 죄와 싸우며 힘겨워하는 성도에게는 승리의 비밀을, 목회자와 평신도 지도자들에게는 복음 중심의 교회를 세우는 든든한 토대를 선물할 것입니다.

유기성_위지엠 대표, 선한목자교회 원로목사

전하는 복음을 이해하는 것은 충분히 가능하나 그 깊이만큼 체험하는 것은 쉽지 않은 일이다. 로마서가 난해하게 여겨지는 만큼 복음을 체험하고 있지 못하다고 말할 수도 있을 것이다. 신학자들의 복잡한 논문들은 로마서를 통해 복음을 체험적으로 이해하고자 하는 성도들에게는 생각을 더 복잡하게 할 뿐이다. 그래서 로마서를 체험적으로 풀어 전해 주는 목회자들의 책이 필요하다. 적용 중심의 간증식도 아니고, 생각을 복잡하게 하는 논문도 아니고, 주일에 선포된 설교를 그저 이어 놓은 설교집도 아닌 책이 필요하다.

이인호 목사님의 책은 이러한 조건을 모두 충족시키는 충실한 로마서 설명서이다. 오랫동안 복음 중심의 교회와 그리스도 중심의 강해 설교를 추구하며, 복음과 도시 사역의 이사장으로서 한국 교회를 복음적으로 갱신하는 일에 헌신해 온 열매이기도 하다. 목회자로서 로마서를 가르치면서 느껴 왔던 한계가 이 책에서는 돌파되어 한편으로는 부러움도 느끼게 하는 책이다. 이 책은 분명 한국 교회를 복음으로 더 풍성하게 해 줄 것으로 확신한다. 모든 목회자와 성도들이 반드시 읽어야 할 필독서가 되어야 할 것이다.

이재훈_온누리교회 위임목사

은혜의 각성은 남다르고 비범한 어떤 것에 대한 새로운 발견이 아니다. 늘 익숙하게 알아 왔던 그것이 새롭고 두드러지게, 세포와 신경을 희열로 곤두세우는 방식으로 내 존재의 걸음이 되는 '평이해 보이는 탁월한 여정'이다. 그 여정의 선물에 참여하려면, 늘 알아 왔던 그것을 안다는 전제로 살지 않으려 의지하는 '겸손'이 있어야 한다. 동시에 내 말을 듣는 이들이 이미 충분히 알고 있을 만한 것들에 대해서도 언제든 다시 강조할 수 있는 '뻔뻔함'(용기)이 있어야 한다. 이 겸손과 뻔뻔함은 "내면의 온전함으로 향하기 위한 대화"의 조건으로 제시된 파커 파머(Parker Palmer)의 문법이다. 이 책《복음 수업》의 저자와 사귐을 거듭할수록 그의 태도와 삶의 의지, 자세가 누구보다 이 문법에 적합하다는 것을 알게 된다.

저자를 생각할 때 떠오르는 언어들은 '보다 온전하려는 수고를 마다하지 않음', '반복을 두려워하지 않는 용기', '본질을 향한 열망', '고정된 자리를 지키려는 욕망에 저항하는 고민' 등이다. 감히, 바로 그 태도와 삶의 의지, 자세를 통해 복음의 정수를 다시 또 들여다보며 삶 전부에 새로운 도전을 가하고 싶게 하는 이 책이 우리 손에 들리게 되었다고 말하고 싶다.

그리하여 이 책에서 복음, 죄, 소식, 은혜, 칭의, 성화, 성령의 내주와 연합, 자유, 영원히 익숙해지지 않는 사랑에 굴복된 삶 등은 '복음이 몸의 활동을 포함하여 모든 것을 바꾼다'는 저자의 확신 안에서 정밀하게 연결되고 있다. 무엇보다, 신자들의 눈높이에 맞춘 질문들로 구성된 각 장의 제목들이 너무나 실제적이어서, 그의 목회적 비범함을 느끼게 한다. 동시에 우리 성도들과 더불어 찬찬히 같이 들여다보고 싶은 의욕을 자극한다.

정갑신 _예수향남교회 담임목사

죄를 이기는 삶의 복음을
회복하기 위하여

처음 썼던 로마서의 복음, 《믿음에서 믿음으로》(익투스, 2017)가 출간된 지 8년이 지났다. 그 8년 동안 로마서의 복음을 거듭 공부하면서 내 시야가 더 넓어지고 깊어졌다. 성경은 얼마나 깊고 넓은지 그 끝을 헤아릴 수가 없다. 결국 책을 다시 써야겠다는 생각이 들었다. 개정판치고는 많은 부분을 손보고 추가하고 새롭게 디자인했다. 자동차에 비유하면 외관 개선(face lift) 정도가 아니라, 새로운 버전에 가깝다고 할 수 있다. 하지만 기존의 뼈대와 틀은 간직하고 있으니, 건축으로 보면 신축보단 리모델링에 더 가깝다.

이 책을 읽는 성도들과 독자들에게 로마서의 복음을 통해 강조하고 싶은 것을 간략히 소개하자면 다음과 같다.

첫째, 복음은 죄 문제에 대한 해답이다. 로마서는 죄를 집요하게 다룬다. 로마서처럼 '죄'라는 단어가 많이 나오는 성경으로는 레위기를 들 수 있다. 레위기는 죄를 제사와 관련하여 언급한다. 하지만 로마서처럼 죄를 신학적으로 심층적이며 조직적이게 다루는 성경은 없다.

그러므로 은혜로 바로 달려가기 전에, 로마서 1-3장에서 성경이 말하는 죄와 타락, 진노의 내용을 깊이 생각하면 좋겠다. 우리는 모든 인간을 오염시킨 죄의 파괴성과 그 실상을 알아야 한다. 로마서 7장에서는 바울이 내주하는 죄의 위력과 정체를 어떻게 폭로하는지 주목하길 바란다. 우리는 우리 안에 숨어 있는 적을 알아야 한다. 복음이 어떻게 죄의 바이러스에 감염된 인류를 구해 내고 그 죄를 심판하여, 우리로 순종하게 하는

지가 로마서의 핵심 주제이다.

둘째, 복음은 은혜의 소식이다. 로마서는 죄 아래 있는 인간이 율법을 지켜서 구원받을 방법은 없다고 분명히 선언한다. 자기 행위, 도덕, 종교로 구원받을 길 없는 인간을 향한 구원의 소식이 바로 복음이다. 율법은 네가 이렇게 저렇게 살면 하나님이 너를 사랑하실 것이라는 가르침이다. 반면 복음은 우리를 위해 하나님이 이루신 일에 대한 소식이다. 은혜의 복음은 아무리 강조해도 지나치지 않다. 복음을 종교와 나누는 경계선은 은혜이다.

너무 많은 사람들이 은혜의 복음을 모르고 종교 생활을 한다. 벌 받을까 봐 무섭고 억눌려서 교회를 다니는 사람들이 너무나 많다. 자신도 모르게 남을 지적하고 판단하는 바리새인처럼 변한 사람들도 매우 많다. 오늘날 많은 청년들이 진정한 은혜의 복음을 모른 채 종교화, 율법화된 교회가 교회의 본모습인 줄 알고 교회를 떠난다. 은혜의 복음은 우리가 공부하고 외우고 적용해서, 우리의 사고방식과 체질에 새겨야 한다. 우리 안에 깊이 뿌리박힌 공로 의식, 종교적 천성을 지우고, 우리를 은혜의 복음으로 체질화해야 한다.

셋째, 복음의 온전성이다. 복음은 예수 그리스도의 십자가와 부활이다. 십자가와 부활을 통해서 그분이 무엇을 이루셨는지를 전하는 소식이 또한 복음이다. 그런 면에서 그리스도의 구속으로 우리를 의롭다고 하신 '칭의'는 분명 복음이다. 그렇다면 그다음, '성화'는 어떤가? 성화는 복음의 영향력인가? 칭의의 은혜를 반복하고, 그 은혜 안에 머물면 하나님의 사랑에 영향을 받아 성화가 저절로 이루어지는가?

물론 은혜를 받으면 그 은혜가 우리 내면에 화학 반응을 일으켜서 사랑을 만들고, 그 사랑이 율법을 완성한다. 두려움이 아닌 은혜로 시작해야 진정한 복음이다. 그런데 이 단순한 도식이 복음의 핵심이고 전부일까? 실제로 우리가 은혜를 받아 주님을 뜨겁게 사랑하면 정말 죄를 이기고 순종하는 몸으로 살아갈 수 있는가? 칭의를 반복하고 강조하면 정말 성화에 이르게 될까? 로마서 어디에서도 그런 식으로 성화를 설명하지 않는다.

바울은 성화를 위해 칭의의 반복이 아니라 연합에 초점을 둔다. 십자가의 복음이 우리의 죄를 덮어 주었을 뿐 아니라, 주님과의 연합으로 죄의 지배에서 벗어나게 하고, 율법에서 자유케 하고, 내주하는 죄와 육신을 심판했다는 소식으로 나아간다. 결국 십자가와 부활이 우리에게 주는 가장 강력한 승리의 선물은 성령의 내주이다. 성령을 의지할 때 율법의 요구를 이룰 수 있다는 것이다.

이처럼 복음은 주님이 십자가에서 이루신 일에 관한 소식이다. 그분은 무엇을 이루셨는가? 칭의, 연합, 죄의 지배에서의 자유, 율법의 지배에서의 자유, 성령의 내주하심, 기도의 응답, 끊을 수 없는 사랑, 결국 영화롭게 하시는 모든 것을 이미 예수님이 다 이루셨다. 이것이 소식이다.

로마서에서 더 나아가 에베소서로 가면 주님이 십자가에서 이미 교회의 승리도 이루셨음을 말한다. 골로새서로 가면 그 구원이 우주적 구원임을 말하고, 요한계시록에 가면 그 구원이 현재 역사를 통치하고 그분의 통치대로 역사의 시나리오가 흘러가고 있음을 말한다. 그리고 새 하늘과 새 땅이 이루어진다. 이처럼 복음은 모든 것을 변화시킨다. 이 모든 것이 다 십자가와 부활 안에 담겨 있다.

그래서 믿는다는 것은 이 모든 것을 믿는 것이다. 믿고 의롭다 함을 얻었을 뿐 아니라, 믿고 죄의 지배에서 벗어났고, 믿고 몸의 주인이 하나님이 되셨고, 믿고 율법에서 자유하게 되었고, 믿고 죄와 육신에 대해서 승리했고, 믿고 성령이 내주하시게 되었고, 믿고 순종하는 백성으로 변화되는 것이다. 그러기 위해서 우리는 로마서를 통해 주님이 이루신 복음의 풍성함, 복음의 온전함을 알아야 한다.

넷째, 로마서의 복음은 결국 몸의 복음, 즉 순종의 복음이다. 복음과 종교를 나누는 경계선, 그 특징이 은혜라고 했다. 과연 은혜의 목적은 무엇일까? 하나님이 우리에게 은혜를 베푸신 이유는 무엇인가? 우리는 로마서를 보면서 바울의 복음이 곧 새 언약의 성취임을 말하고 있다는 것을 알아챈다. 옛 언약이 우리로 순종하게 못 했기에 주님이 주신 새 언약을 성취한 것이 복음이라는 것이다. 주님은 자신의 힘으로 율법에 순종하지 못하는 이들에게, 새 언약을 통해 마음을 변화시키고 성령을 주어 순종하는 사람들로 만들겠다고 약속하셨다. 복음은 바로 이 새 언약의 성취이다.

그렇다면 복음의 목적은 순종이다. 바울은 로마서의 서두와 말미에서 복음이 믿어 순종케 하는 것임을 강조한다. 그 순종의 핵심이 몸에 있다. 마음이 변화되었어도 몸으로 행하지 않으면 순종이 아니다. 결국 몸이 순종하는 데까지 나아가야 순종의 백성이 된다. 목적을 바로 깨닫는 것은 중요하다. 최종 목적을 바로 이해하면 모든 중간 여정의 의미와 순서와 질서가 바로잡힌다. 복음이 어떻게 우리를 순종의 자녀로 이끄는가?

첫째, 칭의는 순종의 올바른 동기가 된다. 두려움과 교만으로 바리새인처럼 외식하는 종교인의 순종이 아니라, 그리스도 안에 나타난 놀라운 은혜로 말미암아, 사랑으로 순종하게 한다(롬 5장).

둘째, 연합은 구원의 방향을 알려 준다. 그리스도와 함께 죽고 부활하는 연합을 통해서 우리는 새로운 존재, 새로운 소속으로 새로운 주인을 섬기게 되었다. 이를 통해 우리가 몸으로 순종해야 할 방향과 목적을 알려 준다(롬 6장).

셋째, 죄와 육신이 순종의 방해물이다. 우리가 순종하지 못하게 하는 것은 죄요, 그 죄의 터전은 육신이다. 율법은 죄의 정체를 밝히고, 육신의 본성을 드러낸다(롬 7장).

넷째, 그 죄와 육신을 이기고 율법의 요구를 이루게 하는 분이 성령이시다(롬 8장). 결국 복음의 하이라이트는 성령이시다. 복음은 우리 몸 안에 성령을 두서서 우리로 순종하게 하신다.

이처럼 복음의 목적을 은혜나 구원이 아니라 순종에 둘 때, 모든 복음의 요소들이 제자리를 찾는다. 우리는 오늘날 가장 중요한 복음의 목적인 순종을 잃었다. 은혜는 흐르는 강물이 되어 우리를 순종으로 이끌어야 하는데, 호수가 되어 신자로 즐기는 피서객이 되게 했다. 복음은 한편으론 하나님의 은혜와 용서의 소식이다. 다른 한편으론 하나님이 그분을 향한 순종의 길을 여신 소식이다. 복음은 이 몸으로 세상에서 승리하게 하는 삶의 복음이다. 이 시대 교회의 초라함은 이 복음을 떠난 데 있다. 우리는 다시 복음으로 돌아가야 한다. 복음을 깊이 알고 이 복음을 전파해야 한다. 그것만이 멸망으로 가는 이 세상을 구원하는 길이다.

《믿음에서 믿음으로》 서문에서도 언급했었지만, 로마서를 연구하는 평생의 목회 동안 존 칼빈(John Calvin), 존 스토트(John R. W. Stott), 마틴 로이드존스(Martyn Lloyd-Jones), 톰 라이트(Nicholas Thomas Wright), 팀 켈러(Timothy J. Keller), 그리고 사랑하는 고(故) 옥한흠 목사님 등등, 이 위대한 분들이 모두 내 스승이셨다. 학술적인 논문이 아니기에 구절마다 일일이 표기하지 못했지만, 이 책은 그분들의 가르침의 산물이다.

무엇보다 나로 로마서를 연구하고 이 책을 쓰게 한 동력은 바로 더사랑의교회 성도들이다. 말씀을 사모하는 성도들을 통해서, 오늘날 성도들이 말씀을 싫어하고 즐거운 이야기만 좋아한다는 말이 거짓임을 알았다. 매년 두 주간의 가을 특별새벽기도회 내내 새벽 4시 50분부터 본당을 가득 채운, 말씀을 사모하는 성도들의 모습이 진정 나의 영감의 원천이요,

말씀 연구의 이유였다. 그렇게 20여 년간 매년 한 권씩 성경을 강해할 수 있게 해 준 성도들에게 깊은 감사를 전한다. 또한 이 지면을 빌려 내게 복음에 대해 더 깊은 눈을 열어 즈고, 복음적 목회와 삶을 고민하게 하며 함께 복음적 도시 생태계를 꿈꾸게 해 준 복음과도시 목사님들께 우정과 감사를 전한다.

이 책의 가치를 높이 평가해 주고 기꺼이 출간해 준 두란노 출판사에 감사드린다. 귀한 시간을 내어 책을 꼼꼼히 읽고 정성스럽게 추천사를 써 주신 강영안 교수님, 유기성 목사님께 감사와 존경을 드린다. 마음이 담긴 추천사를 써 주신 이재훈 독사님, 정갑신 목사님께 이 자리를 빌려 그 우정과 격려가 항상 든든하고 힘이 되었음을 고백한다.

편집을 도와준 박미현 간사와 신민용 목사, 감수에 참여해 준 여러 교역자들에게 감사한다. 본문을 이해하기 쉽게 그림으로 설명하는 일을 도와준 이재선 목사, 변주혜 간사, 그리고 이수아 자매에게 감사한다. 늘 내 곁에서 내면의 안정됨과 온유함으로 응원해 준 사랑스러운 아내 이현정과 보배 같은 세 자녀 수아, 상헌, 시온에게 깊은 사랑을 전한다.

2025년 10월
이인호

다시 들어야 할
복음

롬 1:1-17

01 복음이란 무엇인가요?

02 왜 믿은 지 오래되었는데도 복음을 다시 들어야 하나요?

복음이란
무엇인가요?

롬 1:1-15

가장 영향력 있는 책

● 변화를 이끄는 복음

　로마서는 역사 속에서 엄청난 영향력을 나타냈다. 어거스틴(Augustine of Hippo)은 자신의 내면에서 죄와 씨름하며 깊은 시름에 잠겨 있을 때, "집어서 읽으라"는 아이들의 노랫소리를 들었다. 그에겐 그 소리가 "성경책을 펼쳐 읽으라"는 음성으로 들렸다. 그가 성경책을 펼치자 로마서 13장 13-14절 말씀이 눈에 들어왔다. "방탕하거나 술 취하지 말며 음란하거나 호색하지 말며 다투거나 시기하지 말고 오직 주 예수 그리스도로 옷 입고 정욕을 위하여 육신의 일을 도모하지 말라." 이 말씀이 결국 그를 변화시킨다. 그는 말한다. "모든 염려로부터 구원해 주는 빛이 즉시 마음속으로 밀려 들어오는 것 같았다. 모든 의심의 그림자들은 사라져 버렸다."

마르틴 루터(Martin Luther) 역시 로마서를 통해 변화되어 종교개혁의 깃발을 들었다. 영국의 부흥을 이끈 존 웨슬리(John Wesley)도 로마서로 변화되었다. 젊은 날 웨슬리는 조지아로 인디언 선교를 떠날 만큼 열심을 가졌지만 여전히 구원의 확신이 없었다. 그러다 지중해를 건너는 항해 중에 풍랑 속에서도 두려워하지 않는 모라비안 교도들의 모습을 보고 큰 충격을 받았다. 이후 그는 앨더스게이트에서 모라비안 모임에 참석했다. 누군가 루터의《로마서 주석》서문을 읽는 중에 그는 그리스도를 믿음으로 회심한다.

웨슬리는 이렇게 고백했다. "루터가 그리스도를 믿는 믿음을 통해 [그리스도가] 마음속에서 이루고 계시는 변화를 묘사하는 동안, 이상하게 마음이 따뜻해지는 것을 느꼈다. 내가 구원받기 위해서 오직 그리스도만을 믿는다는 사실이 느껴졌다. 그러고 나자 주님이 나의 죄를 제거해 주셨고 죄와 사망의 율법에서 나를 구해 주셨다는 확신이 느껴졌다."

이처럼 로마서가 변화시킨 인물들을 소개하자면 밤을 새워도 모자랄 정도이다.

◆ 보배로운 가치를 지닌 복음

바울은 제3차 전도 여행 시 고린도에 머물면서 로마서를 썼다. 당시 바울이 전도하여 설립한 교회마다 이단들이 들어와 교회를 어지럽게 했다.

바울은 로마 교회는 물론 흔들리는 교회들을 위해서 로마서를 쓴 것이다. 로마서는 바울의 모든 서신 가운데 논문처럼 가장 짜임새 있고 깊이 있게 기록되었다. 로마서가 얼마나 가치 있는 책인가에 대한 여러 신학자들의 견해를 보라.

"본질적인 내용을 조금이라도 덜어 낸다면 모양이 손상되거나 왜곡되어 버리는 신학적 완전체이다." - 찰스 크랜필드(Charles E. B. Cranfield)

"진정 신약의 가장 중요한 부분이며 가장 순수한 복음이다. 한마디 한마디 완전히 암송할 만한 가치가 있을 뿐 아니라 영혼의 일용할 양식으로 삼아야 한다." - 마르틴 루터(Martin Luther)

"로마서를 진정으로 이해한다면 성경의 가장 심오한 보물들에 다가갈 수 있는 문이 열린 것이다." - 존 칼빈(John Calvin)

"성경 전체로 이끄는 빛이며 그리로 들어가는 빛이다. 로마서를 암기하고 연구하라. 연구하면 할수록 더 쉬워지며 더 깊이 숙고할수록 더 즐거운 것이 될 것이다." - 윌리엄 틴데일(William Tyndale)

이제 우리는 로마서의 복음 안으로 들어갈 것이다. 바울은 이 복음을 사람들에게 배운 것이 아니라 그리스도의 계시로 배웠다고 말한다. "내가 전한 복음은 사람의 뜻을 따라 된 것이 아니니라 이는 내가 사람에게서 받은 것도 아니요 배운 것도 아니요 오직 예수 그리스도의 계시로 말미암은 것이라"(갈 1:11하-12). 그래서 바울은 로마서의 복음을 "나의 복음"(롬 16:25상)이라고 말한다.

바울은 그리스도의 계시로 어떻게 그리스도의 십자가와 부활이 구약 전체의 예언을 성취하는 것인가를 깊이 있게 논증하며 복음의 비밀과 부요함을 밝혀낸다. 그리고 주님이 자신에게 맡기신 복음을 위하여 고난을 감수했다(딤후 1:11-12). 자신이 바로 복음을 위하여 택하심을 받았고, 그래서 이 복음을 전해야 할 사명을 "빚진 자"(롬 1:14)라고 이야기하는 것이다.

그런데 바울은 그리스도의 특별한 계시로 깨달은 "나의 복음"을 시작하기 전에 먼저 당시 성도들이 다 알고 있는, 교회가 공식적으로 인정하고 가르치는 복음을 소개한다. 바울이 다른 사도들과 교회를 통해서 전해 받은 복음 말이다. 그는 이 복음을 분명히 정의하고, 이어서 그것이 왜 복음인지, 그리스도의 십자가와 부활이 얼마나 놀라운 구속의 비밀을 담고 있는지 하나하나 풀어 간다.

복음이란 무엇인가?

● 복음은 소식이다

유앙겔리온($\varepsilon\dot{\upsilon}\alpha\gamma\gamma\acute{\varepsilon}\lambda\iota\upsilon\nu$, Good News)

바울은 먼저 당시 초대 교회가 믿고 고백하는 복음을 정의한다. 그 복음을 위해서 바울은 사도로 부름 받았다. "예수 그리스도의 종 바울은 사도로 부르심을 받아 하나님의 복음[유앙겔리온]을 위하여 택정함을 입었으니"(롬 1:1).

먼저 그가 사용하는 "복음"이란 단어의 의미를 알아야 한다. "복음"을 지칭하는 '유앙겔리온'은 민족의 운명이 걸린 전쟁의 승전보를 전하는 기뻔 소식을 말한다. 한 나라가 다른 나라의 침략을 받아 운명을 건 전쟁이 벌어졌다. 모든 국민이 기도하며 이기기를 기다린다. 만약 진다면 나라가 망할 테니 말이다. 그 절체절명의 순간에 말을 타고 달려온 병사가 "우리가 승리했다!"라는 승전보를 전한다. 그 소식을 듣고 온 국민이 환호한다. 이것이 '유앙겔리온'(Good News)이다. 복음은 이와 같은 '좋은 소식'이다.

성경에 이 의미를 잘 알려 주는 예가 있다. 엘리사 선지자 시절, 사마리아성이 아람 군대에 포위되었을 때 이야기이다. 성안 사람들은 아이를 삶아 먹을 정도로 극심한 굶주림에 처해 있었다. 성밖에 쫓겨나 살던 나병 환자들은 굶어 죽게 되자 아람 군대에 항복하러 갔다. 그런데 아람 군대의 진영이 텅 비어 있는 게 아닌가. 하나님이 병거 소리와 말 소리와 큰 군대의 소리를 듣게 하셔서 아람 군대를 다 쫓아내신 후였다.

성경은 그때가 "해 질 무렵"(왕하 7:5)이라고 기록하고 있다. 수십만 명의 군대가 저녁 먹으려고 상을 차려 놓은 시간이었다. 창고에 곡식이 가득 쌓여 있는 것은 물론이고, 당장에 먹을 수 있도록 들판에 진수성찬이 차려져 있었다. 그때 나병 환자들이 자기들끼리 실컷 음식을 먹다가 문득 이런 이야기를 한다. "오늘은 아름다운 소식[Good News]이 있는 날이거늘 우리가 침묵하고 있도다 만일 밝은 아침까지 기다리면 벌이 우리에게 미칠지니"(왕하 7:9중).

생각해 보라. 아람 군대에 포위되어 있는 줄 알고 성안에서 굶어 죽어 가는 이들에게 "하나님이 아람 군대를 다 내쫓으셨다! 저 들판에 진수성찬이 차려져 있고 곡식이 가득하다!"라는 말처럼 좋은 소식이 어디에 있겠는가. 이 구절에 사용된 "아름다운 소식"이 원문상 바로 '좋은 소식'(Good News)이다. 이 이야기가 바로 진정한 복음의 예표이다.

바울은 이 복음을 '하나님의 복음'이라고 말한다. 하나님이 미리 계획하고 주도하셨다는 것이다. "이 복음은 하나님이 선지자들을 통하여 그의 아들에 관하여 성경에 미리 약속하신 것이라"(롬 1:2). 복음은 어느 날 누가 산에 가서 도 닦고 천사를 만나서 "내가 계시를 받았다. 내가 구원자이다"라고 하는 게 아니다. 구약에서 하나님이 이미 예표로 보이시고 선지자들을 통해 약속하신 것이다. 그러면 구약에서 약속한, 인류의 진정한 기쁜 소식, '유앙겔리온'이란 구체적으로 무엇일까?

● 복음은 그의 아들에 대한 소식이다

이 소식은 '아들에 관한 복음'이다. 바울은 로마서 1장 2절에서 "그의 아들에 관하여 성경에 미리 약속하신 것"이라고 말했다. 성경은 교훈집이나 경전이 아니다. 한 주인공에 대한 이야기이다. 성경은 다양한 장르로 이루어진 66권의 책이고, 배경과 직업이 다른 40명이 넘는 저자가 기록하고, 1,500년이 넘는 시간 동안 기록되었다. 10개의 문명이 포함되어 있고, 3개의 대륙에서 쓰였으며, 3개의 언어로 기록되었다. 그런데 참으로 놀랍게도 단 하나의 통일된 구원 이야기를 다룬다. 단 하나의 궁극적인 줄거리, 단 하나의 궁극적인 영웅을 다룬다.

C. S. 루이스(C. S. Lewis)는 "그리스도의 이야기는 수많은 신화 속 영웅 이야기들과 닮아 있지만, 단 하나 다른 점이 있다. 그 이야기는 실제로 일어난 신화 같은 이야기이다. 예수 그리스도는 모든 전설과 신화가 바라

보던 진짜 영웅의 이야기이다"라고 말했다. 그리스도는 '진짜 신화'(True Myth)라는 것이다.

그의 아들은 육신으로는 다윗의 혈통에서 나셨다. 즉 인간의 혈통으로는 구약에 다윗의 후손으로 예언된 바로 그 '메시아'이시다. "그의 아들에 관하여 말하면 육신으로는 다윗의 혈통에서 나셨고"(롬 1:3). 하나님은 나단 선지자를 보내서 다윗에게 장차 그에게서 날 씨를 통해서 성전을 건축하고, 그를 영원한 왕위에 있게 하겠다고 약속하셨다(삼하 7:12-13). 이스라엘은 언젠가 메시아가 다윗의 후손으로 오셔서 그들을 압제에서 해방해 주시리라는 소망을 품고 있었다. 예수님은 바로 예언된 메시아로, 다윗의 혈통에서 나셨다.

그의 아들은 성령으로는 죽은 자 가운데서 부활하셨다. "성결의 영으로는 죽은 자들 가운데서 부활하사 능력으로 하나님의 아들로 선포되셨으니 곧 우리 주 예수 그리스도시니라"(롬 1:4). 예수님이 예언에 따라 다윗의 혈통으로 오셨지만 사람들도, 제자들도 그분을 잘 몰랐다. 예수님이 하나님의 아들이심이 본격적으로 사람들에게 선포된 것은 성령을 통해 부활하신 이후이다. 성령이 예수님을 부활시키심으로 예수님이 하나님의 아들 되심이 공식적으로 선포되었다. 부활하신 예수님은 다시 죽지 않으시고 영원히 살아 계신다. 그분은 영원히 죄와 사망을 이기시고, 하늘 보좌 우편에서 세상을 통치하신다.

당시 '주'라는 호칭은 오직 여호와께만 사용하던 표현이었다. 그런데 바울은 부활하신 예수님을 '주'라고 칭한다. 그리스도가 하나님이시라는 것이다. 부활은 예수님이 하나님의 아들이요, 온 땅의 주요, 그리스도이시라고 선포한 사건이다. 결국 복음을 한마디로 정의한다면, '죽으시고 부활하신 하나님의 아들이 주 예수 그리스도시니라'이다. 이것이 바로 복음의 핵심이요, 인류를 향한 최고의 좋은 소식이다.

● 복음은 새로운 순종의 백성을 창조한다

복음의 목적은 순종이다

그리스도는 복음을 위해서 사도들을 세우셨다. 사도들은 주의 이름을 위해 복음을 전하는 자로 세워졌다(롬 1:5상). 하나님이 구약 시대에 선지자를 세워서 말씀하셨다면, 신약 시대에는 사도를 세워서 복음을 전하게 하셨다. 사도들은 신약 시대의 진리의 기준과 법적 권위를 가진다. 그들이 전한 것이 바로 복음이다.

사도들이 복음을 전한 목적은 믿어 순종하게 하는 것이었다. "모든 이방인 중에서 믿어 순종하게 하나니"(롬 1:5하). 이 복음은 '순종하게 하는 복음'이다. 우리는 '믿음'만 강조한다. 믿음으로 구원은 얻어 놓고, 순종은 하면 좋고 안 해도 되는 선택 사항쯤으로 여긴다. 그런 복음은 없다.

복음은 우리의 죄를 덮어 주고 의롭게 할 뿐만 아니라, 실제로 그 죄를 이기게 하고, 우리의 몸을 순종하게 하여 율법의 요구를 성취하게 한다. 결국 순종이야말로 믿음의 진위를 보여 주는 열매이다. 로마서 말미에도 "모든 민족이 믿어 순종하게 하시려고"(롬 16:26중)라고 말한다. 복음의 목적을 로마서의 맨 처음과 끝에서 수미상관 구조로 드러냈다. 복음은 우리로 믿고 순종하게 하는 것이다.

복음은 순종하는 백성을 창조한다

결국 복음은 순종하는 새로운 한 백성을 창조하는 것이다. 복음은 단지 유대인들만이 아니라, 모든 이방인 중에서 믿고 순종하는 한 백성을 창조한다. 바울은 이 편지를 받는 로마 성도들을 향해서 "예수 그리스도의 것"(롬 1:6), '하나님의 사랑받는 거룩한 성도'(롬 1:7)라고 칭한다. 이방인들이 예수님의 소유요, 곧 그분께 속한 백성이라는 것이다. 이는 선택받은 이스라엘만의 칭호였다. 그런데 그리스도 안에서 이방인들이 하나님의 사랑받는 백성이요, '성도', 즉 거룩한 백성이 된 것이다.

바울이 이론적으로만 공허하게 그들을 하나님의 사랑받는 자들이고, 하나님의 부르심을 받은 성도라고 말한 것이 아니다. 바울은 한 번도 본 적 없는 이방의 로마 성도들을 진심으로 사랑한다. 그들의 믿음의 소식을 듣고 하나님께 감사한다(롬 1:8). 그들을 위해서 쉬지 않고 하나님께 기도한다(롬 1:9). 그들을 보기를 간절히 원한다(롬 1:10-11상). 그들의 믿음을 견고하게 세우고 서로의 믿음으로 피차 안위함을 얻길 원한다(롬 1:11하-12).

만약 바울이 장황하게 "너희는 주의 사랑받는 거룩한 백성이다"라고 말해 놓고 아무런 관심도 보이지 않았다면 어떻게 그 말이 사실이라고 믿겠는가? 우리도 예수님을 믿는다는 이유만으로 가족처럼 대하며 사랑해 준 교회 공동체 식구들 덕분에 우리에게 일어난 일이 사실임을 체감한다. 우리가 힘들고 외로울 때 형제와 부모요, 가족이 되어 준 공동체를 통해 우리는 복음의 진리를 경험한다.

복음은 예수님을 '주'라고 고백하고 순종하는 새로운 한 백성을 창조한다. 세상에 속하지 않은 거룩한 백성을 창조한다. 기독교는 이 세상에 속

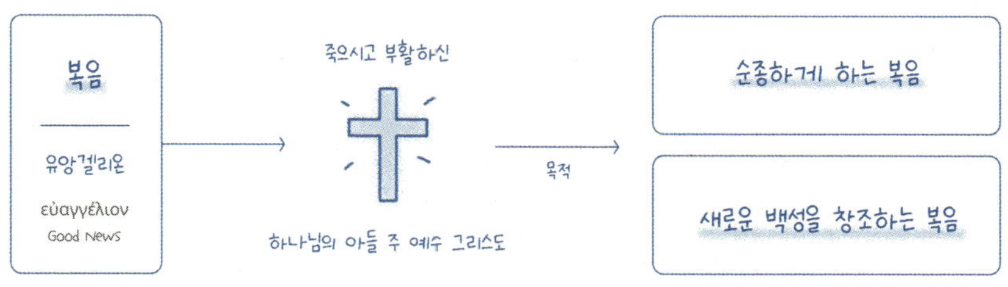

해 사는 우리에게 적당한 위로와 교훈이나 던져 주는 종교가 아니다. 복음은 새로운 왕, 새로운 백성, 새로운 나라를 창조한다.

토론과 적용을 위한 질문

» 복음은 '하나님의 아들에 대한 소식'입니다. 처음 내가 들은 예수님에 관한 소식을 떠올려 봅시다. 지금 다시 나의 언어로 예수님을 고백하고 표현해 봅시다.

» 복음의 목적은 '순종하는 새로운 백성을 창조하는 것'입니다. 이 목적이 지금 내게 주는 의미와 도전은 무엇인가요?

02

믿은 지 오래되었는데도
복음을 다시 들어야 하나요?

롬 1:13-17

복음을 다시 들어야 하는 이유

바울은 이미 복음을 듣고 그 복음 안에서 구원을 받고 믿음이 좋다고 소문나 있는(롬 1:8) 로마 성도들에게도 복음을 전하길 원한다. "그러므로 나는 할 수 있는 대로 로마에 있는 너희에게도 복음 전하기를 원하노라"(롬 1:15). 왜 그들은 다시 복음을 들어야 하는가? 기본적으로 복음은 반복적으로 선포될 때 마음속에 살아 있는 믿음을 창조한다. 나는 반복적으로 복음을 전하고 가르친다. 그러면서 그리스도가 날마다 내 심령에 살아 계신 삶은 결국 반복적인 복음 선포로 말미암는다는 것을 경험한다. 복음은 반복적으로 우리에게 들리고 선포됨으로써 신자의 마음속에 생명력 있게 살아 역사한다.

그러나 바울은 단지 이런 이유로 로마 성도들이 알고 있는 복음을 다시 반복하겠다는 것이 아니다. 바울이 그들에게 복음을 전하고자 하는 데는 두 가지 이유가 있다.

● 열매 맺으려면 복음을 더 깊이 알아야 한다

바울이 깨달은 복음

바울의 말은 이미 로마 성도들이 알고 있는 복음을 반복하겠다는 의미가 아니다. 바울이 전하려는 복음은 예수 그리스도의 계시로 말미암아 구약성경을 통해서 깨닫고 정리한 복음이다(갈 1:12). 물론 예루살렘 사도들도 인정한 복음이다(갈 2:6-9). 바울은 그들이 다 알고 있는 십자가와 부활의 복음이 어떻게 구약성경이 지지하는 복음인지, 어떻게 새 언약을 성취하는지, 어떻게 우리를 의롭게 하며 죄를 이기고 순종하게 하는지를 전하겠다는 것이다.

바울은 복음이 왜 복음인가를 전하고자 했다. 왜 복음을 전하려고 할까? 로마 성도들이 열매 맺게 하기 위해서였다. 다양한 이단과 세속적 사상의 공격 앞에서 흔들리지 않고 굳게 서게 하려는 것이었다. 바울은 가는 곳마다 복음을 전했고, 복음은 그들을 견고하게 하고 열매 맺게 했다(롬 1:11). 그래서 바울은 그들도 열매를 맺게 하고자 복음을 전하려고 했다. "이는 너희 중에서도 다른 이방인 중에서와 같이 열매를 맺게 하려 함이로되 지금까지 길이 막혔도다"(롬 1:13하).

정답만이 아니라 풀이 방법도 알아야 한다

학생이 수학 문제에서 정답만 알고 풀이 방법을 모르면 문제를 모르는 것이다. 그는 다른 문제를 풀 수 없다. 우리가 십자가와 부활이란 복음만 알고 그것이 왜 복음인지 풀이 방법을 모른다면 믿음 이후에 다가오는 수많은 문제를 풀어내고 열매 맺는 삶을 살 수 없다.

우리가 믿을 때엔 복음에 대해서 온전히 모르지만, 《사영리》 전도 책자의 복음을 듣고 믿음으로 구원을 받는 것은 사실이다. 하지만 《사영리》의 복음만 알아서는 끝까지 그 믿음 안에 서 있지 못한다. 우리가 복음이란 정답만 알고 그것이 왜 우리에게 진정 복음인지 알지 못한다면, 세상의 다양한 도전 앞에서 흔들릴 수밖에 없다.

복음을 모르면 굳건히 설 수 없다

아이를 낳기만 하면 그 아이가 생존하는가? 복음도 전하기만 하면 되는 것이 아니다. 믿은 그들을 복음의 말씀으로 양육해야 한다. 한순간 구원받았다고 기뻐하고 은혜받았다고 울고 감격하던 형제자매들이 교회를 떠나고 이단으로 향하는 경우를 너무나 많이 보았다.

복음을 모르면 귀한 줄 모른다. 마치 스마트폰에 온갖 기능이 다 있는데 겨우 전화를 걸고 받는 것만 알면 온전한 가치를 모르는 것과 같다. 그러면 결국 소중한 것을 잃어버린다. 복음을 들었지만 복음을 잘 모르니까 열매 맺지 못하고 믿음에서 떨어지고 만다. 교회사학자인 알랜 크라이더(Alan Kreider)는 《초대교회에 길을 묻다》(하늘씨앗, 2019)에서 "초대교회에서는 교회를 찾는 이를 곧바로 예배로 초대하지 않았고 복음에 대해 몇 달을 가르치고 그 복음을 수용하면 예배로 초대했다"고 한다. 이것이 초대 교회가 수많은 핍박과 유혹을 이기고 살아남은 이유이다. 교회가 믿음 안에 굳건히 서서 흔들리지 않고 열매 맺으려면 복음을 알아야 한다.

예수님의 계시로 이 놀라운 복음을 깨달은 바울은 자신이 "빚진 자"(롬 1:14)라고 한다. 하나님이 바울로 하여금 이처럼 깊이 있게 구약을 통해 로마서의 복음을 깨닫게 하신 이유는 그 복음을 전하고 나누라는 데 있다. 깨달음은 곧 소명이다. 우리는 복음을 알고, 복음을 전해야 한다.

● 끝까지 믿으려면 로마서의 복음을 알아야 한다

바울이 로마 성도들에게 복음을 다시 전하는 두 번째 이유는 그들로 처음부터 끝까지 믿음 안에 있게 하기 위해서였다. 이제 우리는 로마서의 전체 주제를 요약하는 말씀을 만난다. 바로 1장 16-17절이다.

복음은 처방전이 아니라 치료제이다

바울은 먼저 복음이 오직 믿는 자에게 구원을 주시는 능력이라고 한다. "내가 복음을 부끄러워하지 아니하노니 **이 복음은 모든 믿는 자에게 구원을 주시는 하나님의 능력이 됨이라** 먼저는 유대인에게요 그리고 헬라인에게로다"(롬 1:16). 여기에서 초점은 '믿음'이다. 믿으면 구원받는다는 것이다. 복음은 무엇을 하라는 것이 아니라, 그분이 이루신 소식을 믿으라는 것이요, 믿으면 구원을 경험한다는 것이다.

열이 나서 약국에 갔더니 해열제를 주었다. 약사를 믿고 먹었더니 열이 내렸다. 이처럼 복음은 처방 약이요, 치료제이다. 율법은 이렇게 저렇게 하면 하나님이 사랑하실 것이라는 처방전이요, 가르침이다. 그러나 복음은 가르침이 아니다. 하나님이 예수님을 통해서 다 이루신 승리의 소식이다. 복음 안에 죄의 열을 내리고, 새 생명을 얻고, 순종하게 하는 모든 능력이 다 담겨 있다.

복음은 의의 선물이다

그러면 복음 안에 무엇이 담겨 있기에 믿기만 하면 구원을 주시는가? 바울은 복음에 "하나님의 의"가 나타났다고 말한다(롬 1:17상). 복음에 나타난 하나님의 의는 우리가 도달해서 얻어야 하는 의가 아니다. 복음에 나타난 의는 더럽고 추한 죄인을 위해서 하나님이 선물로 주신 의이다.

'의'(義)란 단어 앞에서 늘 고민했던 사람이 마르틴 루터이다. 루터는 죄에 대해서 진노하시는 하나님이 늘 무서웠다. 그래서 항상 금욕하고, 매일 고해성사를 하고, 수호성인에게 도움을 요청하고, 공로의 효력이 크다는 성인의 시신이나 성물을 찾아 로마 성당 등 유서 깊은 성당으로 순례를 하기도 했다. 그렇지만 하나님의 의에 도달할 수 없었다.

그렇게 씨름하던 어느 날 신학교에서 로마서를 강의하게 되었다. 처음에는 "복음에는 하나님의 의가 나타나서 믿음으로 믿음에 이르게 하나니"라는 이 말씀 앞에서 화가 났다. '하나님은 복음에까지 하나님의 의를 넣어 우리를 괴롭히시는가?'라는 생각이 들었다. 그런데 그는 연구를 계속하면서 이 '의'는 우리가 노력해서 도달해야 하는 의가 아니라, 죄인을 위해서 하나님이 선물로 주신 의라는 사실을 깨달았다. 하나님이 당신의 아들 예수님을 십자가에 대신 못 박으심으로써, 인간을 위해서 **선물로 수여해 주신 의의 소식**이 '복음'이라는 진리를 발견한 것이다.

어느 왕이 한 시골 처녀를 사랑하여 왕비로 맞아들이려 했다. 그런데 가난한 처녀에겐 결혼식에 입고 갈 드레스가 없었다. 자기 힘으로 왕의 신부에 합당한 옷을 마련할 수가 없었다. 이 사정을 아는 왕이 사랑하는 처녀에게 아름다운 드레스는 물론 보석, 향품 등의 선물들을 마차에 가득 실어 시녀와 종들과 함께 보냈다. 이처럼 우리 힘으로 천국 갈 예복, 의를 마련하지 못하니까 하나님이 당신의 아들을 선물로 보내 주신 것이다. 복음은 바로 그 선물에 대한 소식이다.

복음에 대한 올바른 반응은 믿음이다

그러므로 복음을 제대로 깨달았을 때 올바른 반응은 믿음이다. 믿음은 복음이 아니라 복음에 대한 반응이다. "복음에는 하나님의 의가 나타나서 **믿음으로 믿음에 이르게 하나니**"(롬 1:17상). 루터는 복음이 하나님의 의의 선물에 대한 소식임을 깨닫자, 인간이 할 일은 그저 그 선물을 믿음으로 받는 것이라는 사실을 알게 되었다. 그때 심정을 이렇게 고백했다. "오랜 시간 동안 짓누르던 거대한 바윗덩어리가 떨어져 나가고, 다시 태어난 것처럼 느꼈다. 닫혔던 낙원의 문이 드디어 활짝 열렸다. 그리고 나는 낙원으로 들어섰다." 드디어 루터는 믿음의 복음을 깨달았다.

역사 속에서 '오직 믿음으로 구원받는다'는 이 명백한 복음은 오랫동안 가려져 있었다. 중세 로마가톨릭은 물론, 그들의 타락에 대항해 나타난 수도원주의 운동조차도 믿음의 복음을 온전히 깨닫지 못했다. 성 프란시스(St. Francis of Assisi) 등 성자로 추앙되는 이들의 전기를 보면, 수련하면서 100리 밖을 내다본다거나 공중 부양을 하는 등 마치 불교의 고승들처럼 수행하는 이야기들이 많이 나온다. 믿음의 복음, 은혜의 복음이 아니라, 인간의 공로와 행위를 강조하면서 사람을 높이고 성인으로 추앙한다. 하지만 복음은 우리가 해야 할 일이 아니라, 그분이 이루신 일에 대한 소식이다. 오직 믿는 자를 구원하시는 하나님의 능력이다.

복음은 끝까지 믿게 한다

이 믿음은 단회적인 것이 아니다. "믿음으로 믿음에"는 '처음부터 끝까지 믿음'(by faith from first to last, NIV)이다. 한순간 믿음으로 구원을 얻어 놓는 게 아니다. 예수님을 믿는다는 것은 그분과 연합된다는 의미이다. 세례는 우리가 믿을 때 주님과 연합되었음을 나타내는 표현이다. 신자는 그분과 연합하여 함께 죽고 함께 살아난 것이다. 주님과 함께 연합하는 것, 다시 말하면 주님께 붙어 있는 것이 믿음이다. 가지가 포도나무에 붙어 있으면 열매를 맺듯이, 믿음이란 그리스도에게 붙어 있는 일이다. 그때 우리는 죄를 이기고 순종하게 하는 열매를 맺는다.

우리가 붙어 있다가 떨어지면 어떻게 될까? 포도나무 가지가 나무에서 잘리면 어떻게 될까? 금방 말라 죽는다. 가지가 나무에 늘 붙어서 진액을 받아야 열매를 맺듯이, 믿음도 항상 그리스도에게 붙어 있어야 한다. 어느 날 한 번 믿음으로 고백하고 믿었는데, 그다음에 떨어졌다면 그는 그리스도에게서 떨어진 것이다. 믿음에서 탈선했다. 그대로 계속 가면 결국 말라 버리고 구원에서 멀어진다. 바울은 이스라엘이 버림받은 이유가 믿지 않았기 때문이라고 말한다(롬 11:20). 그들은 하나님이 선물로 주신 의를 모르고 자기 의를 세우고자 했다(롬 10:2-3). 하나님을 믿고 의지하는 대신에 스스로의 행위로 그분을 만족시키려고 했다. 그렇게 그들은 믿음에서 떨어졌고, 그 결과 버림받았다.

오늘날에도 많은 사람이 이런 식으로 하나님을 떠난다. 아쉽게도 믿은 지 10년, 20년, 30년, 40년, 50년이 지나도 여전히 예수님만 잘 믿는 사람은 적다. 어느덧 자신의 도덕과 경건과 인격으로 신앙생활을 한다. 초신자가 은혜에 감격하여 눈물 흘리며 열심을 내는 모습을 보면 "너 혼자 예수 믿냐? 우리도 한때 그랬다"면서 핀잔을 준다. 힘들고 어려울 때 주님을 의지하다가 더 이상 주님을 의지하지 않아도 행복하게 살아가는 것을 마치 신앙의 성숙인 양 생각한다. 그렇게 믿음을 버리고 예수님을 떠난다.

기억하라. 우리가 예수님을 믿는다는 의미는 '처음부터 끝까지, 죽을 때까지' 그리스도에게 붙어 있는 것이다. 한 번 믿으면 천국은 따 놓은 당상이고 이제 마음대로 살아도 된다는 가르침은 성경 어디에도 없다. 그것은 당신을 그리스도에게서 떼어 놓으려는 마귀의 속삭임이다.

오늘날 믿음에서 파선한 채 먼 항해를 포기하고 잠든 사람들이 얼마나 많은가. 복음을 제대로 모르니까 결국 교묘한 이단의 가르침에 넘어가서 그리스도에게서 떠나는 사람이 수백만 명이다. 종교인처럼 교회는 다니나 열매는 없는 신앙인들이 부지기수이다. 운동에서도 힘 빼는 게 어렵듯이 우리의 행위, 우리의 공로를 빼고 오직 하나님의 은혜만 믿기는 정말 어려운 일이다. 그러므로 끝까지 믿으려면 로마서의 복음을 알아야 한다.

» 왜 복음을 지속적으로 반복해서 들어야 하나요? 신앙생활 하면서 얼마나 자주 복음을 듣고 있나요?

» 나는 지금 복음을 통해 믿음이 성장하고 있나요? 현재 믿음이 어떻게 자라고 있는지 자신의 경험을 나누어 봅시다.

죄와 심판의 복음

롬 1-3장

사랑의 하나님이
왜 진노하시나요?

롬 1:18-23

인간의 문제는 죄에 있다: 불경건의 죄

● 죄를 이해해야 복음을 이해한다

문제는 무엇인가?

어떤 학생이 아침 일찍 가장 먼저 등교하여 칠판에 "예수님이 해답이다"(Jesus is the answer)라고 적었다. 뒤늦게 등교한 어떤 학생이 그 아래에 이렇게 적었다. "문제는 무엇인가?"(What is the problem?) 우리 인간의 가장 중대한 문제는 무엇인가? 과연 복음은 무엇에 대한 해답일까?

성경은 인간의 가장 중대한 문제가 '죄'라고 답한다. J. I. 패커(J. I. Packer)는 이렇게 말한다. "죄라는 주제는 매우 중요하다. 인생에서 가장 먼저 알아야 할 것이 죄라고 하면 이상하게 들릴지 모르지만 엄연한 사실이다. 죄에 관해서 배우지 않는다면 자신과 다른 인간들, 자신이 사는 세상, 기독교 신앙을 이해할 수 없다. 성경의 갈피를 잡을 수 없다. 왜냐하면 성경은 인간의 죄라는 문제에 대한 하나님의 답이기 때문이다. 이 문제를 명확히 알지 못하면 성경이 말하려는 요지를 놓칠 수밖에 없다."

복음은 바로 이 중대한, 인간의 죄 문제에서 출발한다.

하나님은 죄에 진노하신다

인간의 죄가 왜 가장 심각한 문제일까? 이 죄로 인해서 하나님이 진노하시기 때문이다. "하나님의 진노가 … 하늘로부터 나타나나니"(롬 1:18). 아내가 나에게 진노하고 있어도 삶이 불편하다. 만약 대통령이 나에게 진노한다면 나는 망명을 해야 할지도 모른다. 하물며 하나님이 진노하신다면 그 인생은 얼마나 두렵고 절망적이겠는가.

18세기의 설교자 조나단 에드워즈(Jonathan Edwards)는 "진노한 하나님의 손에 붙들린 죄인들"이란 제목의 유명한 설교를 했다. 이 설교를 하는 동안 사람들은 죄를 애통하며 예배당 바닥을 뒹굴며 회개했다고 한다. 그가 설교한 내용의 일부를 소개하면 다음과 같다.

"회심하지 않은 사람들은 썩은 덮개로 가려진 지옥 구덩이 위를 걷고 있는 셈인데, 그 덮개가 너무 약해 언제 그 구덩이에 빠질지 모릅니다. … 유황불이 활활 타오르는 그 처참한 지옥이 여러분 밑에 있습니다. 하나님의 진노의 불꽃이 이글대는 무서운 웅덩이가 있습니다. … 그런데 여러분에게는 발을 붙이고 서 있을 곳도, 붙잡을 만한 지푸라기도 없습니다. …

게다가 여러분의 사악함이 여러분을 납덩이처럼 무겁게 만들기 때문에 여러분은 급속도로 지옥에 떨어질 것입니다.

… 태양은 죄와 사탄을 섬기고 있는 여러분에게 마지못해 햇빛을 비춰 주며, 이 땅은 자기 정욕이나 만족시키는 여러분을 위해 마지못해 그 산물을 내고 있습니다. … 공기 역시 여러분이 하나님의 원수들을 섬기며 인생을 탕진하는 동안, 마지못해 여러분에게 호흡할 수 있는 공기를 제공해 줌으로써 생명을 유지해 주는 것입니다. … 여러분 머리 바로 위에는 천둥과 함께 폭풍우가 금방이라도 내리칠 것처럼 보이는 하나님의 진노의 검은 구름이 잔뜩 서려 있습니다. … 그분 눈에는 지금 여러분이 지옥불 속에 던져질 수밖에 없는 존재로 보입니다. 아니 그 눈이 너무 정결하여 여러분을 바라보는 것조차 괴로울 정도입니다. 하나님 눈에는 여러분이 혐오스러운 독사보다 더 가증스러운 존재로 보입니다"(《진노한 하나님의 손에 붙들린 죄인들》[생명의말씀사, 2017]).

설교를 듣던 청중을 진노의 공포 아래에서 데굴데굴 구르게 했던 이 표현은 실제 하나님의 진노보다 결코 과하지 않을 것이다. 죄인인 인간의 심각한 문제는 지금 하나님의 진노 아래 있으며, 그 발밑에 지옥의 유황불이 타오르고 있다는 사실이다. 여기에 모든 인생이 그 종착역인 죽음을 두려워하는 원인이 있고, 인생 밑바닥에서 문득 이름 모를 두려움이 올라오는 이유가 있다.

악을 보고도 너그러운 것이 참된 사랑일까?

사람들은 반문한다. "하나님은 사랑이시라면서 왜 진노하시는가?" 언젠가 반기독교 시민운동연합에서 버스에 무신론 광고를 붙였는데 그 내용인즉, "나는 자신의 창조물을 심판한다는 신을 상상할 수가 없다"라는 알베르트 아인슈타인(Albert Einstein)의 말이었다. 인간의 죄에 대해서 진노하고 심판하는 창조주가 이해가 안 된다는 것이다.

과연 죄에 대해 화내는 신은 나쁜 신인가? 그저 눈감아 주는 게 사랑인가? 어떤 아버지가 자기 자녀가 거짓말하고 도둑질하고 약한 아이들을 괴롭히는 깡패 짓을 하는데도 전혀 화를 내지 않는다면 그는 좋은 아버지일까? 어떤 아내가 자기 남편이 다른 여자와 간음을 저질러도 분노하지 않는다면 그 남편을 사랑한다고 할 수 있을까? 진정한 사랑에는 진실과 정의가 함께 있다. 세상의 악을 보고 진노하지 않고 그저 좋다고만 하신다면 하나님은 결코 공의로운 분이실 수 없고 사랑이 많은 분이실 수도 없다.

그렇다면 우리는 더 늦기 전에 우리의 문제를 직시해야 한다. 도대체 인간이 진노 아래 놓여 있는 이유가 무엇인가? 왜 세상엔 고통과 악이 가득한가? 왜 사람들은 서로 빼앗고 싸우는가? 왜 편을 나누고 갈라지고 평화할 줄 모르는가? 우리는 이 모든 문제의 원인인 죄에 대해서 진지하게 물어야 한다.

● 죄는 언제 시작되었고, 어떻게 자라나는가?

죄의 시작(원죄)

죄가 어떻게 인간에게 들어왔을까? 성경은 한 사람(아담)으로 인해서 죄가 세상에 들어왔다고 말한다(롬 5:12상). 죄의 시작을 알려 주는 것이 바로 에덴동산 이야기이다. 어느 날 마귀가 하와를 유혹했다. 유혹에 넘어간 하와는 금지된 과실, '선과 악을 알게 하는' 나무의 열매를 따 먹었다. 이는 자신이 선과 악의 기준이 되겠다는 의미이다. 더 이상 하나님의 명령에 간섭받는 인생이 아니라 자기가 주인이 되는 삶을 살겠다는 선언이다. 이처럼 하나님을 배척하고 하나님께 등 돌리며 불순종하는 것이 죄의 본질이다. 하나님을 떠난 인간은 주체적인 존재가 아니라 죄의 노예가 된다.

이후로 인류의 대표인 아담의 후손으로 태어난 인간은 모두 아담의 부패한 본성을 그대로 이어받는다. 그래서 인간은 하나님과 단절된 상태로 죄 된 본성을 가지고 태어난다. 하나님을 향한 감각, 고상한 영적 진리에 대한 감각을 잃어버린 채, 자기 정욕대로 살려는 부패한 본성을 지닌 채 태어나는 것이다. 동시에 죄책(guilt) 아래 태어난다. 아담의 범죄로 모든 인류는 정죄 상태에 있다(롬 5:18상). 인간은 태어나면서부터 하나님 앞에 죄인으로 정죄되어 사망 선고를 받고(롬 6:23), 하나님의 진노 아래 놓인다(엡 2:3). 이렇게 원죄 아래 놓인 인간의 죄의 실상은 어떠한가?

죄의 전개

바울은 원죄 아래에서 하나님의 진노를 불러일으키는 인간의 죄를 두 단어로 정의한다. 바로 '불경건'과 '불의'이다. "하나님의 진노가 불의로 진리를 막는 사람들의 모든 경건하지 않음과 불의에 대하여 하늘로부터 나타나나니"(롬 1:18). 로마서 1장에서 전개되는 죄의 순서를 보면, 원죄에서 일차적으로 불경건이 나타나고, 그 불경건에서 불의가 나타난다. 우리

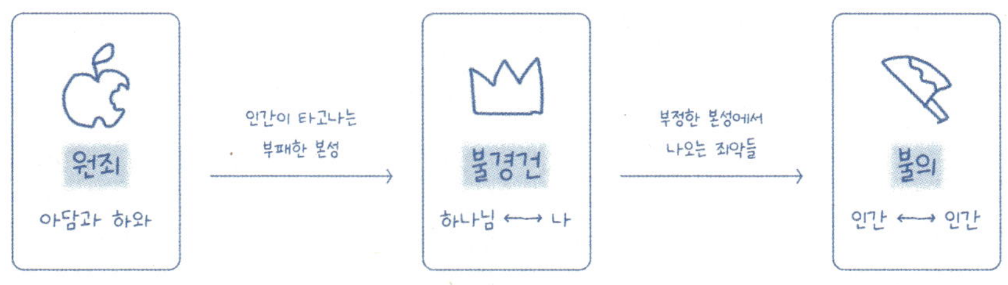

가 발견하는 온갖 정욕적, 도덕적 불의의 원인은 바로 하나님을 떠난 불경건에 있다. 그리고 그 불경건의 원인은 인간이 원죄로 인하여 하나님과 단절된 채 부패한 본성으로 태어나는 데 있다. 그런 면에서 바울은 불의의 죄악들을 다루기 전에 먼저 그 원인인 불경건의 죄부터 고발한다. 죄의 근원이 바로 하나님을 떠난 데 있다는 것이다.

● 불경건의 죄

바울은 단지 불경건의 죄를 나열하는 데 그치지 않고 그 죄가 어떻게 점진적으로 전개되는지를 보여 준다. 불경건은 먼저 하나님을 알면서도 감사하지 않는 '배은망덕'으로 나타난다. 그것은 스스로 자신을 주인이라고 생각하는 '교만'으로 이어지고, 결국 '우상 숭배'라는 절정으로 나아간다. 우리가 주목해야 할 불경건의 절정이 바로 우상 숭배이다. 불경건의 죄는 우상 숭배로 치닫는다. 구약성경에서 우상 숭배의 죄를 질타하는 내용을 얼마나 많이 보는가.

우리는 로마서 1장에서 왜 우상 숭배가 불경건의 절정이며, 어떻게 우상 숭배에서 온갖 불의의 죄가 흘러나오게 되는지를 살펴볼 것이다.

알면서도 감사하지 않는 배은망덕

먼저, 불경건의 모습은 하나님께 대한 배은망덕으로 나타난다. 즉 인간과 만물을 지으신 창조주를 알면서도 그분께 감사하고 예배하지 않는다. 하나님은 당신의 존재를 인간이 알 수 있도록 인간의 내면에 신 의식(神意識)을 새겨 놓으셨다. "이는 하나님을 알 만한 것이 그들 속에 보임이라 하나님께서 이를 그들에게 보이셨느니라"(롬 1:19). 인간이 무의식중에 '나쁜 짓을 하면 벌을 받는다'고 생각하거나 위기에 몰리면 자신도 모르게 신을 찾는 행위는 하나님이 인간 안에 하나님을 알 만한 것을 보이셨다는 증거이다.

또한 하나님은 자연 만물을 통해서 자신을 계시하신다. "창세로부터 그의 보이지 아니하는 것들 곧 그의 영원하신 능력과 신성이 그가 만드신 만물에 분명히 보여 알려졌나니"(롬 1:20상). 창조된 세상이야말로 하나님의 존재를 증명하는 가장 강력한 도구이다. 과학자들은 지구를 '우주의 오아시스'라고 한다. J. D. 그리어(J. D. Greear)는 《복음 특강》(두란노, 2023)에서 지구의 특별함을 이렇게 설명한다.

"지구와 가장 가까운 달만 해도 낮에는 125도, 밤에는 영하 160도이다. 금성도, 화성도 생명체가 존재할 수가 없다. 그런데 지구는 이와는 달리 사람이 존재하기 위한 20만 가지 이상의 특별한 조건을 갖추고 있다. 공기 중의 산소 농도가 6%만 떨어져도 질식해 죽고, 4%만 올라가도 지구는 거대한 불덩이가 된다. 대기 중 이산화탄소가 0.5%만 높아져도 이 세상은 불타 버리고 0.02%만 낮아져도 대기 자체가 사라진다. 지구가 태양에 2%만 더 가까워져도 너무 뜨거워서 물이 존재할 수 없다. 목성이 현재의 크기가 아니면 지금보다 만 배가 넘는 소행성이 지구와 충돌해 모두 죽게 된다. 우주는 우리가 생존하기에 딱 맞다. 조금만 바뀌어도 아무도 생존할 수 없다. 이것이 우연히 만들어졌다고 하는 것은 잉크 공장에서 폭발이 일어났는데 우연치 않게 셰익스피어의 작품들이 탄생했다고 생각하는 것과 같다."

결국 창조 세계, 즉 자연이야말로 하나님을 알려 주는 교과서이다. 이처럼 인간은 천성에 새겨진 신 의식, 자연 만물에 나타난 신의 존재 때문에 그 누구도 하나님이 계신 줄 몰랐다고 핑계할 수 없다. "그러므로 그들이 핑계하지 못할지니라"(롬 1:20하).

그러나 타락한 인간은 얼마나 배은망덕한지, 자신을 만드신 하나님이 계신 줄 알면서도, 하나님이 만드신 세상에서 그분이 주신 모든 것을 누리며 살면서도 전혀 감사할 줄 모른다. 그분을 예배하여 영화롭게도 하지 않고, 찬양으로 감사를 올리지도 않는다. "하나님을 알되 하나님을 영화롭게도 아니하며 감사하지도 아니하고"(롬 1:21상). 왜 그럴까? 그들의 생각이 헛되고 마음이 완악하며 총명이 어두워졌기 때문이다. "오히려 그 생각이 허망하여지며 미련한 마음이 어두워졌나니"(롬 1:21하). 이 말은 그들이 타락으로 눈이 감겨 모른다는 의미가 아니다. 알면서도 모른 체하고 인정하지 않고, 받아들이지 않는 모습이다.

자신의 이성을 절대시하는 교만

이제 인간은 배은망덕을 넘어서 교만하여 스스로 지혜 있다고 주장한다. "스스로 지혜 있다 하나 어리석게 되어"(롬 1:22). 스스로 지혜 있다고 말하는 것은 하나님 중심의 지혜를 거부하고, 스스로 진리의 기준을 만들어 자신의 이성과 합리적 판단을 절대화하려는 교만이다.

세계적인 현대 철학자 찰스 테일러(Charles Taylor)는 그의 책 《*A Secular Age*》(세속 시대)에서 인간의 이성이 어떻게 신을 몰아냈는가를 계몽주의 이전과 이후 시대로 구분하여 설명한다. 역사적으로 보면, 중세만 해도 계시를 우선하여 불신앙이 불가능한 시대였다. 이후 계몽주의가 시작되며 이성이 계시와 동등해졌다. 이성은 종교의 억압에서 벗어났고 불신앙이 가능한 시대가 되었다. 그러다가 이성이 계시 위로 올라가고, 급기야 오늘날 계시를 부정하는 시대로 접어들었다.

포스트모던 시대는 이성적, 합리적 경험과 과학적 합의 외엔 그 어떤 절대적 권위도 인정하지 않는다. 그래서 오늘날 세속주의는 신을 완전히 추방하고, 인간들끼리 자신들의 이성과 합리성, 경험과 과학으로 유토피아를 만들 수 있다고 주장한다. 신, 종교, 초자연적인 것은 공론의 장에서 배제하는 시대가 되어 버렸다. 이제 신앙이 불가능한 시대로 접어들었다. 이처럼 인간은 스스로 지혜 있는 척하며 하나님을 거부하고, 자신들이 하나님의 자리에 앉았다. 죄(S-I-N)는 내(I)가 중심에 있다는 것이다. 선과 악의 기준이 내가 되고 나를 모든 것의 중심에 놓는 것, 그것이 바로 죄의 본질이다.

그런데 도리어 '어리석게 되었다'고 성경은 말한다. 인간은 하나님 없이도 참된 지식, 의미, 윤리 체계를 구성할 수 있다고 자만했다. 그러나 실제로는 참된 판단 능력을 잃어버린 상태가 되었다. 도덕적, 영적 분별력을 상실해 버렸다. 하나님을 몰아내면 천국이 올 것이라고 생각했지만,

세상은 더 심각한 혼란, 범죄와 무질서, 전통 질서의 붕괴 등 걷잡을 수 없는 혼란으로 빠져들고 있다.

죄의 절정, 우상 숭배

결국 이러한 불경건의 결과, 인간은 우상 숭배에 이르게 된다. "썩어지지 아니하는 하나님의 영광을 썩어질 사람과 새와 짐승과 기어다니는 동물 모양의 우상으로 바꾸었느니라"(롬 1:23). 하나님을 떠난 인간은 자율적인 존재가 되고자 했으나, 오히려 새로운 무언가를 섬기는 존재로 전락했다. 인간은 신을 없애고 스스로 자율적인 존재로 살아갈 수 없는 존재이다. 존 칼빈은 "가장 대담하게 하나님을 멸시하는 자일수록 나뭇잎이 떨어지는 소리에도 가장 심하게 놀란다"라고 했다.

연약한 인간은 본질적으로 누군가를 의지하지 않으면 불안하다. 인간은 창조된 존재로서 본질적으로 숭배하는 존재(worshiping being)이다. 하나님을 경배하지 않으면 반드시 다른 피조물을 경배하게 되어 있다. 존 프레임(John Frame)은 "모든 인간은 예배하는 자이다. 예배하지 않는 인간이란 존재하지 않는다. 우리가 하나님을 예배하지 않는다면, 우리는 필연적으로 다른 무엇인가를 예배하게 된다"라고 했다.

아이러니하게도, 인간은 진화했다고 배우고 종교는 알고리즘에 불과하다며 무신론을 주장하는데 점점 미신이 성행한다. 서구 사회에서도 하나님이 제거되고 교회가 문을 닫은 자리에 성행하는 것이 이슬람은 물론이고, 점성술, 마녀, 드라큘라 등의 신화를 믿는 미신이다. 우리나라도 목사가 많다고 하지만 사실은 무속인이 훨씬 많다. 이들을 찾는 사람들이 내는 복채 시장이 수조 원대에 이른다. 결코 인간은 독립적인 존재가 아니다.

우상 숭배의 결과로 정욕을 추구하게 되는 것을 볼 때(롬 1:24상) 결국 우상을 만드는 목적은 하나님을 왜곡하여 자기 정욕대로 살겠다는 것이다. 인간은 자기 마음대로 살고 싶은데, 하나님이 걸림돌이 된다. 그렇다고 마음속에 새겨진 신 의식을 결코 제거하지 못한다. 존 칼빈은 《기독교 강요》에서 "하나님의 존재를 아는 지식은 인간의 골수에까지 깊이 박혀 있어서 그것을 지워 버리는 것은 불가능한 일이며 차라리 천성을 바꾸는 편이 더 쉽다"라고 했다. 결국 신 의식을 없애지 못하니까 신을 축소, 왜곡시키는 것이다.

모든 인격은 말을 통해서 그 내면과 성품을 알 수 있다. 인격이신 하나님은 그분의 말씀으로 자신을 계시하신다. 그런 하나님을 형상으로 만들면 하나님의 성품이 왜곡된다. 그래서 하나님은 당신을 우상의 형상으로 만들지 말라고 십계명에 엄히 명령하셨다. 하지만 말씀은 부담스럽고, 제 마음대로 살고는 싶으니까 하나님을 말 못하는 피조물의 형상으로 바꾸고 왜곡하는 것이다. 우상을 통해 하나님의 존재를 완전히 부정하는 대신, 자신의 욕망에 맞게 하나님을 재구성한다.

우상 숭배는 '신을 바꾸는 것'이 아니라, '신을 이용하는 것'이다. 하나님을 왜곡하여 자기 욕망을 정당화하려는 시도이다. 결국 우상 숭배의 본질은 탐심이다. 성경은 "탐심은 우상 숭배니라"(골 3:5)라고 말한다. 그 신은 내가 복채만 두둑이 주면 아무리 더럽고 짐승 같은 짓을 해도 눈감아 주는 편리한 신이다. 이러한 우상 숭배가 바로 불경건의 클라이맥스이다.

» "사랑의 하나님이 왜 진노하시는가?"라는 질문에 복음은 어떻게 대답하나요?

» '불경건'과 '불의'의 개념을 간략하게 설명해 봅시다. 악인이 잘되는 모습을 보고 어떤 마음이 드나요?

04

왜 우상 숭배가
죄의 하이라이트인가요?

롬 1:24-32

인간의 문제는 죄에 있다: 불의의 죄

● 죄 이면에는 우상 숭배가 있다

우상 숭배의 실체인 탐심

탐심이란 무엇을 소유하고 싶은 마음이 과도한 상태를 말한다. 왜 그렇게 집착하고 갈망하는지 탐색해 보면, 자신의 행복과 기쁨의 근원을 그것에 두기 때문이다. 그것에 그 존재 이상의 가치를 부여하는 것이다. 마귀의 유혹으로 하와의 마음에 일어난 육신의 소욕이 위험한 이유가 바로 탐심에 있다. "여자가 그 나무를 본즉 **먹음직도 하고 보암직도 하고 지혜롭게 할 만큼 탐스럽기도 한** 나무인지라 여자가 그 열매를 따 먹고"(창 3:6상).

여기 '탐스럽다'는 말은 하나님이 십계명에 "네 이웃의 집을 탐내지 말라"(חָמַד, 하마드, 출 20:17)고 하실 때 사용된 단어와 같다.

죄는 하와의 마음속에 하나님이 금지하신 일을 하고 싶게 만들면서, 그것에 뭔가 행복이 있는 것처럼 여기게 했다. 탐심은 그것만 소유하면 자신이 가치 있는 존재가 되는 것 같고, 멋진 존재가 될 것 같은 착각을 일으킨다. 하나님으로 채워야 할 마음의 만족과 기쁨을 하나님이 아닌 다른 것으로 채우게 한다. 이처럼 탐심은 하나님의 자리를 대신하기에 우상 숭배이다. 팀 켈러는 "우상이란 하나님보다 더 크게 마음과 생각을 차지하는 것이다. 그것 없이는 살아갈 가치를 못 느끼는 것이 우상이다"라고 말했다. 어거스틴은 '죄'를 "순서가 바뀐 사랑"(Disordered love)이라고 정의했다. 탐심은 우리 안에 사랑의 순서를 바꾸는 죄악이다.

죄의 근원인 우상 숭배

팀 켈러는 우상 숭배를 "죄 이면의 죄"라고 했다. 우상 숭배가 죄의 근원이라는 것이다. 카일 아이들먼(Kyle Idleman)은 "우상 숭배는 많은 죄 가운데 하나가 아니다. 그것은 다른 모든 죄를 낳는 큰 죄이다"라고 했다. 왜 분노할까? 왜 정직하지 못할까? 그 배후에 내가 가장 소중하게 생각하는 우상이 있기 때문이다.

죄는 특별히 하나님이 금지하신 계명에 대해서 탐심을 일으켜 악을 행하게 한다(롬 7:7-8). 십계명에서 마지막 열 번째 계명이 "네 이웃의 집을 탐내지 말라"이다. 그런데 그 계명을 어기는 죄악이 탐심을 일으킨다. 그 결과 이웃의 것을 빼앗으려고 "살인하지 말라"는 제6계명을 어긴다. 이웃의 아내를 탐하여 "간음하지 말라"는 제7계명을 어긴다. 이웃의 소나 나귀를 탐하여 "도둑질하지 말라"는 제8계명을 어기고, 이웃의 것을 빼앗으려고 거짓 증거를 하여 "네 이웃에 대하여 거짓 증거하지 말라"는 제9계명을 어긴다. 이처럼 탐심의 우상 숭배는 모든 죄의 근원이다. 우상 숭배는 우리의 탐심을 자극하여 우리로 정욕적인 인생을 살게 한다. 싸우고 빼앗고 죽이는 불의의 온갖 죄를 짓게 하는 것이다.

● 우상 숭배는 세 가지 치명적인 죄를 낳는다

결국 하나님을 버리고 우상을 숭배하는 인간은 정욕의 노예가 된다. 우상 숭배의 결과 인간은 마음의 정욕대로(롬 1:24), 부끄러운 욕심대로(롬 1:26) 살고, 서로를 향하여 음욕이 불일 듯하게 된다(롬 1:27). 그 결과 우상 숭배는 모든 죄의 근원이 된다. 기독교 철학자인 밥 하웃즈바르트(Bob Goudzwaard)는 "모든 인간은 자기 마음속에 자신만의 신을 섬기고 있으며 사람은 자신이 섬기는 신의 형상으로 변모한다"라고 말했다. 하나님의 형상을 더럽고 추한 짐승과 버러지의 형상으로 만들어 놓은 인간은 짐승처럼 정욕적이고 본능적인 존재로 추하게 전락한다.

우상 숭배는 아주 특징적인 세 가지 죄를 낳는다.

성적인 타락

첫째는 성적인 타락이다. 우상 숭배의 죄에 대한 하나님의 진노는 그들을 그 정욕대로 내버려두심으로 나타난다. 하나님은 그들이 성적으로

타락하게 내버려두신다. "그러므로 하나님께서 그들을 마음의 정욕대로 더러움에 내버려두사 그들의 몸을 서로 욕되게 하게 하셨으니"(롬 1:24).

성적인 타락은 몸을 욕되게 하는 죄이다. 다른 죄와 다르게 성적인 죄, 즉 음행은 자기 몸에 죄를 범하는, 다시 말해 몸을 더럽히는 죄라고 말한다(고전 6:18). 왜 몸을 더럽히는 게 심각한 문제인가? 우리 몸은 썩어 없어질 것이 아니라, 장차 부활하여 주님 나라에서 영원히 거할 몸이기 때문이다. 그래서 기독교 윤리는 몸의 거룩에서부터 시작된다. 아무리 선행을 해도 자신의 몸을 더럽히는 사람은 하나님 나라에 합당하지 않다.

성적인 타락은 하나님을 멀리하고 우상을 숭배하는 사람들의 첫 번째 특징적인 죄악이다. 그리고 이는 심판으로 가는 중요한 전조 증상이다. 노아 시대에 홍수로 모두 심판을 받기 전, 그들은 성적으로 타락했다.

동성애의 타락

우상 숭배는 단순한 성적 타락에서 멈추지 않는다. 그것은 두 번째로 동성애의 타락에까지 나아간다. 우상 숭배의 죄로 인해서 이번에는 하나님이 그들을 부끄러운 욕심에 내버려두신다(롬 1:26상). "부끄러운 욕심"이란 정상적이지 않은 욕구를 의미한다. 앞에서 언급한 정욕은 육신의 정상적인 욕구가 과도해진 것을 의미한다면, 여기서는 한 걸음 더 나아가 인간의 본성이 부끄럽게 여기는 욕망, 즉 동성애의 욕구까지 나아가는 것을 의미한다. "곧 그들의 여자들도 순리대로 쓸 것을 바꾸어 역리로 쓰며 그와 같이 남자들도 순리대로 여자 쓰기를 버리고 서로 향하여 음욕이 불일듯하매 남자가 남자와 더불어 부끄러운 일을 행하여"(롬 1:26하-27상). 그들은 남녀 관계의 순리를 어기고, 동성끼리 음욕이 불붙는 역리의 부끄러운 일을 행한다.

그들은 하나님이 정하신 남녀의 질서를 거부한다. 하나님이 금지하신 동성애가 선천적이며 유전적이라고 주장한다. 하지만 실제로 동성애를 유발하는 유전자라고 알려진 Xq28은 동성애 유전자가 아닌 것으로 밝혀졌다. 한마디로, 동성애 유전자라는 것은 없다. 하지만 마음속에 본성이 부끄러워하는 그 욕망을 채우려고 그들은 거짓을 진리로 바꾼다. "남녀 간에 관계를 누가 정했느냐? 왜 남녀만 부부가 될 수 있느냐? 그것은 잘못되었다"고 주장한다. 성은 도덕이나 진리와 관계가 없다는 것이다. 상호 동의하고 착취 관계를 피하기만 하면 그만이라고 주장한다. 합의만 하면 그 누구와도 상관없다는 것이다. 결국 인간은 동물보다 더 더러운 짓을 행하는 데 이른다.

성적인 타락과 동성애는 종말의 증상을 보여 준다. 1장에 나타나는 타락상은 당시 로마 사회의 현실을 고발한다. 요한계시록에 나타나는 마지막 바벨론, 멸망받을 세상 나라는 로마를 모형으로 한다. 당시 최고의 권력과 영화가 집중된 로마 시대의 타락한 모습이 바로 심판받을 마지막 바벨론의 모형으로 제시된다. 그 종말의 중요한 증상이 바로 동성애이다.

로마 황제 15명 중 14명은 동성애자였다. 당시 황제와 귀족들을 위해서 소년들을 미동으로 길러 성적 노리개로 삼았다. 고상하다는 소크라테스(Socrates), 플라톤(Plato), 크세노폰(Xenophōn), 아리스토텔레스(Aristoteles)와 같은 철학자들도 동성애자였다. 플라톤은 《향연》에서 말하기를, 여자와 동침하면 육체를 낳지만, 남자와 동침하면 생명을 낳는다고 했다. 아무리 고상한 이야기를 하고, 멋진 사상을 이야기해도 하나님이 없는 사상은 다 이처럼 더러운 정욕의 도구로 치달을 뿐이다.

오늘날 이런 종말론적 현상을 현대 사회 속에서 발견한다. 동성애를 지지하고 인정하는 것이 정의요, 진리가 되어 간다. 동성애를 순리가 아니며 부끄러운 일이라고 말하는 성경은 거짓이요, 약자를 차별하는 것이라고 말한다. 학교에서는 차별 금지와 포용이란 이름으로 잘못된 성평등 교육을 한다. 남자끼리, 여자끼리도 부부가 될 수 있다고 가르친다. 부모가 자녀를 가르칠 권리를 박탈하려는 움직임이 나타나고, 기독교 대안 교육, 종교 교육은 아이들을 이상하게 가르치는 행위라고 말한다. 성경이 경고한 종말이 성큼 앞으로 다가오고 있다.

하지만 그릇됨에는 상당한 보응이 있다(롬 1:27하). 순리를 거스르는 잘못된 사상, 거짓된 진리는 그들의 삶에 부정적인 영향을 끼친다. 역사적으로 후궁을 많이 거느린 폭군, 일부다처의 독재자들은 대부분 나이 40세 정도까지밖에 살지 못했다. 동성애자들은 에이즈 등 많은 질병에 걸린다.

평균 수명도 약 15-20년 줄어든다. 이것은 경고이다. 이 땅에서의 경고를 어기면 결국 그 운명이 맞닥뜨리는 것은 심판뿐이다(롬 2장).

사회 도덕적 불의

우상 숭배의 세 번째 결과는 사회 도덕적인 불의이다. 하나님은 우상을 숭배하며 하나님을 마음에 두기 싫어하는 자들을 이번에는 "그 상실한 마음대로 내버려두"(롬 1:28상)신다. 여기 "상실한 마음"은 부패한 마음을 가리킨다.

인간의 마음에는 하나님이 주신 도덕률이 있고, 양심이 있다. 누구나 하나님의 형상으로 지어졌기에 동물과 달리 인간의 품격이라는 일반은총의 빛이 존재한다. 그런데 우상을 숭배하여 하나님을 몰아내면 결국 인간은 하나님의 형상을 잃어버린다. 하나님이 인간에게 새겨 주신 모든 일반은총의 선한 빛을 상실한다. 그래서 양심이 부패하고 화인 맞은 심장처럼 악을 행해도 가책을 느끼지 못한다. 하나님은 바로 그 마음 그대로 내버려두신다. 마음의 부패함을 따라서 "합당하지 못한 일"(롬 1:28), 즉 해서는 안 되는 일을 서슴지 않고 하도록 내버려두신다. 그리하여 결국 세상은 온갖 불의, 악한 일로 가득해진다.

인간은 자신이 섬기는 신의 형상으로 변모한다고 한 하웃즈바르트는 더 나아가 "인간은 그러한 자기의 형상 안에서 사회의 구조를 창조하고 형성한다"라고 말했다. 과연 하나님을 몰아낸 사회의 모습은 어떠한가?

악이 가득해진다. "곧 모든 불의, 추악, 탐욕, 악의가 가득한 자요 시기, 살인, 분쟁, 사기, 악독이 가득한 자요"(롬 1:29상). 그들의 마음은 옳지 않은 것에 대한 욕구(불의)로, 더러운 것에 대한 욕구(추악)로, 더 소유하려는 욕심(탐욕)으로, 악한 것에 대한 욕구(악의)로 가득해진다. 더 나아가 다른 사람을 향해서는 시기하는 마음이 가득하고, 죽이고 싶은 마음(살인)이 가득하고, 분당하고 다투고 싶은 마음(분쟁)이 가득하고, 남을 속이고 빼앗고 싶은 마음(사기)이 가득하고, 악독이 가득하다. 하나님은 가나안 땅에 죄악이 가득하기까지 기다리셨다. 결국 악이 가득 차면 심판이 오는 것이다.

혀에서 마음의 악이 흘러나온다. 마음에 온갖 더러운 것과 악한 것을 가득 쌓은 그들이 하는 행동은 무엇인가? 먼저 혀로 범죄한다. 인간의 내면을 가장 쉽게 보여 주는 곳이 바로 혀이다. "수군수군하는 자요 비방하는 자요 하나님께서 미워하시는 자요 능욕하는 자요 교만한 자요 자랑하는 자요 악을 도모하는 자요"(롬 1:29하-30상).

그들은 입술로 남을 공격하는데, 수군거린다. 공개적이 아니라 은밀하고 비밀스럽게 악평하고 돌아다닌다. 오늘날 익명으로 인터넷 댓글 창을 온갖 추측과 유언비어로 도배하는 자들도 이에 해당할 것이다. 그러나 더 담대해져서 공개적으로 남을 욕하거나 비난하는 데 이른다(비방). 일차적인 대상이 누구일까? 바로 하나님이요, 성도들이다. 그래서 그들은 하나님이 미워하시는 자들이 된다. 그들은 성도들을 능욕한다(ὑβριστάς, 휘브리스타스). 성도들 때문에 자신들의 죄가 드러나니까 능욕하는 것이다. 그들은 죄에서 돌이키기는커녕 교만하고 자랑한다. 더 나아가 다른 사람들이 상상하지 못하는 악을 고안해 낸다(악을 도모). 이렇게 말로 온갖 죄를 범한다. 야고보 사도는 이 혀가 사르는 것이 지옥 불에서 나온다 말하지 않는가(약 3:6). 혀에서부터 죄가 나타나고, 혀를 제어할 줄 아는 데서 경건은 시작된다.

인류을 저버리는 악함으로 발전한다. 그 죄는 점점 더 심각해져 사회적인 관계를 파괴한다. 하나님을 거역하는 사회의 아주 특징적인 죄가 나온다. 바로 인류를 저버리는 죄이다. "부모를 거역하는 자요 우매한 자요 배약하는 자요 무정한 자요 무자비한 자라"(롬 1:30하-31).

하나님을 몰아내면 부모를 거역하는 사회로 간다. 점점 어른을 공경하지 않는 사회로 변해 간다. 또한 은혜를 입었음에도 은혜를 알지 못하는 배은망덕한 자가 된다(우매). 자기 이익에 따라 이리저리 붙어 배신을 일삼는다(배약). 가정에서는 어떨까? 동물도 자기 자식을 사랑하건만, 자기 자식을 학대하고 유기하고 살해하기까지 한다(무정). 로마 시대의 중요한 특징 하나가 바로 영아 학대였다. 원치 않는 아이가 태어나면 부모는 자기 아이를 죽일 권한이 있었다. 여자아이가 태어나면 내다버리기도 했다. 또한 아랫사람에게는 혹독하게 하여 임금을 떼먹거나 노비로 부려 먹고 죽였다(무자비). 이처럼 인류를 저버리는 죄가 성행했다.

낙태를 옹호하는 주장을 한번 보자. 여성들의 행복 추구권을 강조하면서 태아를 낙태할 수 있는 권한을 허락한다. 이것이 로마 시대의 영아 학대와 무엇이 다른가. 인간이 하나님을 몰아내고 자기 정욕대로 살면 짐승보다도 더 악하고 추악한 존재가 된다.

죄에 대해 뻔뻔해진다. 그들에 대한 하나님의 선언은 무엇인가? "그들이 이 같은 일을 행하는 자는 사형에 해당한다고 하나님께서 정하심을 알고도"(롬 1:32상). 그들은 자신들이 죽어 마땅한 일을 행했다는 것을 안다. 비록 그들이 하나님을 거부하고 정욕을 따라서 살아가지만, 마음에 새겨진 신 의식을 지울 수는 없다. 그러므로 알긴 안다. 자신의 죄악에 대하여 하나님의 심판이 있음을 안다. 죄의 삯이 사망이라는 것을 그들도 알고 있다.

그런데 보라. "자기들만 행할 뿐 아니라 또한 그런 일을 행하는 자들을 옳다 하느니라"(롬 1:32하). 그들은 양심의 경고를 고의로 무시한다. 자기뿐 아니라 남들도 그 악을 행하도록 부추긴다. 이것이 바로 상실한 마음이요, 부패한 마음이다. 하나님의 심판을 알면서도 두려워하지 않는 자는 마치 브레이크가 파열된 자동차처럼 질주한다. 어떤 도덕, 교화, 조언도 듣지 않는다. 때론 감옥에 가도 변화되지 않는다. 아무도 막을 수 없다. 어쩌면 체념한 것인지도 모르겠다. 뻔뻔하게 "어차피 나는 지옥 갈 운명이다. 지옥의 가장 아랫목은 내 것이다" 하면서 함께 어깨동무하고 지옥에 가자는 것이다.

죄인은 몸을 더럽히고, 부끄러운 일을 행하고, 불의한 행동을 함으로써 자신을 하나님의 진노와 파멸 아래 두면서도 개의치 않는다. 불나방처럼 스스로 파멸의 지옥으로 걸어 들어간다.

● 내버려두심이 곧 심판이고 보응이다

종종 하나님이 진노하신다면서 왜 그들을 내버려두시는지, 의문이 든다. 그런데 성경은 그들을 내버려두시는 것이 곧 '보응'이라고 말한다. 내버려두심이 이미 심판이 시행되고 있다는 의미라는 것이다. 부모는 자녀에게 너무나도 화가 나면 "내버려둬! 대학을 가든 말든, 취직을 하든 말든 제 인생이니까 내버려둬!"라고 한다. 하지만 부모는 자녀를 사랑하니까 말은 그렇게 해도 내버려두지 않는다. 그러나 만약 정말 자녀가 무슨 짓을 해도 내버려둔 채 전혀 신경 쓰지 않는다면, 그땐 정말 화가 난 것이다. 이처럼 사랑이신 하나님이 누군가가 무슨 짓을 해도 내버려두신다면 진짜 그들에게 진노하신 것이다. 스스로 파멸로 가게 그냥 두시는 것이다.

J. D. 그리어는 하나님이 "나 없는 세상을 원한다면 그런 세상을 보게 해 주마"라고 하신다고 표현했다. 그러면서 태양계를 예로 든다. 지구는 태양을 중심으로 공전한다. 태양은 다른 모든 행성을 궤도 안에 붙잡아 둘 만한 중력을 가졌다. 그런데 태양 크기의 4만 분의 1밖에 안 되는 지구가 "내가 중심이 되겠다. 더 이상 태양을 중심으로 돌지 않겠다"며 간섭을 안 받겠다고 선언했다. 태양은 지구의 교만을 벌하기 위해 핵폭풍을 발할 필요도 없다. 그냥 놔주면 된다. 그러면 모든 것이 파괴되니까 말이다.

결국 무슨 짓을 해도 내버려두시는 게 심판이다. 하나님은 에서가 이방 여인과 결혼하든 말든 내버려두셨다. 하지만 선택받은 야곱의 배우자 선택에는 엄청나게 간섭하셨다. 이처럼 간섭 자체가 하나님이 나를 사랑하신다는 의미이다. 때로 내 뜻대로 이루어지지 않을지언정 말이다. 내가 무슨 짓을 해도 내버려두시고 내 욕심대로 다 이루어진다면 축복이 아니라 심판이다. 오스카 와일드(Oscar Wilde)는 "신들이 우리를 벌주고 싶을 때는 우리 기도를 들어주신다"고 했다.

그러나 하나님의 심판은 그냥 내버려두고 보응을 받게 하는 데서 끝나지 않는다. 종종 편안히 잘 살다가 죽는 것 같은 악인들이 얼마나 많은가. 아직 그들을 향한 중대한 심판이 남아 있다. 때가 차면 하나님이 그들을 심판하실 것이다. 그것이 바로 로마서 2장에 나온다.

» 인간이 하나님을 부인하며 스스로 우주의 주인인 척하면서도 우상을 만드는 이유는 무엇인가요? 오늘날에는 어떤 우상이 있을까요?

» 우상 숭배의 본질은 '탐심'입니다. 내 마음과 삶에서 탐심은 어떤 모습으로 나타나나요?

05

죽은 후
정말 심판이 있나요?

롬 2장

죄에 대한 심판은 반드시 있다

● 심판의 날은 온다

어느 집에 암퇘지와 수퇘지가 있었다. 그런데 추석 보름 전쯤부터 주인이 수퇘지에게만 먹이를 많이 주었다. 암퇘지는 죽을 듯 소리를 질러 댔고, 수퇘지는 아주 게걸스럽게 혼자 그 많은 먹이를 다 먹어 치웠다. 수퇘지는 살이 뒤룩뒤룩 쪄서 돌아다녔다. 도대체 주인이 왜 그렇게 했는지는 추석 전날에 밝혀졌다. 수퇘지는 추석 상에 올려졌다. 바로 이날을 위해 먹을 것을 많이 주고 편안히 살이 찌도록 둔 것이다.

왜 하나님이 악한 자들을 내버려두실까? 그들의 죄악과 더불어 진노의 대접이 차기까지 기다리시는 중이다. 어떤 이들은 자기 마음대로 살아도 잘되니까, 속으로 은근히 '하나님이 어디 있냐'며 으스댄다. 하나님의 기다려 주시는 은혜를 망각하고 "십계명을 다 어겨도 '들키지 말라'는 제11계명만 안 어기면 된다"며 우스갯소리를 한다. 하지만 하나님이 그 사람을 향해서 '너, 두고 보자' 하며 노려보고 계심을 모른다. 어느 날 진노의 대접이 차는 순간, 진노가 쏟아부어질 것이며 그날 심판대 앞에서 모든 죄가 낱낱이 드러날 것이다.

심판은 반드시 있다

심판은 반드시 있다. 로마서 2장에서만 "심판"이라는 단어가 5회 나온다. "이런 일을 행하는 자에게 하나님의 **심판**이 진리대로 되는 줄 우리가 아노라"(롬 2:2). "이런 일을 행하는 자를 판단하고도 같은 일을 행하는 사람아, 네가 하나님의 **심판**을 피할 줄로 생각하느냐"(롬 2:3). "다만 네 고집과 회개하지 아니한 마음을 따라 진노의 날 곧 하나님의 의로우신 **심판**이 나타나는 그날에 임할 진노를 네게 쌓는도다"(롬 2:5). "무릇 율법 없이 범죄한 자는 또한 율법 없이 망하고 무릇 율법이 있고 범죄한 자는 율법으로 말미암아 **심판**을 받으리라"(롬 2:12). "곧 나의 복음에 이른 바와 같이 하나님이 예수 그리스도로 말미암아 사람들의 은밀한 것을 **심판**하시는 그날이라"(롬 2:16).

성경은 분명히 심판이 있음을 말한다. 히브리서도 말한다. "한 번 죽는 것은 사람에게 정해진 것이요 그 후에는 심판이 있으리니"(히 9:27). 내 삶이 내 것이고 내 돈이 내 것이면 누구에게 심판받거나 결산받지 않는다.

내가 월급을 받아 내 마음대로 썼다고 세무조사를 나오지 않는 것처럼 말이다. 하지만 우리에게는 삶의 주인이 따로 있다. 우리는 청지기에 불과하기 때문에, 어떻게 살았는지 결산하는 날이 있다. 불신자만 아니라 신자들도 다 하나님의 심판대 앞에 서는 날이 온다. "네가 어찌하여 네 형제를 비판하느냐 어찌하여 네 형제를 업신여기느냐 우리가 다 하나님의 심판대 앞에 서리라"(롬 14:10).

● 생각이 아닌, 행한 대로 심판받는다

그렇다면 하나님은 우리의 무엇을 심판하실까? 하나님은 우리가 무슨 생각과 도덕 의식을 가졌는지 보시지 않고, 오직 우리가 행한 대로 심판하신다.

"그래서, 너 어떻게 살았니?"

하나님은 그가 무슨 말을 했고, 무슨 글을 썼고, 무슨 설교를 했으며, 무슨 의식과 견해를 가졌는지 중요하게 여기지 않으신다. 그를 따르는 팔로워가 얼마나 많은지, 얼마나 많은 사람이 그를 칭찬했는지에 따라 하나님의 평가가 좌우되지 않는다. 하나님이 그날에 보시는 것은 도덕 의식, 견해, 철학도 아니다. "그래서, 너 어떻게 살았니?" 이걸 보신다. "하나님께서 각 사람에게 그 행한 대로 보응하시되"(롬 2:6).

먼 훗날 인류가 하나님의 심판대 앞에 설 때, 땅과 하늘이 다 사라진다. 지금 세상은 무대요, 세트장이다. 연극이 끝나면 무대가 철거되듯이, 우리의 모든 삶이 끝나면 세상이라는 세트장은 철거되고, 하나님이 우리가 살아온 대로 심판하시는 그날이 온다. 그날에 우리의 행위가 기록된 책들이 열린다. "또 내가 크고 흰 보좌와 그 위에 앉으신 이를 보니 땅과 하늘이 그 앞에서 피하여 간 데 없더라 또 내가 보니 죽은 자들이 큰 자나 작은 자나 그 보좌 앞에 서 있는데 책들이 펴 있고 또 다른 책이 펴졌으니 곧 생명책이라 죽은 자들이 자기 행위를 따라 책들에 기록된 대로 심판을 받으니"(계 20:11-12).

우리는 원하든 원하지 않든, 우리도 모르는 사이 책을 쓰고 있다. 그 책이 열릴 때 우리의 모든 세밀하고 은밀한 행동 하나하나, 말 하나까지도 다 심판을 받을 것이다. "이는 우리가 다 반드시 그리스도의 심판대 앞에 나타나게 되어 각각 선악간에 그 몸으로 행한 것을 따라 받으려 함이라"(고후 5:10).

그러면 누가 심판 앞에서 영생을 얻는가? 참고 인내하며 선을 행하여 영광과 존귀와 썩지 아니함, 즉 하나님 나라를 구하는 사람이 영생을 얻는다. "참고 선을 행하여 영광과 존귀와 썩지 아니함을 구하는 자에게는 영생으로 하시고"(롬 2:7). 복음은 우리로 '믿어 순종하게 하는 것'이다. 믿는 사람은 단지 입술로만 고백하는 사람이 아니다. 그는 성령을 따르며, 하늘의 것을 구하며, 육신의 소욕을 이기며 순종하는 사람이다. 선을 행하는 사람이다. 그가 영생을 얻는다.

반면에 누가 진노를 받는가? 여론과 시류를 따라 당을 짓고 불의를 따르는 자들이다. "오직 당을 지어 진리를 따르지 아니하고 불의를 따르는 자에게는 진노와 분노로 하시리라"(롬 2:8). 그들은 여럿이 '합의'하면 '진리'

라고 왜곡한다. 그렇게 진리를 떠나 불의를 따르는 자를 하나님은 진노와 분노로 대하신다. 즉 심판하신다는 것이다. 하나님은 그날에 그 열매, 즉 행위를 보고 심판하신다. 교회를 다닌다고 입술로 고백하면 다가 아니다. 정말 그 믿음에 열매가 있는지 보신다.

그날엔 운명이 지옥과 천국으로 갈린다

그러면 악을 행하는 자의 종국적 운명은 어떻게 될까? 악인은 최후의 심판을 받고 지옥으로 떨어진다. "악을 행하는 각 사람의 영에는 환난과 곤고가 있으리니"(롬 2:9상). "환난"은 타작할 때 도리깨질, 즉 곡식을 때리는 것을 말한다. 타작마당은 추수의 날을 상징하는 것으로 최후 심판의 날을 의미한다. "곤고"는 그날에 겪을 고통의 상황이다. 지옥은 바로 "환난과 곤고"만 있는 곳이다. 최종적으로 악을 행하는 자들은 지옥에 간다는 것이다.

그러나 선을 행하는 사람의 운명은 어떠한가? 천국에서 영광과 존귀와 평강을 누린다. "선을 행하는 각 사람에게는 영광과 존귀와 평강이 있으리니"(롬 2:10상). "영광과 존귀와 평강"은 천국에서의 상태를 뜻한다. 이 땅에서는 고난을 당하지만, 그에게는 천국이 기다리고 있다. 이것이 참신자가 하나님 앞에서 받을 최종적인 은혜요, 구원이다.

이처럼 죽음 이후에는 심판이 있다. 그 결과 우리 운명은 천국과 지옥으로 갈라진다. 이것이 성경의 일관된 선언이다. 여기에는 유대인과 헬라인의 차별이 없다. 유대인이라고 해서 심판에서 면제되지 않는다. "먼저는 유대인에게요 그리고 헬라인에게라"(롬 2:10하). 하나님은 우리가 행한 대로 심판하여 악인은 영원한 지옥으로, 의인은 영원한 천국으로 보내신다.

천국과 지옥이 정말 있는가? 사람들은 천국과 지옥 이야기를 하면 괜히 겁 준다고 말한다. 하지만 성경에서 지옥을 가장 많이 이야기한 분이 바로 예수님이시다. 무려 18회가량 언급하셨다. 우리를 사랑하셔서 십자가에서 죽으신 예수님이 왜 지옥을 가장 많이 말씀하셨을까? 심판과 그 이후의 운명이 진실이기 때문이다. 주님은 우리를 지옥에 보내지 않으려고 우리 죄를 대신 지고 십자가에서 죽으셨다. 지옥은 그냥 조롱하고 흘려보낼 이야기가 아니다. 웨슬리는 말했다. "네 손가락을 불에 대고 기다려 봐라. 1초 동안도 참기가 어려울 것이다. 그런데 온몸이 지옥 불에 들어가서 영원히 고통을 당한다고 생각해 봐라. 그 고통이 어떻겠는가?" 이 말을 들어 보면, 웨슬리는 지옥의 고통을 상상하고 그것을 실제처럼 생각하면서 살았음을 알 수 있다.

토마스 스콧(Thomas Scott)이라는 무신론자가 죽을 때 그 곁에서 지켜보던 하녀가 들은 그의 말이 전해진다. "나는 지금까지 하나님도 없고 지옥도 없는 줄 알았는데 지금 와서 보니 나는 그 둘이 다 있는 줄 깨닫는다. … 나는 전능자의 공의로운 심판에 의해 멸망으로 들어간다." 단테 알리기에리(Dante Alighieri)는 《신곡》에서, 지옥문에는 "이곳에 들어가는 자는 희망을 버릴진저"라고 쓰여 있다고 했다.

천국과 지옥은 분명히 있다. 우리가 이 땅에서 살아간 삶, 우리의 모든 행위로 그날에 심판받을 것이다. 이 명백한 사실을 부인하거나 잊어서는 안 된다. 우리는 결코 아무렇게나 살면 안 된다. 우리의 말, 행위, 모든 것을 하나님이 다 감찰하고 계신다. 그분의 책에 모두 기록되고 있다. 그러므로 우리는 우리의 행위, 삶에 대해서 심각하게 고민해야 한다.

● 선과 악을 심판하는 기준은 있는가?

미국의 어느 공원에 플래카드가 걸렸다. "당신이 옳다고 생각하는 것이 틀린 것이 아니다. 하지만 다른 이들이 틀렸다고 생각하는 것은 옳지 않다." 절대적으로 옳은 것은 존재하지 않는다는 말이다. 그렇다면 심판도 있을 수 없다. 하지만 이것은 인간 안에 새겨진 도덕률을 일부러 거부하는 궤변이다. 과연 선과 악을 나누는 절대 기준이 있는가? 하나님은 무엇을 기준으로 심판하실까?

율법과 양심으로 심판받는다

C. S. 루이스는 《순전한 기독교》(홍성사, 2018)에서 이렇게 논증한다. "고대 이집트인, 바빌로니아인, 인도인, 중국인, 그리스인, 로마인들의 도덕을 비교하였는데 결론은 그것들이 서로 비슷하고 우리들 시대의 도덕과도 비슷하다는 것이다. 어느 시대에도 배신자를 높이 평가하거나 이기주의를 높이 평가하지 않는다. 누가 가르쳐 주지 않아도 시대나 지역을 초월하여 인간들은 내면에서 거의 비슷한 어떤 목소리를 듣게 된다. 내 안에서 옳은 일을 하도록 재촉하고 그릇된 일에는 책임감과 불편함을 느끼게 만드는 무엇인가가 있다. 결국 인간은 결코 독립적인 존재가 아니며, 어떤 법칙 아래 존재한다는 것이다. 이것은 내가 일정한 방식으로 행하기

를 원하는 누군가가, 무엇인가가 있다는 것이다. 그 도덕률을 인간 안에 새겨 준 도덕적인 존재가 있다. 그가 바로 하나님이시다. 하나님이 바로 인간 안에 양심, 도덕률을 새겨 놓으신 것이다."

바울은 율법 없이 범죄한 자는 율법 없이 망한다고 한다. "무릇 율법 없이 범죄한 자는 또한 율법 없이 망하고"(롬 2:12상). 반면에 율법이 있는 자는 율법으로 심판받는다고 말한다. "무릇 율법이 있고 범죄한 자는 율법으로 말미암아 심판을 받으리라"(롬 2:12하).

율법을 받은 유대인들이 그 율법으로 심판받는 것은 이해가 된다. 그러나 율법 없이 범죄한 자들은 율법을 알지 못하는데, 무엇으로 심판을 받는가? 바울은 하나님이 인간의 본성 안에, 양심 안에 율법을 새기셨다고 말한다. 그래서 본성으로 율법의 일을 행한다는 것이다. "율법 없는 이 방인이 본성으로 율법의 일을 행할 때에는 이 사람은 율법이 없어도 자기가 자기에게 율법이 되나니"(롬 2:14). 자기 자신 안에 있는 본성이 스스로에게 율법이 되는 것이다. 그래서 인간 안에 자리한 양심으로 인해 내면의 생각들이 서로 고발도 하고 변명도 한다. "이런 이들은 그 양심이 증거가 되어 그 생각들이 서로 혹은 고발하며 혹은 변명하여 그 마음에 새긴 율법의 행위를 나타내느니라"(롬 2:15).

프랜시스 쉐퍼(Francis A. Schaeffer)는 각 사람에게는 그 사람의 목소리를 녹음하는 보이지 않는 하늘나라 녹음기가 있다고 표현했다. 하나님이 심판하시는 그날에 "저는 몰랐어요"라고 말할 때 주님이 녹음기를 틀어서 다 들려주실 것이라고 말했다. "이것은 옳지 않아. 저런 인간은 사라져야 해. 저 사람은 너무나 이기적이야. 저 사람은 부정직해. 이것은 공평하지 않아. 저런 배신자 같으니라고. 저런 더러운 인간! 탐욕이 많구먼. 이웃을 배려할 줄 몰라. 말을 함부로 해. 약속했으면 지켜야지 왜 편법을 쓰는 거야? 권리만 알고 의무는 모르는군. 저 부자는 축복에는 책임이 있다는 사실을 망각한 사람이야" 등 판단하던 목소리를 들려주신다는 것이다. 요즘은 그가 SNS에 다른 사람들을 정죄하고 비난했던 글들을 보여 주실지 모른다. 우리가 누군가를 보고 판단한다면 이미 그 안에는 하나님의 율법이 들어 있는 것이다.

사람들은 "하나님이 그에게 어떻게 살아야 한다고 율법을 가르쳐 주신 적이 없지 않습니까? 기준을 주시지도 않고 그를 심판하십니까?"라며 항변할지 모른다. 그때 하나님은 그가 남을 판단한 기준을 들이대실 것이다. 그날에는 아무도 핑계를 대거나 항변할 수 없다. 결국 인간은 마음에 새겨진 율법이든지, 아니면 종교적으로 받은 율법이든지 간에 그것을 지켰는지 아닌지로 심판받는다.

누가 심판하는가?

바울은 심판이 복음의 일부라고 말한다. "곧 나의 복음에 이른 바와 같이 하나님이 예수 그리스도로 말미암아 사람들의 은밀한 것을 심판하시는 그날이라"(롬 2:16). 왜 심판도 복음인가? 심판하시는 분이 예수 그리스도이시기 때문이다. 그날에 하나님이 예수님을 심판자로 세우신다. "아버지께서 아무도 심판하지 아니하시고 심판을 다 아들에게 맡기셨으니"(요 5:22). 주님의 입에서 날카로운 검과 같은 말씀이 나와서 은밀한 것을 모두 드러낼 것이다. 마음에 숨긴 것을 모두 드러내고 심판하실 것이다.

다행히 그날의 최후 심판자가 자신의 구주요, 주님이신 사람은 복이 있다. 주님은 그분의 피로 우리를 구속하셨을 뿐 아니라 성령의 날카로운 검으로 이 땅에서 이미 우리의 은밀한 것들을 밝혀내어 회개하게 하시고 변화시켜 주셨기 때문이다. 그날의 심판자이신 주님이 이미 그 심판을 넘어가도록 우리를 구속하고 빚어 주셨다.

토론과 적용을 위한 질문

» 천국과 지옥이 실재한다고 믿나요? 그 사실이 나의 선택과 가치관에 어떤 영향을 미치고 있나요?

» "예수님은 나의 구주이십니다"라는 고백만큼 "예수님은 나의 심판자이십니다"라는 고백도 자주 하나요? 심판자이신 예수님이 나의 생활에 어떤 두려움과 위로, 소망을 주시나요?

06

착한 사람도
심판받나요?

롬 2-3장

어떤 분이 병원에서 간단한 진료를 받고 나왔는데 나중에 전화가 왔다. 간암 말기이니 빨리 입원하라고 말이다. 경황이 없어서 충격받을 가족에게 말도 못하고 대강 입원할 준비만 해서 병원으로 향했다. 아이들 생각, 남편 생각, 별별 생각이 나면서 눈물이 펑펑 쏟아졌다. 무엇보다 이제 죽을 생각을 하니까 '내가 죽으면 어떻게 되지? 나는 죽어서 하나님 앞에 어떻게 서지?'라는 두려움이 몰려왔다.

그런데 웬일인가? 어떻게 갔는지 생각나지 않을 정도로 정신없이 병원에 갔는데, 간호사가 몹시 당황하면서 다른 사람의 차트를 보고 잘못 연락드렸다고 죄송하다며 거듭 사과했다. 얼마나 다행인지! 갑자기 하늘이 열리면서 광명한 빛이 쏟아져 내리는 것만 같았다. 하지만 집으로 돌아오면서 곰곰이 생각해 보니 '아, 내가 너무 정신없이 사느라 죽을 준비를 못하고 있었구나'라는 것을 깨달았다고 한다.

과연 우리는 죽을 준비를 어떻게 해야 할까? 성경은 한 번 죽는 것은 사람에게 정해진 것이요 그 후에는 심판이 있다고 분명히 말한다(히 9:27). 우리는 언젠가 반드시 죽는다. 그런데 그 뒤에 있을 심판을 어떻게 준비할 것인가? 대부분의 사람들은 '그래도 나름 남들보다 착하게 살았어'라고 막연하게 생각한다. 정말 우리가 도덕적으로 살고, 종교적인 가르침을 따라 선하게 살면 심판을 면할 수 있을까? 과연 도덕과 종교에 길이 있을까? 이것은 매우 진지한 질문이다. 왜냐하면 오늘날 수많은 사람이 도덕과 종교의 길을 가면서 구원을 얻고자 하기 때문이다. 성경은 뭐라고 하는지 알아보자.

착한 사람도 죄인일까?

바울은 갑자기 새로운 대상과 대화를 시작한다. "남을 판단하는 사람아"(롬 2:1상). 그는 부도덕한 죄를 저지르는 이방인들을 판단하는 사람이다. 그는 악한 행동에는 심판이 있다는 사실을 알고, 그들을 나쁜 놈들이라고, 지옥에 들어갈 놈들이라고 판단한다. 이방 세계의 모든 사람이 다 1장에 나오는 불의한 사람들처럼 사는 것은 아니다. 존 스토트는 F. F. 브루스(F. F. Bruce)의 말을 인용하여 로마 시대의 저명한 인물 세네카(Seneca)를 소개한다. 세네카는 악의 속성을 인정하고 날마다 자기성찰을 실천하며 가르쳤고, 당시의 우상 숭배를 비웃고, 도덕적 안내자 역할을 했던 사람이다. 분명 우리 주위에는 이처럼 매우 양심적이고 도덕적인 의식을 가진 사람들이 있다. 그들은 하나님이 어떻게 생각하실까?

● 도덕주의자들의 착각

바울은 처음부터 직격탄을 날린다. 남을 판단하는 너도 심판받는다는 것이다. 남을 판단한다는 것은 자신이 심판자의 자리에 앉아 있는 것이다. 남을 심판하는 자리에 앉은 채 자신은 의롭다고 생각한 그들이 무슨 착각을 했기에 하나님은 그들도 심판받는다고 하실까?

훌륭한 생각을 착하다고 생각한다

도덕주의자들은 자신에게 판단 의식이 있기에 괜찮은 사람이라고 착각한다. 우리는 스스로 무언가를 깨닫고 알면, 마치 내가 그런 사람이 된 것처럼 착각한다. 그러나 판단 의식이 예리하다는 것과 그렇게 산다는 것은 전혀 다른 이야기이다. "그러므로 남을 판단하는 사람아, 누구를 막론하고 네가 핑계하지 못할 것은 남을 판단하는 것으로 네가 너를 정죄함이니 **판단하는 네가 같은 일을 행함이니라**"(롬 2:1).

입만 열면 정의롭고 좋은 이야기를 하는 사람이 정말 정의롭게 살던가? 정의로운 말로 존경받던 그가 자기 말로 정죄받는 일들이 얼마나 자주 일어나는가! 내가 하면 로맨스, 남이 하면 불륜이다. 남의 눈에 티끌은 보면서도 자기 눈의 들보는 보지 못하는 법이다. 나의 실수에는 늘 핑계할 만한 이유가 있다.

결국 도덕적인 의식을 가졌다는 것과 내 안에 있는 정욕을 다스리는 일은 완전 별개의 문제이다. 그들은 진리를 남을 판단하는 칼로 사용하지만, 자신에게 비추어 적용하지는 못한다. 오히려 남을 잘 판단할수록 내가 그럴 확률이 높다. 얌체 시누이가 얌체 올케를 못 봐준다. 부자를 심히 욕하는 사람은 자신 안에 부하고 싶은 마음이 큰 사람일 가능성이 높다. 다른 사람이 권위적이라고 비난하는 사람은 자신이 권위 의식이 매우 강한 사람인 경우가 많다. 다른 사람들의 동기를 의심하고 판단하는 사람은 이미 자신 안에 잘못된 동기를 숨긴 사람일 것이다. 우리는 자신이 유독 싫어하고 비난하는 사람과 비슷한 사람일 확률이 높다. 아버지가 아들을 힘들어하고 참기 어려워하는 이유는 자기를 닮았기 때문이다. 결국 우리의 판단은 우리의 죄를 드러내고 정죄할 뿐이다.

참아 주시는 것을 의로운 줄로 착각한다

하나님은 그들이 회개하기를 기다리시면서 그들을 사랑, 용납, 오래 참음으로 대하시는데, 그들은 착각하고 있다. "혹 네가 하나님의 인자하심이 너를 인도하여 회개하게 하심을 알지 못하여 그의 인자하심과 용납하심과 길이 참으심이 풍성함을 멸시하느냐"(롬 2:4). 자신들은 도덕적이기에 하나님이 사랑하신다고 생각한다. 하나님이 기다리시는 이유가 자기들이 훌륭하기 때문이라고 생각한다. '이 세상에 저런 놈들도 있는데, 나 같은 사람이 천국 못 가면 누가 간다고!' 이렇게 믿는다. 그들은 하나님의 인자와 용서의 성품을 이용하는 것이다.

어느 성도가 남편 일로 목사에게 상담을 청했다. 교회의 여러 기관에서 섬기며 열심을 내는 남편이 불륜을 저질렀다는 것이다. 교회도 오래 다니고 말씀도 잘 아는 남편이라, 아내는 자신이 눈물을 흘리며 애원하면 잘못을 인정하고 회개할 줄 알았다. 그러나 남편의 반응이 가관이었다. "하나님이 나를 용서하시는데 왜 당신은 용서하지 못해? 당신은 교회에서 훈련도 받았는데 아직 그 정도밖에 안 돼?" 하며 오히려 아내의 믿음을 탓하더라는 것이다.

그의 문제는 무엇인가? 그는 하나님의 인내와 용서하심을 악용했다. 하나님이 지금 당장 불을 내려 심판하시지 않는 이유는 회개할 기회를 주시려는 것이다. 그런데 그는 그것을 멸시하고 이용했다. '내가 이렇게 나쁜 일을 했는데도 내게 아무 일도 없네? 그래도 하나님이 나를 사랑하시나 봐'라고 착각했다. 그러면서 계속 고집을 부리고 회개하지 않은 것이다.

결국 소위 도덕적이라고 하는 이들을 향한 바울의 판단은 무엇인가? 그들은 남의 죄를 지적하는 데 빠를 뿐 정작 자신은 그렇게 살지 않는 위선자라는 것이다. 자신의 알량한 상대적 우위의 도덕성을 의로 삼아 회개하지 않는 고집쟁이라는 것이다. 그런 자들에게 기다리고 있는 것은 행한 대로 판단하시는 하나님의 심판뿐이다.

종교인은 다르지 않을까?

● 종교 천재인 유대인들은 뭔가 다를 거야

앞서 도덕적 양심을 가진 선한 사람들이 남을 판단하면서도, 자신도 그렇게 살지 못한다고 했다. 그렇다면 아주 신실한 종교인은 어떨까? 이제 바울은 초점을 유대인들에게 돌린다.

먼저, 바울은 유대인들의 특별한 점을 언급하면서 그들의 내면을 탐색한다. 그들은 율법을 의지하고 하나님을 자랑한다. "유대인이라 불리는 네가 율법을 의지하며 하나님을 자랑하며"(롬 2:17). '율법을 의지한다'는 말은 자신들이 율법을 받은 선택된 백성이기에 하나님이 그들을 보호하신다는 의미이다. '내가 귀한 하나님의 말씀 사역을 맡았으니, 하나님이 나를 도와주실 거야'라는 자부심을 드러낸다. 하나님의 사랑을 독점하고 있다는 자랑이다.

율법은 하나님의 뜻이며 하나님의 성품을 담고 있다. 그러므로 유대인들은 율법, 토라를 묵상하며 하나님의 뜻을 알고 선한 것을 분별할 줄 아는 판단력을 배웠다. "율법의 교훈을 받아 하나님의 뜻을 알고 지극히 선한 것을 분간하며"(롬 2:18). 그래서 그들은 자신들이 율법 밖에 있는 이방인들, 하나님을 모르는 자들을 가르치는 인도자요, 빛이라고 생각한다. "맹인의 길을 인도하는 자요 어둠에 있는 자의 빛이요"(롬 2:19). 또한 그들은 율법의 내용을 깨달았을 뿐만 아니라 그 지식과 진리를 체계적으로 정리했다. 그래서 자신들이야말로 진리를 분명히 아는 가장 지혜로운 자들이라 여기고 "어리석은 자의 교사요 어린아이의 선생"이라고 믿는다. "율법에 있는 지식과 진리의 모본을 가진 자로서 어리석은 자의 교사요 어린아이의 선생이라고 스스로 믿으니"(롬 2:20). 이것은 바울이 율법을 맡은 자로서 유대인의 역할을 인정하는 말이다.

율법은 선하다. 바울은 결코 율법 자체를 악하다고 하지 않았다. 하나님의 뜻과 성품을 드러내고, 선한 것을 분별하며, 지식과 진리의 근본을 담은 율법을 하나님이 다른 사람도 아닌 유대인들에게 맡기셨으니, 얼마나 큰 특권인가! 맡겨 주신 사명 또한 얼마나 큰가! 유대인들은 그렇게 생각했고, 그래서 그 율법을 열심히 가르쳤다. 실제로 유대인들은 어려서부터 율법을 미간에 붙이고 손목에 매어 늘 주야로 익히고 암송했다. 열네 살이 되면 성년식에서 모세오경을 암송해야 했다. 경건한 유대인들은 양 손목에 말씀을 담은 통을 달고 다니면서 항상 말씀을 줄줄 외웠다.

요즘 식으로 말하면 하나님이 특별한 은혜를 주셔서 어려서부터 성경을 깊이 깨닫고, 늘 성경을 읽고 연구하고, 교회에서 제자 훈련도 다 마치고, 신학교까지 졸업한 정도의 실력을 갖춘 사람들이다. 다른 사람들을 가르칠 수준이 된다는 말이다. 이 정도 되면 뭔가 좀 다를 것이라는 생각이 들지 않는가?

우리나라 조선 시대 양반들은 어려서부터 사서삼경을 줄줄 외웠다. 비록 어리고 젊더라도 어렵고 고상한 가르침을 이해하고 줄줄이 말하는 양반들을 보면서, 아마도 평민들은 '와, 역시 양반님들은 특별해. 어쩜 그렇게 깨우치는 말씀을 잘하실까? 우리와 종자가 달라'라고 생각했을지 모른다.

오늘날에도 열심과 신심이 특출한 종교인은 진리가 무엇인지, 선한 것이 무엇인지를 늘 경전을 통해 연구하여 진리를 더 깊이 깨우치기도 한다. 그들은 무엇이 하늘의 뜻이며, 이 시대를 향한 뜻인가를 스스로 깨닫고 감격하며 중생을 계도하는 자리에 나서기도 한다. 그런 사람들은 정말 어딘가 달라 보이지 않는가? 세상 모든 사람이 죄인이어도 그들만은 아니라고 생각할 수 있다. 그러나 이토록 대단한 유대인들의 실상은 어떠한가?

● 종교 전문가들이 보여 주는 반전 드라마

가르침은 고상한데, 삶은 다르지 않다

그들은 남을 가르치는 자들이었지만 정작 자신들은 가르치지 않았다. "도둑질하지 말라"고 가르치면서 자신들은 도둑질하고, "간음하지 말라"고 가르치면서 정작 자신들은 간음했다. "그러면 다른 사람을 가르치는 네가 네 자신은 가르치지 아니하느냐 도둑질하지 말라 선포하는 네가 도둑질하느냐 간음하지 말라 말하는 네가 간음하느냐 우상을 가증히 여기는 네가 신전 물건을 도둑질하느냐"(롬 2:21-22). 그들 때문에 그들이 섬기는 하나님이 이방인 중에서 모욕을 당하신다. "율법을 자랑하는 네가 율법을 범함으로 하나님을 욕되게 하느냐 기록된 바와 같이 하나님의 이름이 너희 때문에 이방인 중에서 모독을 받는도다"(롬 2:23-24).

누구보다 더 명확한 율법을 받았고, 그것에 심취해서 항상 율법만 연구하고, 랍비들과 제사장들을 중심으로 종교 국가를 만들어서 열심을 냈지만, 그들은 죄를 이기지 못했다. 남들에게 열심히 가르치던 율법이 그들을 정욕과 죄에서 구해 주지 못했다. 율법이 악하다는 의미가 아니다. 도덕적인 가르침이 나쁘다는 것도 아니다. 다만 도덕도, 율법도 죄를 이겨 내지 못했다. 아무리 온종일 말씀을 외우고 가르친다 해도 종교가 인간을 착하게 만들거나 죄를 이기게 할 수는 없다는 말이다. 율법은 죄 앞에 무력한 것이다.

겉으로 보이는 게 다가 아니다

바울이 이번에는 그들이 중시하는 할례를 이야기한다. 어떤 사람이 불교에 귀의하는 수계 의식을 받거나, 천주교에서 영세를 받고 세례명을 받으면 신심이 특별해 보이고 좀 달라 보인다. 이처럼 유대인에게 할례는 하나님께 선택받은 백성이라는 특별한 증표였다. 그들에게는 엄청난 자부심이었다. 유대인들은 할례를 받지 않은 사람과는 상종도 하지 않았다.

그러나 그들이 아무리 대단한 종교적 증표를 가졌어도, 그대로 살지 못한다면 무슨 소용인가. 정작 율법을 지키지 않으면 할례는 의미가 없다. "네가 율법을 행하면 할례가 유익하나 만일 율법을 범하면 네 할례는 무할례가 되느니라 그런즉 무할례자가 율법의 규례를 지키면 그 무할례를 할례와 같이 여길 것이 아니냐"(롬 2:25-26). 즉 율법에 순종하지 않는 할례는 의미가 없다고 한다. 오히려 할례를 안 받았어도 율법에 순종하면 그가 할례받은 자처럼 여겨진다고 한다.

"또한 본래 무할례자가 율법을 온전히 지키면 율법 조문과 할례를 가지고 율법을 범하는 너를 정죄하지 아니하겠느냐"(롬 2:27). 율법 조문과 할례가 중요한 게 아니라, 율법에 순종하는 것이 더 중요하다는 말씀이다. 우리 주님도 이런 이유로 바리새인들을 책망하셨다. "화 있을진저 외식하는 서기관들과 바리새인들이여 너희가 박하와 회향과 근채의 십일조는 드리되 율법의 더 중한 바 정의와 긍휼과 믿음은 버렸도다"(마 23:23상). 그들에게 외적인 종교 의식은 있었으나 삶은 없었다. 휘장을 벗기고, 의복을 벗기고, 은밀한 모든 것을 밝혀 보니 똑같은 죄인이더라는 것이다.

문제는 마음에 있다

● 마음의 할례를 받으라

탕자나 맏아들이나 오십보백보

누가복음에는 집을 나간 탕자인 둘째 아들과 몸만 집에 있을 뿐 마음은 아버지와 거리가 멀어진 맏아들이 등장한다(눅 15장, 탕자의 비유). 먼저 탕자 둘째 아들은 어떤 사람인가? 팀 켈러는 《탕부 하나님》(두란노, 2016)에서 아버지의 유산을 미리 달라고 하여 집을 나가 자기 마음대로 사는 둘째 아들이 전통적인 질서나 가치관에 얽매이길 싫어하는 반권위적 인간상을 대변한다고 말한다. 그들은 "나에게 이게 옳다, 저게 옳다 간섭하지 마세요. 내 인생은 내가 선택해요"라고 말하는 사람들이다. 1장에서 살펴본 우상 숭배자들과 같은 사람들이라 할 수 있다.

반면 몸은 집에 있지만 정작 마음은 아버지에게서 멀리 떨어진 맏아들은 2-3장에 나오는 도덕적이고 종교적인 사람들과 같다. 그는 집을 떠나지 않고 늘 아버지의 명에 순종해 왔고, 모든 것에 '옳게' 해 온 아들이다. 그런데 어느 날 집 나갔던 탕자인 동생을 맞아 주며 잔치하는 아버지 앞에서 폭발한다. 그는 명을 어기지 않고 순종한 자기에게는 염소 새끼 한 마리도 안 주었다면서, 방탕한 동생을 환대하는 아버지에게 불만을 터트린다. 이를 보면 맏아들이 아버지의 명을 지키고 순종한 이유가 아버지를 사랑해서가 아니었다. 그는 아버지의 마음을 전혀 이해하지 못했다. 단지 그가 순종한 이유는 마음에 원하는 유산을 얻고자 노력한 것이었다.

둘째 아들이 유산을 받아 집을 나간 이유는 자기 마음대로 살고 싶은 원함을 이루기 위해서였다. 그런데 맏아들이 집을 나가지 않고 순종한 이유도 그의 마음에 원하는 것, 즉 아버지의 재산을 얻기 위해서였던 것이다. 자신이 순종했고 착하게 살았기에 아버지는 마땅히 그래야 한다는 것이다. 팀 켈러는 맏아들과 둘째 아들의 행동은 매우 달라 보이지만 실상 내면은 같다고 말한다. 둘 다 자기들의 마음이 진정으로 집착하는 것들을 얻기 위해 서로 다른 방식으로 아버지를 이용한다는 것이다. 신학자 싱클레어 퍼거슨(Sinclair Buchanan Ferguson)은 오히려 이 둘이 "같은 태에서 태어난 이란성 쌍둥이"라고 말한다.

둘째 아들이 불순종의 죄로 아버지와 멀어졌다면, 맏아들은 외적인 의식, 의무, 공로로 포장된 종교적인 자기 의 때문에 아버지와 멀어졌다. 그런데 이 이야기에서 탕자는 돌아오는데, 정작 맏아들이 회심했다는 이야기가 정확하게 나오지 않는다. 이를 볼 때 마르틴 루터의 말처럼 복음의 최대 적은 죄가 아니라 자기 의이다.

오히려 죄는 우리의 악함을 깨닫고 그리스도 앞에 나아가게 하는 도구가 될 수 있다. 죄에 넘어진 자들은 은혜로 인해 다시 회개하며 일어선다. 교회에 안 나오거나 떠나서 방황하던 자들은 회개하며 돌아온다. 그러나 예배에도 안 빠지고, 성실하게 봉사하고, 큰 죄를 별로 안 짓는 사람들은 그런 까닭에 자신들이 괜찮다고 생각한다. 주님 앞에 회개하며 나가야 할 사람들은 둘째 아들처럼 집 나간 자들이지, 자신은 아니라고 생각한다. 정작 주변 사람들이 보기에 그들은 늘 완고하고 고집스러워서 집안 식구들을 힘들게 하는데 말이다. 그들은 자기 열심에 빠져 정작 자신은 보지 못한다. 자기 의가 걸림돌이 되는 것이다. 그 걸레보다 못한 의가 그리스도의 복음에 나타난 하나님의 의를 거절하게 만든다.

우리는 맏아들의 모습이 기독교의 모습이 아니라는 사실을 깊이 인식해야 한다. 맏아들의 모습은 바리새주의, 즉 종교를 대변한다. 오늘날 사람들이 기독교를 오해하는 이유가 무엇일까? 기독교가 종교화되어 가기 때문이다. 교회 안에 맏아들 같은 사람이 얼마나 많은지 모른다. 둘째 아들이 돌아오면 '저런 사람이 어떻게 교회에 다니냐'며 화를 내고 정죄한다. 탕자뿐 아니라, 도덕적으로 자신이 고상하다고 믿는 당신, 종교적으로 남다른 열심을 내는 당신도 모두 죄인일 뿐이다.

기독교 복음의 길은 종교적인, 율법적인, 도덕적인 길이 아니다. 내 마음대로 살아도 되는 길도 물론 아니다. 모두 회개하고 돌아서야 한다. 우리는 둘째 아들의 길도, 맏아들의 길도 아닌 제3의 길, 그리스도의 길을 가야 한다.

굳고 완악한 마음

결국 그들의 핵심 문제는 무엇일까? 문제는 그들이 마음의 할례를 받지 않았다는 데 있다. 진정한 유대인은 마음의 할례를 받은 이면적 유대인이다. "오직 이면적 유대인이 유대인이며 할례는 마음에 할지니 영에 있고 율법 조문에 있지 아니한 것이라 그 칭찬이 사람에게서가 아니요 다만 하나님에게서니라"(롬 2:29).

하나님은 이미 구약의 모세오경과 선지서에서 이 말씀을 하셨다. "그러므로 너희는 마음에 할례를 행하고 다시는 목을 곧게 하지 말라"(신 10:16). 하나님은 이스라엘을 향해서 육신의 할례가 아니라 마음의 할례를 받으라고 하셨다. 마음의 할례를 받아 변화되어야 마음에서부터 하나님을 사랑하고 그분의 율법에 순종하게 된다. 남을 판단하거나 가르친다고 하면서 정작 자신의 삶은 변하지 않는다면 그의 마음이 변화되지 않은 것이기 때문이다.

그들의 도덕이나 율법, 종교적인 열심은 단지 억제하는 것이지 변화된 것이 아니다. 쇠에 열을 가해야 제대로 구부릴 수 있는데, 억지로 힘을 주어 구부리는 꼴이다. 도덕과 종교의 힘은 두려움에 있다. 사람들의 인정과 상과 벌에 있다. 칭찬하지 않으면 옳은 일을 하지 않는 아이는 마음이 변화된 것이 아니다. 결국 힘을 많이 가해 쇠를 구부릴수록 긴장은 더해지고, 공로 의식은 커지며, 비판과 판단이 난무한다. 이처럼 율법적인 것은 잠시 효력이 있는지 모르나 진정한 은혜의 공동체를 만들지 못한다.

아프가니스탄 출신 작가 할레드 호세이니(Khaled Hosseini)의 《연을 쫓는 아이》(현대문학, 2022)라는 책이 있다. 아프가니스탄에서 행복하게 살던 한 주인의 아들과 하인의 아들 사이에 있었던, 내면에 입은 상처를 회복해 가는 아름다운 이야기이다. 책을 읽으면서 그저 어려운 나라라고만 생각했던 아프가니스탄 사람들의 아름다운 사랑과 삶의 모습들을 보게 되었다.

그 아름다운 삶을 파탄에 빠뜨린 이들이 이슬람 근본주의자들인 탈레반 정권이다. 율법적인 이슬람 근본주의로 무장한 탈레반은 오직 코란을 외우고, 종교 생활을 하는 것 외에는 모든 것을 금지한다. 세속 음악 등 문화를 차단하고, 아예 여성들의 얼굴을 볼 수 없게 하는 등 종교를 빙자하여 사회를 공포로 몰아넣는 모습을 본다. 잘못된 신학, 종교가 얼마나 끔찍한 사회를 만들어 내는가를 본다. 우리가 진정 복음을 알지 못한다면, 신앙적 열심을 내면 낼수록 이상해질 수 있다. 종교적이 되고, 종교적인 열심을 내는 만큼 탈레반이 아프가니스탄 사람들을 억압하듯이 부모가 자녀를 억압하고, 목사가 성도를 억압하는 일들이 일어날 수 있다.

중요한 것은 무엇인가? 우리 마음이 변하는 것이다. 복음은 외면에서 억지로 힘을 가하는 것이 아니다. 하나님은 이스라엘을 향해서 당신이 친히 마음의 할례를 행하겠다고 약속하셨다. "네 하나님 여호와께서 네 마음과 네 자손의 마음에 할례를 베푸사 너로 마음을 다하며 뜻을 다하여 네 하나님 여호와를 사랑하게 하사 너로 생명을 얻게 하실 것이며"(신 30:6). 하나님이 마음의 할례를 베푸실 때 그들은 하나님을 사랑하고 순종하게 될 것이다. 그것이 새 언약의 약속이다. 굳은 마음을 제거하고 새 마음을 주는 마음의 할례는 누가 베푸시는가? 바로 예수 그리스도이시다. 예수님을 통해서 성령이 우리 마음에 오시고 우리의 마음을 변화시키신다. 마음의 할례를 베풀어 주신다.

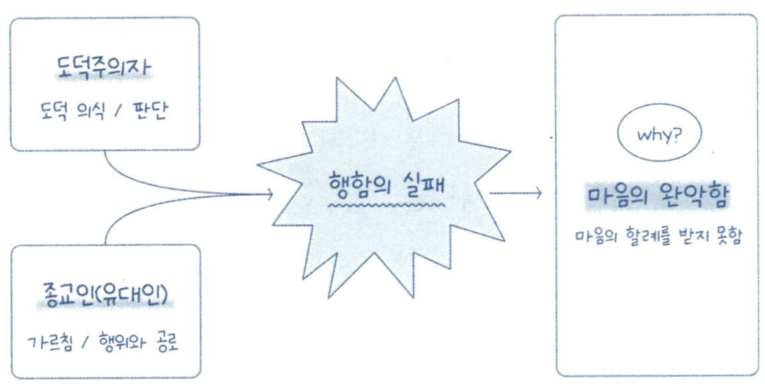

» 양심적이고 도덕적인 사람들, 종교적으로 열심히 활동하는 사람들도 하나님의 심판에서 자유로울 수 없는 이유는 무엇일까요?

» '나의 죄'에 대해서는 관대하고, '타인의 죄'에 대해서는 민감하게 반응했던 경험을 솔직하게 나누어 봅시다.

07

왜 긍정의 힘을
주의해야 할까요?

롬 3:9-31

아무리 포장해도 모두 죄인이다

● 심리학이 아닌 성경이 말하는 인간

모든 사람이 다 타락했다(보편적 타락)

모든 인류를 향한 성경의 선언이 무엇인지 들어 보라. 바울은 유대인이나 헬라인이나 '다' 죄 아래 있다고 선언한다. 의인은 하나도 없다. 예외는 없다. 모든 사람이 다 타락했다. 다 원죄를 가지고 부패한 가운데 태어난다. 즉 보편적 타락이다. "그러면 어떠하냐 우리는 나으냐 결코 아니라 유대인이나 헬라인이나 다 죄 아래에 있다고 우리가 이미 선언하였느니라 기록된 바 의인은 없나니 하나도 없으며 깨닫는 자도 없고 하나님을 찾는 자도 없고 다 치우쳐 함께 무익하게 되고 선을 행하는 자는 없나니 하나도 없도다"(롬 3:9-12).

노골적으로 '하나님이 어디 있어!' 하고 등 돌리고 정욕대로 살아가는 사람이나, 양심적인 윤리 의식을 가지고 다른 사람을 판단하며 위선적으로 살아가는 사람이나, 율법을 가지고 하나님을 자랑하며 살아가는 유대인이나, 어떤 면에서 거룩하게 보이는 사람이나 모두 다 똑같이 죄와 정욕을 제어하는 데는 실패했다. 겉으로 볼 때 대단한 사람도 그의 은밀한 삶을 들여다보면 다 죄인으로 판명 난다고 성경은 선언한다. 사람은 다 똑같다. 멀리서 보면 달라 보여도 가까이에서 보면 다 비슷하다.

완전히 부패했다(전적인 타락)

인간은 보편적 타락에서 더 나아가 전적으로 타락했다. 그들은 총명이 어두워져 깨닫지 못한다. 하나님의 말씀이 들리지 않는다. 하나님을 찾지도 않는다. 진정 마음으로부터 하나님을 사모하고 찾는 자가 없다. 다 치우쳐 있고 무익하다(롬 3:11-12).

멀리서 보면 '저 사람은 반듯해' 할지라도 가만히 다가가 보면 다 삐뚤어져 있다. 자(尺)가 삐뚤어지면 쓸모가 없다. 주님 앞에서는 다 무익하다. 그들은 선을 행하지도 않는다. 선에 대해 무능하다. 이것이 바로 전적인 타락이다. 명철, 영혼, 판단력, 도덕성, 선한 행동의 의지까지 다 부패했다.

모든 사람이 다 간통자이고, 살인자이고, 도둑놈이라는 말은 아니다. 인간성의 모든 부분이 뒤틀리고 오염되었다는 이야기이다. 예를 들어, 1장의 죄인들이 썩어서 시커멓게 곰팡이가 피고 벌레가 생긴 떡이라면,

2장의 도덕주의자들과 유대인들은 쉰 떡이다. 겉으로 보기엔 괜찮은데 상했다. 물론 사람들은 일반은총 아래에서 어느 정도 선을 행한다. 하지만 근본적으로 선의 방향, 동기, 목적 등이 어긋나 있다. 가까이 가서 보면 다 죄인이다.

파괴적인 악을 행한다(파괴적인 타락)

이 타락은 매우 파괴적이다. 인간의 파괴적인 부패성은 먼저 입에서 나온다. 혀의 말이야말로 그 사람이 얼마나 악한지를 그대로 드러낸다. 더 나아가 발로 피 흘리고 파멸과 고생(misery), 즉 비참한 비극을 남긴다. 그들은 평화의 길을 모른다. 늘 싸우고 빼앗는다. "그들의 목구멍은 열린 무덤이요 그 혀로는 속임을 일삼으며 그 입술에는 독사의 독이 있고 그 입에는 저주와 악독이 가득하고 그 발은 피 흘리는 데 빠른지라 파멸과 고생이 그 길에 있어 평강의 길을 알지 못하였고 그들의 눈앞에 하나님을 두려워함이 없느니라 함과 같으니라"(롬 3:13-18).

우리 안에는 야수가 있다. 다니엘서에서 세상 제국을 짐승의 나라에 비유한 이유가 여기에 있다. 평소에는 얌전해 보여도, 이해 관계가 얽히고 화가 나면 우리 안에 잠자고 있던 공룡이 깨어난다. 어떤 사람은 금방 화내고 금방 풀린다. 작은 공룡이다. 어떤 사람은 화를 잘 안 내지만 한 번 화를 내면 아무도 못 말린다. 큰 공룡이 있었던 것이다.

그리고 하나님을 두려워하지 않는다. 악을 행하고 가책도 없다. 그러니 죄 앞에 도덕, 율법도 힘이 없고 무력하다. 하나님을 두려워하지 않고 멀리하면 결국 세상은 악의 소굴이 되고 만다. 이 땅에 전쟁, 파멸, 범죄, 분열이 그치지 않는 이유는 바로 인간이 하나님을 떠나 타락했기 때문이다.

● 도덕도 종교도 구원의 길은 아니다

율법은 죄를 깨닫게 하는 점검표일 뿐이다

우리는 율법이 사람을 착하게 만드는 역할을 한다고 생각한다. 그러나 말씀은 '모든 입을 막는 것'이다. 마치 검찰에서 범죄자의 죄상을 조사하여 그 입을 막듯이, 율법의 모든 조항은 나로 착하게 살아서 의롭다고 해 주는 것이 아니라, 내가 죄인임을 깨닫게 해 주는 역할을 한다. 그래서 율법은 죄인인 모든 사람을 하나님의 심판 아래 있게 하며 정죄한다. "우리가 알거니와 무릇 율법이 말하는 바는 율법 아래에 있는 자들에게 말하는 것이니 이는 모든 입을 막고 온 세상으로 하나님의 심판 아래에 있게 하려 함이라"(롬 3:19).

죄인인 우리는 율법의 지배 아래 살면서 착하게 사는 것이 아니라, 율법으로부터 죄를 깨닫는다(롬 3:20). 팀 켈러는 "율법은 인간이 죄인임을 깨닫기 위한 점검표이지, 구원받는 지침이 아니다"라고 했다. 로마서 3장 23절은 분명하게 단언한다. "모든 사람이 죄를 범하였으매 하나님의 영광에 이르지 못하더니"(롬 3:23). 그렇다. 모든 사람은 다 타락했다.

결국 모든 사람이 다 실패했다

핸들리 모울(Handley Moule) 주교가 이런 말을 했다. "창녀, 거짓말쟁이, 살인자들은 하나님의 영광에 미치지 못한다. 하지만 당신도 마찬가지이

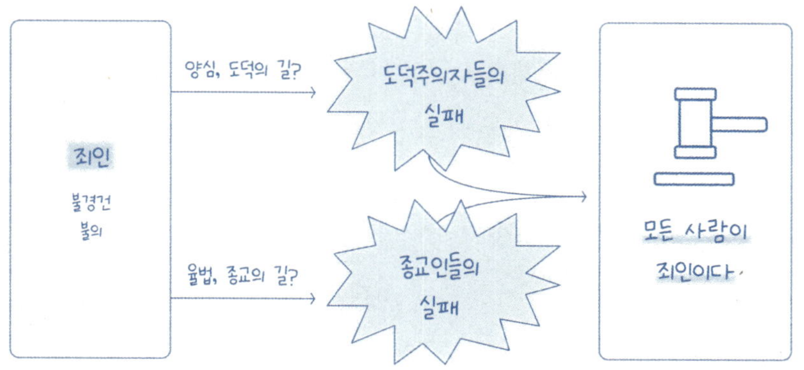

다. 그들은 제일 밑바닥에 서 있고 당신은 높은 산꼭대기에 서 있을지 모르지만, 당신이나 그들이나 별에 손이 닿지 않는 것은 마찬가지이다."

결국 도덕과 종교가 구원의 길이 아니다. 도덕적 양심을 가진 도덕주의자들은 실패했다. 율법과 종교를 내세운 종교인들도 실패했다. 결국 모든 사람이 다 죄인이다. 이것이 인류에 대한 성경의 선언이다.

복음은 인간의 타락을 선언하면서부터 출발한다. 전적인 타락의 선언에 동의가 되지 않는다면 복음은 우리와 아무 상관이 없어진다. 나 자신이 나의 흉악한 죄로 말미암아 타락했고, 하나님의 무서운 진노 아래 있다는, 바로 그 선언에서부터 기독교의 복음은 시작되는 것이다.

● 자기 숭배를 그치라

C. S. 루이스는 《고통의 문제》(홍성사, 2018)에서 이렇게 말했다. "매번 뒤통수를 맞으면서도 인간 본성에 대한 믿음을 부여잡으려고 애쓰는 고

매한 불신자가 참으로 불쌍하다. 우리의 인격은 하나님의 눈에 혐오스러울 수밖에 없다. 그리고 제대로 알고 나면 우리 자신이 봐도 혐오스럽다. 거룩한 사람일수록 이 사실을 더 깊이 인식한다.”

이 말은 진실이다. 그런 면에서 복음을 무용지물로 만드는 사탄의 가장 위험한 속삭임은 이 절망적인 인간에게 긍정의 불을 지피는 것이다. 사탄은 “너 스스로 하나님처럼 될 수 있다”고 속삭인다. 이것은 오래된 속삭임으로, 에덴동산에서 인류의 조상인 아담과 하와를 유혹하던 말이다. 인간이 괜찮은 존재인 것처럼 가르치는 것, 인간의 의지로 인간이 온전해질 수 있다고 하면서 인간 안에 신이 있다고 가르치는 것, 인간의 이성과 의지가 손상되지 않아서 스스로 진리에 이를 수 있다고 가르치는 것들은 다 우리를 파멸로 이끄는 사탄적인 가르침이다.

존 칼빈의 말에 귀를 기울이자. “그러므로 진실 이상의 것을 우리에게 주는 사람들은 우리를 파멸로 이끄는 사람들이다. 우리에게 자력으로 싸우라고 가르치는 것은 갈대로 우리를 높이 드는 것과 같아서 갈대가 꺾이면 우리는 떨어지고 만다. 허망한 사람들이 생각하고 지껄이는 것은 모두가 연기와 같다. 우리 안에 있는 우리 자신의 것을 찾으라고 강요하고, 사람이 자기를 높이게 하는 것이 사탄의 음성이다.” 어거스틴도 “아무도 자신을 훌륭하다고 생각하지 말라. 무엇 때문에 우리는 그렇게도 인간성의 능력을 중요시하는가? 그것은 상하고 부서지고 혼란하고 망했다. 우리에게 필요한 것은 진실한 고백이지 그릇된 자기 변호가 아니다”라고 말한다.

그러므로 우리는 우리의 도덕 의식, 비판력, 정의감을 드러내며 자신이 얼마나 괜찮은 사람인지 자랑하지 말아야 한다. 성경 지식을 자랑하거나 깨달음, 열심, 헌신 등을 자랑하며 자기가 괜찮은 사람인 줄로 착각하는 것보다 위험한 증상은 없다. "나는 평생 법 없이도 살았어!" 하는 사람들, "나는 평생 많은 사람을 진리로 가르친 선생이었어!"라고 말하는 사람들, 공로, 선행 등 자기 의를 의지하며 살던 사람들, 이들 모두 눈 감은 후에 그들의 모든 은밀한 행동을 심판하시는 하나님 앞에서 무서운 진노의 심판을 받게 될 것이다. 이 세상 사람들이 그렇게 칭송하던 행위들, 그토록 으쓱하던 자기 의가 영광스러우신 하나님 앞에서 걸레 조각보다 못하다는 사실을 깨달을 것이다.

우리는 뿌리 깊은 자기 의, 자기 숭배를 포기해야만 산다. 내 안에 구원의 길이 없음을 깨닫는 자, 자기 파산을 선언하는 자, 자신이 죄인임을 고백하는 자에게 비로소 하나님이 예비하신 구원의 길이 보이기 시작한다. **"나는 죄인입니다. 내 안에는 선한 것이 없습니다"**라는 고백이 자신의 진정한 내면의 고백인 사람, 그 사람은 참으로 복이 있는 자이며 은혜를 입은 자이다.

토론과 적용을 위한 질문

» 오늘날 우리 자신에 대해 긍정적인 시각으로 괜찮은 사람이라고 말하는 주장들이 성경적으로 잘못된 이유는 무엇인가요?

» 누군가에게 정말 있는 그대로 솔직했던 경험이 있나요? 내가 하나님 앞에 진실하게 설 때 드리는 고백은 어떠해야 할지 생각해 봅시다.

PART 3

은혜의 복음

롬 3-5장

08

다 죄인이라면
도대체 누가 구원받나요?

롬 3:19-25

행위가 아닌, 믿음으로 구원받는 길

모든 사람이 다 죄인이라면 도대체 누가 천국에 가는가? 정욕대로 사는 사람들이야 당연히 천국에 못 가는 게 이해가 되지만, 도덕적인 사람도, 종교적인 사람도 다 죄인이라면 도대체 어떻게 해야 구원을 받을 수 있단 말인가? 과연 인간이 구원받을 길이 있기는 한가? 정말 중대한 질문이 아 닐 수 없다. 이제 절망 가운데 있는 인간에게 하나님이 주신 구원의 길이 무엇인지 살펴보자.

성경은 분명 아무도 천국에 들어갈 만큼 착하게 살 수 없다고 선언한다. 그렇기에 그 길은 율법을 지킴으로 하나님 앞에 의롭다고 인정을 받는 길 말고 다른 길이어야 한다. 그래서 성경은 율법 외에 하나님의 한 의가 나타났다고 말한다. "이제는 율법 외에 하나님의 한 의가 나타났으니"(롬 3:21상). 율법을 완벽하게 지켜야만 주어지는 의 말고, 다른 방법으로 주어지는 하나님의 의가 나타났다는 것이다.

그렇다고 그 길이 갑자기 하늘에서 뚝 떨어진 이상한 것이 아니다. 그 길은 이미 구약성경(율법과 선지자)이 예언하던 길이다. 그래서 "율법과 선지자들에게 증거를 받은 것이라"(롬 3:21하)라고 말한다. 구약성경의 지지를 받는 구원 방법이라는 말이다.

믿음으로 의롭게 된다

이는 바로 예수 그리스도를 믿음으로 의롭게 되는 길이다. 즉 이신칭의(以信稱義), 믿음으로써 의롭다 여김을 받는 길이다. "곧 예수 그리스도를 믿음으로 말미암아 모든 믿는 자에게 미치는 하나님의 의니 차별이 없느니라"(롬 3:22). 내가 착하게 살아서, 나의 의로 구원을 받는 것이 아니라, 그리스도를 믿어서 그분의 의로 구원받는 것이다. 나는 의롭지 않은데, 그리스도를 믿는 믿음으로 하나님이 의롭다고 여겨 주신다.

〈하이델베르크 교리문답〉(Heidelberg Catechism)을 보자. "당신은 하나님 앞에서 어떻게 의롭게 되는가?"라는 질문에 이렇게 답한다. "오직 예수

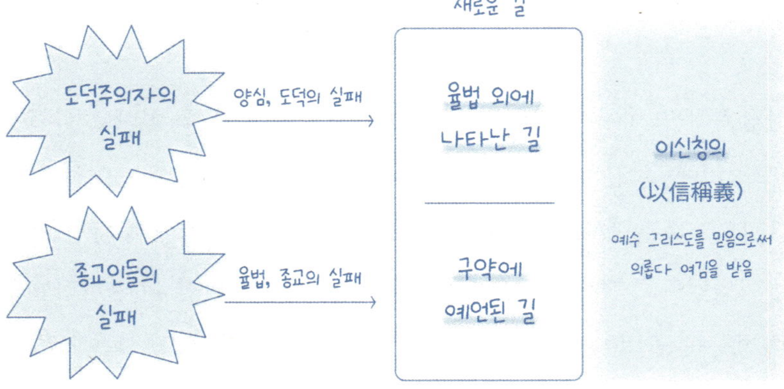

그리스도를 믿는 참된 믿음으로 말미암습니다. 내 양심은 내가 하나님의 모든 계명을 어겼고 지키지 않으며 여전히 악으로 향하는 성향이 있다고 고소합니다. 그러나 하나님은 내 공로가 아니라 순전히 은혜로 그리스도의 완전한 속죄의 유익을 허락하십니다. 그분은 마치 내가 죄를 하나도 짓지 않았거나 죄를 전혀 품어 본 적이 없는 것처럼, 그리스도가 나를 위해서 이루신 순종을 나 스스로 행한 것처럼 그분의 의와 거룩함을 내게 전가해 주십니다. 나는 오직 믿는 마음으로 이러한 은혜를 받습니다." 이것이 기독교가 말하는 구원의 방법이다.

차별 없는 구원

이 구원은 누구든지 믿기만 하면 주어지는 의이기에 차별이 없다. "모든 믿는 자에게 미치는 하나님의 의니 차별이 없느니라"(롬 3:22하). 혹시 마하트마 간디(Mahatma Gandhi)나 성철 스님처럼 대단한 도력과 의지력, 인격을 갖춘 소수의 사람만이 수양을 통해서 구원을 얻는다면, 그러한 구원의 길은 천하고 방탕하고 죄인인 대다수 인간에게는 길이 아닌 것이나 마찬가지이다. 구원을 얻기 위해서 스님이나 신부님처럼 출가해서 도를 닦아야만 한다면, 아이를 낳고 기르고 일하며 먹고살아야 하는 대다수 인간은 구원에 도달할 수가 없다. 그러나 복음은 그러한 특별한 공로를 요청하지 않는다. 누구든지 믿으면 받는다.

값없이 얻는 은혜

희귀병을 예방하는 어떤 백신의 값이 수십억 원이라고 하자. 개발비가 그만큼 드니 어쩔 수 없겠지만, 약값이 그리 비싸면 가난한 사람에게 그 약은 없는 것이나 마찬가지이다. 그러나 코로나19 백신처럼, 비록 값이 비싸도 정부에서 값을 치러 주면 누구나 보건소에서 거저 맞을 수 있다. 이처럼 하나님이 그리스도 안에서 모든 값을 치러 주셨기에 우리는 값없이, 거저 의롭다 함을 얻는다. "그리스도 예수 안에 있는 속량으로 말미암아 하나님의 은혜로 값없이 의롭다 하심을 얻은 자 되었느니라"(롬 3:24).

율법은 우리가 의롭게 되기 위해서 무언가 해야 한다고 말한다. 종교는 행위와 공로가 있어야 천국에 갈 수 있다고 가르친다. 팀 켈러의 표현을 빌리면, 율법은 강자를 위한 가르침이다. 그러나 복음은 약자를 위한 소식이다. 하나님이 값을 다 지불하셨다는 소식이다. 인간이 자기 힘으로 하나님의 의에 도달할 수 없기에, 그 의가 하늘에서 내려와 선물로 주어졌다는 소식이다. 그러므로 누구든지 믿음으로 값없이 와서 받는 것이다. 값없이 은혜로 받을 수 있으므로 신분고하, 남녀노소 차별 없이 받을 수 있다. 빈부귀천을 막론하고 도덕주의자도, 죄인도 다 받을 수 있다.

이신칭의의 대가(代價)

그러면 도대체 하나님은 우리를 값없이 의롭게 하시기 위해서, 우리 대신 어떤 값을 치르셨을까? 하나님이 대신 치르신 대가는 무엇인가? 성경은 그것을 속량과 화목 제물이라고 말한다.

● 우리를 대신하여 치러 주신 죗값

속량: 우리 대신 죗값을 지불하셨다

속량(Redemption)이란 '값을 지불하고 구해 내다', '대가를 치르고 해방하다'라는 의미를 가진다. 로마 시대 당시 대신 값을 치르고 노예를 해방할 때 사용하던 노예 시장 용어이기도 하다. 과거에는 빚을 지면 그 자신이나 가족이 노예로 팔렸다. 풀려나려면 빚을 갚아야 하는데 돈이 없으면 평생 노예 생활을 해야 했다. 그가 풀려날 방법은 오직 하나, 누군가 그 값을 대신 지불하는 것뿐이었다.

조선 시대 어느 가난한 가정에 한 처녀가 있었다. 가난하고 몸이 약했던 그녀의 아버지는 많은 빚을 남긴 채 세상을 떠났다. 재산을 다 팔아도 갚을 수 없는 빚 때문에 결국 처녀는 양반집에 노비로 팔려 가야 했다. 딸을 빼앗긴 어머니는 슬픔을 못 이겨 자리에 누웠고, 끼니를 해결하기도 어려운 지경에 이르렀다. 이 소식을 그 동네의 부유하고 덕망 높은 한 사람이 들었다. 그는 불쌍한 마음이 들어 처녀가 노비로 일하는 집을 찾아가서 처녀의 부모를 대신하여 빚을 청산해 주고 노비 문서를 찢어 처녀를 어머니에게로 돌려보냈다. 그 선한 사람이 빚을 대신 갚아 줌으로써 그 처녀는 자유인이 되었을 뿐 아니라 어머니를 돌볼 수 있게 되었다. 이렇게 대신 값을 지불해 주는 것이 속량이다.

죄와 사망의 노예가 된 인류는 그 죗값을 스스로 갚을 능력이 없다. 인간 중에 율법을 지켜서 의롭다고 인정받을 육체는 아무도 없다. 인간을 구할 방법이 인간 자신 안에는 없다. 방법은 한 가지, 누군가 대신 죗값을 갚아 주어야 한다. 이를 위해 하나님은 당신의 아들 예수 그리스도를 이 땅에 사람으로 보내셨다. 예수님은 완전한 분이셨으며, 동시에 모든 율법에 순종하신 분으로서 죄가 없는 분이셨다. 하나님은 우리의 죗값으로 그분을 십자가에 못 박아 죽이셨다. 우리가 죗값으로 죽어야 하는데, 당신의 아들을 대신 십자가에 못 박아 죽임으로써 값을 치르셨다. 십자가는 바로 우리를 대신해서 하나님이 값을 지불하신 사건이다. 예수님이 운명하실 때 "다 이루었다"(요 19:30)라고 하신 말씀은 헬라어 '테텔레스타이'(τετέλεσται)로 '다 지불했다'는 뜻이다.

하나님은 이렇게 예수 그리스도를 통해서 우리 대신 값을 치르심으로써 우리를 해방하는 은혜를 베푸셨다. 이것이 바로 그리스도 예수 안에 있는 속량이다. 그 속량으로 말미암아 하나님은 우리를 해방하시고, 의롭다고 하셨다. "그리스도 예수 안에 있는 속량으로 말미암아 하나님의 은혜로 값없이 의롭다 하심을 얻은 자 되었느니라"(롬 3:24).

그런데 성경을 보면, 속량이란 단어는 그 기원이 더 깊다. 속량은 히브리어로 하면 '고엘'(גֹּאֵל)로 형제나 친족이 재산을 잃고 노예가 되었을 때 대신 갚아 주고 자유를 회복해 주는 것을 의미한다. 룻기에서 나오미가 가족과 재산을 잃고 고향 베들레헴에 돌아왔을 때, 보아스가 룻과 결혼하여 나오미에게 아들을 낳아 주고, 그녀의 가문과 재산을 회복시켜 준 것이 바로 '고엘'의 예이다.

성경에서 여호와 하나님은 애굽에서 노예가 된 이스라엘을 속량하신 구속자(고엘)로 나타나신다. 유월절에 어린양의 피를 문설주와 좌우 인방에 바른 집에 거한 자들은 살아서 애굽을 탈출하게 된다. 이것은 그리스도의 예표이다. 이처럼 그리스도가 유월절 어린양으로 오셔서 그분의 피로 대신 죗값을 치르신 것이 바로 속량이다. 그리스도는 우리의 고엘이시요, 우리의 구속자이시다. 성경은 성령을 속량의 보증으로 우리에게 보내 주셨다(엡 1:13-14).

화목 제물: 우리 대신 진노의 저주를 담당하셨다

이신칭의의 또 하나의 근거는 주님이 우리의 화목 제물(Peace Offering)이 되심에 있다. "이 예수를 하나님이 그의 피로써 믿음으로 말미암는 화목 제물로 세우셨으니"(롬 3:25상). 화목 제물은 속죄를 넘어, 화목케 하는 데까지 효력을 끼치는 제물이다. R. C. 스프로울(R. C. Sproul)은 "속량이 법정에서의 무죄 선언이라면, 화목은 하나님과의 관계 회복이다"라고 말했다. 누군가 내게 큰 손해를 입혔다고 해 보자. 그 사람 때문에 빚도 크게 지고 고생도 엄청나게 했다. 배신감으로 마음고생도 심했다. 십 년 뒤에 그가 나타나서 손해를 갚았다. 그렇다고 해서 다시 친구가 될 수 있을까? 다시 그 사람을 신뢰하고 전처럼 지내기란 쉽지 않다. 또 그럴 의무도 없다.

하나님도 마찬가지이시다. 설사 예수 그리스도의 속죄로 우리의 모든 빚을 갚았다고 해서, 우리가 다시 이전처럼 하나님과 화목하게 지낼 수 있는 것은 아니다. 죄는 단지 빚만이 아니다. 은행에 빌린 돈을 갚지 못해서 담보 잡힌 집을 내어 주면 끝나는 거래가 아니다. 죄는 우리가 하나님을 거부하고, 반역하고, 적개심을 품고, 배은망덕을 저지른, 인격에 대한 적대 행위이다. 하나님께 상처를 입힌 행위이다. 하나님은 이러한 죄에 대해 진노하신다.

그래서 죄를 지은 인생의 생명을 취하심으로써 죗값이 끝나는 것이 아니다. 우리는 단지 죽는 게 아니라 지옥으로 떨어진다. 영원한 지옥에서 고통당한다. 이것이 바로 마땅히 섬겨야 하고 순종해야 할 창조주 하나님을 떠나 반역을 저지른 인간을 향한 진노의 심판인 것이다.

그런 면에서 예수님은 단지 우리의 죗값을 넘어, 우리를 향한 하나님의 진노를 담당하셔야 했다. 〈웨스트민스터 신앙고백서〉(Westminster Confession)에는 다음과 같이 기록되어 있다. "그리스도는 하나님과 사람 사이의 유일한 중보자이시며, 그분은 하나님의 진노를 누그러뜨리는 화목 제물이 되셨다"(8장 5항).

주님은 십자가에서 단지 당신의 목숨만 내어 주신 것이 아니다. 주님은 우리 죄 때문에 하나님께 버림까지 받으셨다. 십자가형은 인류가 역사상 고안해 낸 가장 흉악한 처형 방법이다. 처형 전에 먼저 뼛조각이 붙은 채찍으로 때리고 그 이후에 십자가형에 처한다. 십자가형은 네 가지 고통을 한데 모은 형벌이라고 한다. 바로 '지독한 고통', '죽음의 지연', '공적인 전시', '극도의 굴욕'이다. 십자가 위에서 주님은 버림받음, 수치, 모욕, 극심한 고통을 당하셨다. 십자가에 달려 지옥의 고통을 당하신 것이다. 이

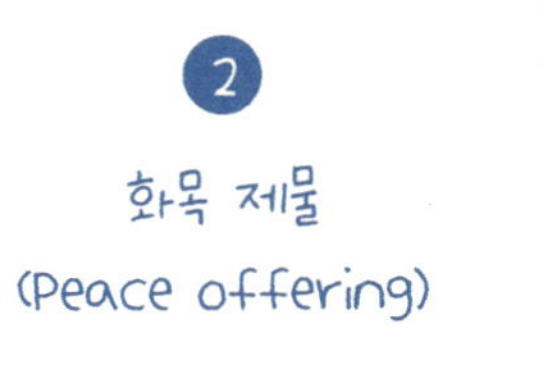

처럼 죄를 지은 인간이 던져져야 할 지옥에서의 고통, 진노의 잔을 예수님이 대신 받으셨다. 결과적으로 예수님 안에서 하나님의 진노가 누그러지고 우리가 하나님과 화목하게 된 것이다.

언젠가 장례식에서, 시신이 집을 떠날 때 관을 붙잡고 우리 집안의 모든 질병과 저주를 가져가라고 말하는 분을 보았다. 헛된 소망이다. 누구도 그럴 수 없다. 하지만 주님은 하셨다. 내 죄, 수치, 질병, 사망, 저주, 진노, 심판을 모두 가져가셨다. 더 나아가 우리를 하나님과 화목하게 해 주셨다. 이제 하나님은 우리를 그리스도 안에서 바라보신다. 십자가에서 그리스도와 우리의 자리 바꿈이 일어난 것이다. 그리스도가 나 대신 죄인이 되시고, 우리는 그리스도 대신 하나님의 사랑받는 자녀가 되었다.

예수님께 속한 것이 이제 다 내 것이 되었다. 독생자 예수님을 향한 아버지의 사랑이 나의 사랑이 되었다. 그분의 지위, 유산이 내 것이 된 것이다. 이것이 이신칭의의 은혜이다.

» 타 종교와 비교할 때 기독교의 구원의 길이 '전혀 다른 길'인 이유는 무엇인가요?

» 십자가에서 이루어진 '자리 바꿈'으로 예수님께 속한 것이 내 것이 되었습니다. 이 사실로 내가 얻은 은혜는 무엇인가요?

믿음으로 얻는 구원은
싸구려 아닌가요?

롬 3:25-31

칭의는 값싼 구원인가

● 우리가 받은 구원의 가치

우리는 여전히 죄인인데, 오직 믿음으로 우리를 의롭다고 여겨 주는 구원을 생각해 보면, 두 가지 느낌이 든다. 첫째, 기독교의 구원은 싸구려 아닌가? 이런 값싼 은혜를 강조하니 신자들의 삶이 형편없는 것 아닌가? 둘째, 죄인을 의롭다고 여겨 주는 구원은 공의로운가? "의인은 의롭다 하고 악인은 정죄"(신 25:1)하는 것이 공의 아닌가? 당신의 마음대로 그냥 죄인을 의롭다고 여겨 주시는 하나님을 어찌 공의로우시다고 할 수 있는가? 이런 오해를 할 수 있다.

누군가 선물해 준 옷을 입었는데 그 옷이 명품이라면, 스스로 멋진 기분이 들고 어깨도 으쓱해질 것이다. 그러나 선물이 아주 싸구려라면 자신도 싸구려 취급을 받은 느낌이 들지도 모르겠다. 신자는 하나님이 믿음으로 의롭다고 하신 이신칭의의 은혜를 덧입고 사는 존재이다. 그런데 그 칭의의 옷이 싸구려에다 공의롭지도 못하다면 그 옷은 결코 우리를 멋진 존재로 변화시켜 주지 못한다. 그러므로 우리는 이 오해를 풀어야 한다.

값없는 은혜가 값싼 은혜는 아니다

우리가 하나님의 은혜로 값없이 의롭다 하심을 얻었다고 할 때(롬 3:24), 그게 싸구려여서 거저 가져가라는 의미가 아니다. 그것은 하나님이 대신 값을 지불하셨기에 우리가 값을 지불할 필요가 없다는 말이다. 그렇다면 왜 하나님은 우리 대신 값을 지불하시고, 우리에게는 은혜로 거저 주시는가? 그것은 그 값이 너무 비싸서 우리 힘으로는 치를 수 없기 때문이다. 우리가 구원을 받기 위해 대가를 지불한다면 얼마나 낼 수 있을까? 종교에서 고행이나 공로, 도덕, 헌신을 강조하면 좀 품격 있어 보인다. 그런데 우리의 능력과 도덕성으로 가는 천국이 정말 좋은 곳일까? 천국 같은 서비스가 이루어지는 최고급 7성급 호텔에서 우리가 값을 지불하면서 며칠이나 머물 수 있을까? 과연 천국에서는 단 하루라도 머물 값을 지불할 수 있을까?

왜 하나님은 우리더러 값없이 받으라고 하시는가? 우리가 치르지 못할 만큼 비싼 값을 하나님이 예수님을 통해서 대신 치르셨기 때문이다. 우리가 믿음으로 얻는 구원은 값싼 구원이 아니다. 너무나 비싼 구원이다. 오히려 우리가 노력해서 얻으려는 구원이 값싼 구원이다. 그러므로 우리는 믿음으로 얻은 칭의를 위해 얼마나 비싼 값이 치러졌는지 항상 인식해야 한다. 우리에게 하나님이 입혀 주신 '의의 옷'은 이 세상에서는 그 누구도 값을 치를 수 없는 명품 중의 명품이다.

편법과 특혜로 의롭다 하신 것이 아니다

하나님이 죄인을 의롭다고 여겨 주시니 과연 공의롭지 않으신 것일까? 그래서 나를 의롭다고 여겨 주신 하나님의 은혜는 알겠지만, 왠지 의의 옷을 입자니 떳떳하지 못하게 느껴지는가?

우리가 이에 대해서 먼저 기억할 사항이 있다. 십자가의 속량은 하나님의 사랑과 더불어 공의를 드러낸다는 점이다. 속량의 대가는 누가 누구에게 지불했는가? 죄의 삯을 받아야 하는 분은 하나님이시다. 그런데 그 삯을 지불하신 분도 바로 하나님이시다. 그냥 받은 것으로 하시고 눈 한 번 질끈 감아 주시면 되지, 왜 친히 당신의 아들을 죽이심으로써 스스로 자신에게 그 값을 지불하셨을까? 그 이유는 하나님이 공의로우시기 때문이다. 하나님은 공의롭고 거룩하셔서 절대로 죄를 용납하실 수 없다. 또한 공의로우신 하나님은 스스로 율법을 거스르실 수도 없다. 본성상 거룩하시기 때문에 인간의 죗값으로 당신의 아들을 십자가에 못 박으심으로써 율법이 요구하는 죗값을 치르셔야 했다. 하나님은 이처럼 정당한 값을 지불하시고, 법적으로 하자 없이 우리를 의롭다고 선언하신 것이다.

마찬가지로 '화목 제물 되심'도 하나님의 공의로우심을 드러낸 사건이다. 하나님은 길이 참으시며 이스라엘이 전에 지은 죄를 간과하셨다(롬

3:25중). 여기서 '간과하셨다'는 것은 당장 징벌하지 않으심, 심판의 유예를 의미한다. 구약 시대에 이스라엘의 죄가 완전한 해결된 것이 아니었다. 염소와 송아지의 피로는 인간의 죄를 완전히 사할 수 없었다. 이스라엘의 양심은 깨끗하지 못했고 율법 아래 있는 자들은 여전히 죄 가운데 있었다. 하지만 하나님은 오래 참으시며 그들의 죄를 간과하셨다.

왜 그렇게 하셨는가? 하나님은 불완전한 제사에 대한 공의로운 심판을 간과(유예)하시면서 온전한 속죄 제물을 바칠 그리스도가 오실 때까지 기다리셨다. 결국 그리스도가 오셔서 화목 제물이 되심으로 완전한 공의가 나타난 것이다. 예수님이 자기 피를 흘려 화목 제물로 드려지실 때 하나님은 드디어 당신의 의로우심을 나타내셨다. "곧 이때에 자기의 의로우심을 나타내사 자기도 의로우시며 또한 예수 믿는 자를 의롭다 하려 하심이라"(롬 3:26). 칭의의 복음은 하나님도 의로우시고, 믿는 자도 의롭다 하는 복음인 것이다.

이신칭의는 하나님이 창조주의 직위를 이용해서 죄 있는 자를 사면해 주신 편법과 특혜가 아니다. 그리스도를 속량과 화목 제물 되게 하신 것은 하나님의 사랑의 나타남이요, 동시에 그분의 공의로우심의 나타남이었다.

당당하게 누리라

우리가 값을 치르지 않는다고 해서 이신칭의를 값싼 교리라고 치부해서는 안 된다. 우리가 죄인인데 의롭다고 하시는 것이 공의롭지 못하다고 생각해서 부끄러워하면 안 된다. '내가 아무것도 안 하고, 여전히 경건하

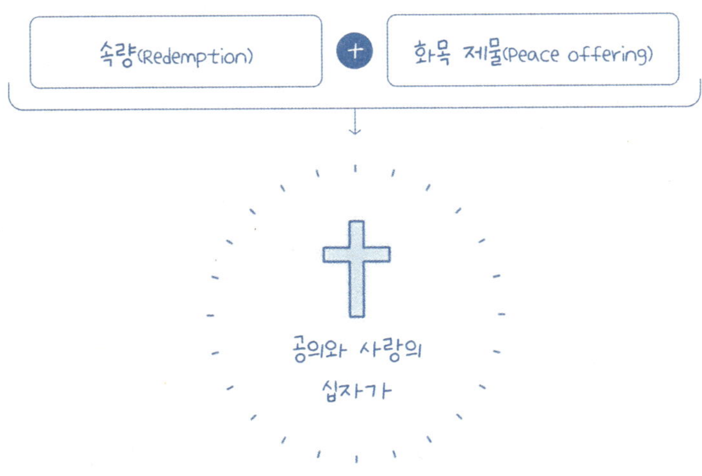

지도 않은데 단지 예수님을 믿었다고 의롭다고 하신다니 너무나 과분하다. 나는 자격이 없다. 나 자신을 차마 의로운 사람이라고 할 수 없다'고 하는 사람을 과연 양심적이라고 할 수 있을까?

자녀들이 부모님의 칠순을 맞아 어려운 살림에 서로 돈을 모아 크루즈 여행을 준비했다. 호텔처럼 모든 서비스가 완비된 크루즈 안에서 부모님은 모든 것을 거저 누릴 수 있다. 자녀들이 이미 돈을 지불했으니까 말이다. 그런데 부모님이 거저 먹기가 미안하다고 굶는다면, 나름 밥값을 해야 한다며 식당에서 설거지하고 구석구석 청소하고 종노릇을 한다면, 양심적이라고 해야 할까? 그것은 자녀들의 감사와 호의, 그리고 희생을 다 헛되게 하는 일이다.

이처럼 우리도 은혜를 누리지 못한다면 하나님의 대가를 헛되이 만드는 셈이다. 하나님이 우리를 사랑하셔서 엄청난 값을 지불하시고 "너는 의롭다. 아무도 너를 정죄할 수 없다. 너는 하나님의 자녀다!"라고 선언하시니, 우리는 그저 믿음으로 받아 감사히 누리면 된다. 믿음이야말로 하나님이 이루신 역사를 찬양하며 그분께 영광을 올려 드리는 반응이다. 마귀가 정죄하는 속삭임에 넘어가지 말라. 믿음으로 당당히 "나는 의인이다. 나는 거룩하다. 나는 저주에서 해방된 축복의 사람이다"라고 선언하라.

● 행위가 아닌 오직 믿음으로 구원받는다

바울은 믿음을 반복적으로 말하면서 우리가 얻는 구원이 믿음으로 된 것임을 강조한다(롬 3:22, 25-26, 28, 30). 바울은 오직 믿음이 인간의 구원을 위한 유일한 수단임을 강하게 강조한다. 이 믿음은 율법의 행위와 대조하여 언급된다(롬 3:28). 그래서 차별이 없다(롬 3:22). 누구나 다 믿음으로 의롭다 함을 얻는다. 믿음이 유대인과 이방인을 하나의 언약 공동체로 묶어 주는 끈이다(롬 3:30). 바울이 말하는 복음은 오직 믿음의 복음인 것이다.

믿음은 선한 행위를 자랑하지 않는다

이처럼 의롭다 여겨 주시는 은혜는 믿음으로 얻기에, 자랑할 데가 없다. "그런즉 자랑할 데가 어디냐 있을 수가 없느니라"(롬 3:27상). 마치 자신의 어떠함으로 구원을 얻은 양 자랑할 수 없다는 말이다. 자신의 행위를 자랑하는 여부야말로 그가 믿음의 사람인지, 종교적인 신심의 사람인지를 분별하는 시금석이다.

팀 켈러는 "그리스도인과 종교적인 사람들의 가장 큰 차이는 죄가 아니라 착한 행위에 대한 태도에 있다"고 했다. 종교인은 자신의 경건을 은근슬쩍 드러내며 자랑한다. 그것이 '자기 의'가 된다. 그러나 그리스도인은 잘못된 동기에서 비롯된 착한 행위조차 회개하고, 모든 열매가 은혜로 맺힌 것을 알고 감사한다. 사람들에게 이야기할 때조차 내가 자신을 드러내진 않는지 돌아본다. 하지만 종교적인 사람은 내가 십일조를 얼마 하고, 언제 금식하고, 어떻게 구제한다고 계속 자랑한다. 죄가 아니라 선을 자랑하는 행위가 오히려 믿음의 걸림돌이 되고 만다.

조지 휘트필드(George Whitefield)의 말에 귀를 기울이자. "우리의 훌륭한 의무들은 수없이 찬란한 죄들과 같다. 우리는 죄에 넌더리를 낼 뿐만 아니라 우리의 의와 모든 의무와 성과들까지도 메스꺼워해야 한다. 마음 깊은 회심이 있어야 당신 마음에서 마지막으로 꺼내야 할 우상인 자기 의로부터 벗어날 수 있다."

존 거스트너(John H. Gerstner)의 말을 들어 보자. "하나님께 가는 길은 넓디넓다. 죄인이 하나님께 가는 길을 아무것도 방해하지 못한다. 하나님이 불경건한 자를 의롭다고 하셨기에 어떤 죄도 그를 물러서게 하지 못한다. 다만 이제 죄인의 선한 행위들만이 하나님과 죄인 사이를 가로막을 수 있다. 그를 그리스도께 나오지 못하게 막는 것은 하나님을 만족시킬 만한 선한 행위들을 자신이 했다는 자기기만 외에는 없다. 그는 선행을 했다는 환상에 사로잡혀 하나님의 참된 은혜를 차갑게 거절한다." 그는 자신이 의롭고 착하다고 믿기에, 주님이 나를 위해서 수고하시며 죽으실 필요가 없다고 생각한다. 자기 행위를 의지하기에 주님을 의지하지 않는다.

자기 행위를 의존하는 사람들은 얼마나 어리석은가? 과연 우리의 공로로 새사람이 될 수 있을까? 우리 안에 하나님이 부어 주시는 놀라운 천국의 기쁨, 새 생명과 변화, 하나님의 자녀 됨과 하나님의 함께하심, 그리고 성령의 능력과 놀라운 은혜를 우리의 행실로 만들 수 있을까? 어림도 없다. 오직 은혜는 믿음으로만 받는다. 구원은 행위나 선행이 아니라 오직 믿음으로 받는 것이기에 이신칭의의 사람들은 자랑하지 않는다. 자랑할 데가 없는 것이다.

믿음만 강조하면 제 맘대로 살지 않을까

● 칭의는 성화의 시작이다

그런데 그렇게 믿음만 강조한다고 해서 과연 믿음이 율법을 파하는 것인가? 율법을 무시하는 것인가? 이신칭의의 복음은 결코 율법을 허물지 않는다. 오히려 율법을 세운다. "그런즉 우리가 믿음으로 말미암아 율법을 파기하느냐 그럴 수 없느니라 도리어 율법을 굳게 세우느니라"(롬 3:31). 바울이 "그런즉"으로 시작하는 것을 보면, 앞서 말한 이신칭의에 대한 논리적 결말로서 이야기하는 것이다. 바울은 앞에서 칭의의 옷이 결코 값싼 싸구려가 아니고, 편법과 특혜의 부끄러운 옷도 아님을 이야기했다. 그 옷은 값비싼 옷이고, 공의로운 옷이다. 우리가 우리 힘으로 마련할 수 없는 귀중한 옷이다. 우리는 믿음으로 그 옷을 받는다. 믿음으로 의롭게 되는 것이다. 그래서 자랑할 데가 없다.

하지만 바울은 다시 그 옷의 가치에 주의를 집중시킨다. 사람이 무슨 옷을 입었는지가 그의 기분과 행실을 변화시키지 않는가? "그런즉" 이신 칭의는 율법을 파기하지 않고 굳게 세운다는 것이다.

복장이 바뀌면 행동도 바뀐다

양복을 입고 점잖던 회사원이 어느 날 예비군복을 입으면 행동이 달라진다. 아무 데나 앉고, 침을 뱉고, 담배를 물고 다닌다. 반면 육군 사관생도가 제복을 입으면 그 옷이 의미하는 바대로 품격에 맞는 행동을 한다. 옷이 사람을 만든다. 그런 면에서 우리는 칭의의 옷이 얼마나 비싸고 의로운 옷인가를 기억해야 한다.

주님이 입혀 주신 의의 옷은 그분의 목숨을 바쳐 피 흘려 저주의 고통을 감내하시고 값을 지불하신 옷이다. 너무나 값비싸고 고결한 옷이다. 주님이 우리에게 입혀 주신 의의 옷은 그분의 공의를 나타냄으로 마련하신 진정 의로운 옷이다. 편법이나 특혜로 눈감아 주는 옷이 아니다. 그리스도가 공의의 값을 지불하신 이 옷을 입은 우리를, 하나님은 진짜로 의롭게 여겨 주시는 것이다. 의의 옷은 결코 값싼 은혜가 아니며, 그리스도의 피로 짜인 고귀한 의복이다. 우리는 진정 의로운 제복을 입은 사람들이다. 우리가 어찌 이처럼 고귀한 옷을 입고 함부로 행동하겠는가.

자아상이 달라져야 삶이 달라진다

하나님이 우리에게 이 옷을 입혀 주심은 우리의 신분과 자아상을 변화시켜 주심을 말한다. 칭의는 "너는 의롭다"는 선언이다. 이 선언은 자아 인식의 변화를 낳는다. '나는 더 이상 정죄받는 자가 아니라, 하나님께 받아들여진 의인이다. 자녀이다.' 이러한 새로운 정체성은 삶의 방식을 바꾼다. '하나님 자녀답게 살아야지.' 그 변화가 바로 성화이다. 이미 의롭기 때문에 의로워지기 시작하고, 이미 거룩해졌기 때문에 성화가 시작된다. '나는 더럽다'고 하는 사람은 더럽게 산다. 마찬가지로 '나는 의인이다'라고 여기는 사람은 의롭게 산다. '나는 거룩하다'라고 믿는 사람은 성령 안에서 거룩하게 산다.

복음은 먼저 우리를 인정해 줌으로써 우리를 변화시킨다. 나를 인정하고 존중해 주는 사람은 나도 그의 말을 존중하게 된다. 나를 정죄하고 비난하는 사람은 그가 하는 옳은 말도 삐딱하게 듣게 된다. 나를 사랑하고 인정하는 사람이 나에게 정직과 의로움을 말하면 나는 그 사람이 말하는 정직에 공감하고, 경의와 감탄을 표하며, 그를 본받고 싶어 하고, 정직할 용기를 얻게 된다. 하지만 나를 비난하고 정죄하는 사람이 내 앞에서 정직과 의로움을 말하면 그것이 나를 정죄하는 소리처럼 아프게 들린다. 자꾸 부담을 느끼고 두려움이 생긴다.

전에는 율법이 다 나를 정죄하는 소리로 들렸다. 그러나 이제는 죗값을 치러 주신 그리스도의 공로를 힘입어서 의롭다 함을 받았기에 율법의 도덕성과 아름다움에 찬사를 보내게 된다. 존 칼빈은 의롭다 함을 받은 자에게 율법은 정죄가 아니라 사랑의 지침이 된다고 말한다. 율법이 나를 사랑하시는 아버지의 말씀, 사랑하는 우리 주님의 성품이기 때문에 꿀송이처럼 달게 다가온다. 그 법의 원천이 되시는 하나님이 얼마나 아름다우신지, 우리 주님의 아름다운 성품을 발견하고 닮고 싶어진다. 그래서 이신칭의는 율법을 굳게 세운다. 이것이 기독교가 말하는 구원의 길이다.

이처럼 칭의는 성화를 낳는다. R. C. 스프로울은 《웨스트민스터 신앙고백 해설》(부흥과개혁사, 2011)에서 "칭의는 성화의 원인이며, 성화는 칭의의 열매이다"라고 말했다. 복음은 칭의에 기초하여 성화를 이룬다. 반면 종교는 성화에 기초하여 칭의를 이룬다. 복음은 의롭다고 선언받았기에 거룩하게 산다. 종교는 내가 거룩하게 살기 때문에 의롭다고 한다. 복음은 하나님이 나를 사랑하시기에 순종한다. 반면에 종교는 내가 순종하기 때문에 하나님이 나를 사랑하신다고 한다. 복음과 종교의 차이는 동기에 있다. 우리의 순종이 칭의에 동기를 두면, 그것이 복음이다. 반대로 칭의와 분리된 성화를 말한다면, 그것은 종교적인 가르침이다.

● 칭의는 유아독존의 교리가 아니다

여기서 우리는 칭의의 정확한 위치를 생각해 보고 넘어갈 필요가 있다. '칭의'란 홀로 독립해서 존재하는 교리가 아니라 구원을 이루는 여러 측면의 한 부분이다. 다이아몬드를 보면 여러 단면이 있다. 단면들이 각자 반짝일 때 아름다움이 더해진다. 구원을 다이아몬드에 비유한다면, 이신칭의는 빛나는 여러 단면 중의 하나이다.

종교 (율법)	복음
우리가 행해야 할 가르침이다.	우리가 믿어야 할 소식이다.
"이렇게 행하라. 그러면 살리라."	"내가 너를 위해서 다 했다. 그러므로 믿으라."
나는 순종한다. 그러므로 용납받는다.	나는 용납받았다. 그러므로 순종한다.
순종의 동기는 두려움과 불안이다.	순종의 동기는 사랑과 감사와 기쁨이다.
순종하는 이유가 무엇을 받기 위해서이다.	순종의 이유가 사랑하는 하나님을 더 알고 닮기 위해서이다
정체성이 내 열심, 내 의로움에 있다.	정체성이 나를 위해 죽으신 예수님에게 있다.

연합 없이 칭의는 없다

존 칼빈은 구원의 모든 은혜, 즉 중생, 믿음, 칭의, 성화, 양자 됨 등은 모두 그리스도와의 연합(*unio cum Christo*) 안에서 오는 것이라고 본다. 그리스도와 연합한 자에게 성령이 역사하셔서 중생을 일으키시고, 그 결과로 믿음이 생겨 칭의를 얻게 된다는 것이다. 즉 칭의의 믿음은 단순한 지적 동의가 아니라, 그리스도와 함께 죽고 부활한 존재론적 변화의 연합이다. 칼빈은 그리스도의 의가 우리에게 전가되려면 먼저 그리스도와 연합되어야 한다고 말했다.

중생 없는 칭의는 없다

그런 면에서 연합은 중생을 가져오고, 중생한 신자에게 칭의의 은혜가 주어진다. 칼빈은 "그리스도의 의가 우리에게 전가되기 위해서는 먼저 성령으로 거듭나야 한다"고 말한다. 중생은 새롭게 태어난 것이다. 새 생명은 결국 자라서 성화되고 영광스럽게 된다. 하나님은 이렇게 하나님의 새 생명으로 거듭난 사람에게 비록 부족해도 의롭다고 선언해 주신다. 뒤집어서 생각하면, 하나님이 칭의를 선포하시는 사람은 곧 거듭난 사람, 즉 예수님을 믿는 믿음으로 새 생명을 얻고 영광스럽게 변해 갈 사람이다.

이것은 마치 왕이 어린 아들에게 세자 책봉을 하는 것과 같다. 어느 왕이 늘그막에 대를 이을 아들을 얻었다. 아이는 아직 왕의 자질을 전혀 갖추지 못했다. 철도 없고 선악간 분별도 못하는 한갓 어린아이에 불과하다. 하지만 그 아이가 왕가의 핏줄을 이어받았고, 시간이 지나면서 점차 왕의 자질과 품성을 배우고 왕위를 잇게 될 것이기에, 왕은 그를 세자로 책봉한다. 이처럼 왕이 세자라고 선언하면 모든 신하와 백성이 그 앞에 머리를 숙인다. 그 어린 세자를 현재 능력과 상관없이 '왕이 될 자'로서 존중하고 훈련시키고 보호한다.

이처럼 우리도 예수님을 믿을 때 중생하여 하나님의 아들이 되었다. 새 생명이니 아직 어려서 작은 돌부리에도 넘어진다. 하지만 신자 안에 거하시는 성령의 능력으로 예수님에게까지 자라는 것을 목표로 성장하며, 마침내 닮아 갈 것이다. 그러므로 아직은 죄를 이길 힘이 없고 경건하지 않지만, 하나님은 결국은 거룩하게 될 그리스도인을 향해서 의롭다, 거룩하다고 선언하셨다. "너는 의롭다! 아무도 죄인이라 할 수 없다. 네가 아무리 연약해도 너는 내 아들이고, 나의 장자이고, 천국을 유업으로 받을 의인이다!" 이것이 바로 칭의이다. 칭의의 위치는 독립적인 것이 아니다. 존 머레이(John Murray)는 《구속: 구속의 성취와 그 적용》(복있는사람, 2011)에서 "칭의는 단지 고립된 유익이 아니라, 전체 구원의 과정과 연결되어 있다"라고 말한다.

누가 봐도 왕의 핏줄로 보이지 않는 어떤 거지 아이가 스스로 "나는 왕세자이다. 나는 장차 왕이 될 사람이다"라고 주장한다고 해 보자. 시간이 지나도 왕궁에서 아무도 그를 데리러 오지 않고, 그에게 왕자의 위용과 품성도 드러나지 않으며, 야비하게 남을 속이고 치졸하며, 또한 매일 거지꼴을 하고 산다면, 자신이 왕세자라는 그 아이의 주장은 거짓으로 의심받을 수밖에 없다. 마찬가지로 어떤 사람이 "나는 하나님의 자녀이다"라고 주장하는데 아무리 시간이 지나도 전혀 도덕적 의로움이 나타나지 않고 매일 죄짓고 내적으로 하나도 변화되지 않는다면, 그 사람의 말은 신빙성이 떨어질 수밖에 없다.

"예수님만 믿으면 무슨 짓을 해도 구원받아! 죽기 전에 회개만 하면 돼"라고 가르치는 사람은 이신칭의를 왜곡시키는 사람이다. 죄를 좋아하며 전혀 죄에 대한 갈등도 없이 살면서도 스스로 구원받았다고 주장한다면, 그 믿음이 진짜인지 의심해 봐야 한다. 믿음으로 의롭다 함을 받은 사람이라면, 이미 중생한 사람이다. 그는 점점 율법의 정신을 사랑하게 되고, 성령 안에서 그 요구를 기쁨으로 이루어 가며, 예수님을 닮는 삶을 살아간다. 완전하지는 않아도, 자라 가는 사람이다. 로마서에서 이신칭의는 바로 이러한 위치 속에 존재한다는 사실을 기억해야 한다.

이처럼 칭의의 위치를 제대로 파악하지 못하면 은혜는 목적과 방향을 잃는다. 은혜가 심리학적 자기 용납, 자기 만족에 머물 수 있다. 하나님이 현재 자신의 모습을 있는 그대로 용납하신다는 자기 위로에 머물며 현실에 안주하는 핑계를 얻고자 할 수 있다. 이는 칭의를 올바르게 적용한 것이 아니다. 영화 "라이온 킹"에서 어린 사자 심바가 도망하여 "하쿠나 마

타타"(걱정 없다. 모든 게 잘될 것이다)라고 외치며 현실을 즐기고 안주하며 살겠다는 모습과 크게 다르지 않다. 오히려 심바가 연못에 비친 자기 얼굴에서 자신 안에 있는 아버지의 모습, 진정한 왕의 모습을 발견하고 그에게 주어진 사명의 길, 왕국 회복의 길을 가는 모습이 칭의의 은혜에 가깝다.

칭의는 단순히 '안전한 지위'를 주는 것이 아니라, 새 주인(그리스도)에게 속하게 하는 해방이자, 그분의 다스리심 안에서 살아가게 하는 선언이다. 우리는 믿을 때 그리스도와의 연합을 통해 새로운 존재, 새로운 백성이 되고, 새로운 주인의 통치 아래 살아가게 된다(참고 롬 6장). 주님은 우리를 은혜로 의롭다고 하시고, 쉼 없이 우리를 격려하시고, 다시 일으켜 세우셔서 사명의 길을 가게 하신다.

연합 없는 칭의, 그분의 주 되심 없는 은혜는 심리학적 위안에 불과하다. 은혜를 내면적 평안만을 위한 것으로 축소하면, 은혜의 변혁적 성격이 사라진다. 진정한 은혜는 그 안에 복음의 모든 DNA를 담고 있으며, 우리를 변화시킨다. 칭의를 심리학적으로 오용하고, 사랑을 자기 만족적인 것으로 남용하지 말아야 한다.

» 우리가 믿음으로 얻은 구원은 값비싼 구원입니다. 우리가 구원의 가치를 제대로 경험하지 못하는 이유는 무엇인가요?

» 하나님이 나를 의롭다 하신 선언(칭의)을 실제 나의 삶에서 감사하며 누리면서 살고 있나요?

10

구약성경은 착하게 살아야
구원받는다고 하지 않나요?

롬 4:1-8

구약 시대의 이신칭의

● **구약 시대에는 이신칭의가 없지 않았나요?**

'그렇다면 이신칭의의 교리는 구약성경에서도 말하는 진리일까? 과연 구약의 하나님도 이신칭의를 말씀하시는 하나님일까? 율법을 생생하게 강조하는 구약에서는 행위를 강조하고, 신약에서만 믿음을 강조하는 것은 아닐까?' 이런 의문이 떠오를 수 있다. "과연 이신칭의의 복음은 바울이 신약 시대에 새롭게 고안한 독창적인 사상인가, 아니면 구약성경도 지지하고 가르치던 진리인가?"

이 질문은 중요하다. 이신칭의는 교회 역사에서 반복적으로 사탄에게 끊임없이 공격을 받았다. 더욱이 행위를 강조하는 유대인들에게 이신칭의의 복음은 받아들이기 힘든 개념이었다. 그래서 바울이 복음을 전하고 세운 교회들마다 이 복음을 반대하고 변질시키는 유대 그리스도인들이 나왔다. 어떻게 행위 없이 믿음으로만 구원을 받느냐며 바울이 가짜라고 공격하는 자들이 많았다. 이러한 공격은 초대교회 당시에 끝난 것이 아니라, 교회사 속에서 끊임없이 반복적으로 재현되었다. 로마가톨릭이 변질된 핵심에는 이신칭의의 교리가 있고, 이에 대한 반동으로 종교개혁이 일어났다. 로마가톨릭은 복음과 믿음보다 전통과 형식, 인간의 행위를 더 위에 올려놓았다.

이처럼 역사적으로 칭의의 복음은 늘 공격을 당하고 왜곡되어 왔다. 복음을 향한 무수한 공격을 방어하기 위해서 우리가 던져야 할 중요한 질문이 있다. "과연 구약의 성도들은 어떻게 구원을 받았을까? 그들은 율법을 지키고 착하게 살아서 구원을 받았을까, 아니면 믿음으로 구원을 받았을까? 그들이 믿은 하나님은 이신칭의의 하나님이신가? 이신칭의가 과연 구약성경에서도 지지를 받는 것인가?"

아브라함도 믿음으로 의롭다 함을 받았다

성경은 이 세상의 위인전과는 사뭇 다르다. 대개 한 민족의 시조 이야기를 보면 신화적이고 초인적으로 미화되어 있다. 하지만 이스라엘의 시조인 아브라함 이야기는 우리가 기대하는 것과 참 다르다. 위급할 때 자신의 아내를 누이라고 속인다든가, 후처를 취하여 이스마엘을 낳는다든가 하는 인간적인 약점들이 고스란히 기록되어 있다. 그 후손인 야곱은 말할 것도 없다. 이스라엘의 열두 족장이 된 야곱의 아들들 이야기에는 정말 조상이라고 하기엔 부끄러운 치부들이 가감 없이 드러난다.

아브라함을 비롯한 이스라엘 조상들의 모습을 율법의 기준에 비추어 보면, 과연 그들이 완전했다고 할 수 있을까? 하나님이 아브라함을 인정하셨는데, 과연 아브라함의 행위가 완전해서 인정하셨을까? 아브라함의 삶이 그렇게 자랑할 만큼 완전한가? 우리가 그의 일생을 볼 때도 흠이 보인다면 하나님이 보시기에는 얼마나 더할까? 만약 아브라함이 하나님 앞에서 자랑할 것이 없다면, 그 역시 행위로 의롭다 함을 받은 것은 분명 아닐 것이다. "그런즉 육신으로 우리 조상인 아브라함이 무엇을 얻었다 하리요 만일 아브라함이 행위로써 의롭다 하심을 받았으면 자랑할 것이 있으려니와 하나님 앞에서는 없느니라"(롬 4:1-2).

그러면 성경은 아브라함이 어떻게 인정받았다고 선언하는가? 그도 우리와 동일하게 믿음으로 의롭다 함을 받았다고 말한다. "성경이 무엇을 말하느냐 아브라함이 하나님을 믿으매 그것이 그에게 의로 여겨진 바 되었느니라"(롬 4:3). 구약성경이 이를 분명히 증언하고 있다. 창세기로 돌아가 보자. "아브람이 여호와를 믿으니 여호와께서 이를 그의 의로 여기시고"(창 15:6). 성경은 아브라함이 믿었고 하나님이 그 믿음을 그의 의로 여기셨다고 분명하게 말한다. 여기에 쓰인 '여긴다'라는 단어는 헬라어로 '로기조마이'(λογίζομαι)인데 무려 10회(원문상에는 11회)나 반복된다. 의롭지 않은데, 의로운 것처럼 여겨 주신다는 의미이다. 그의 안에는 인정받을 만한 거룩함이 전혀 없는데도 불구하고 마치 있는 것처럼 간주하신다는 것이다. 아브라함이 믿을 때 하나님은 아브라함을 그처럼 의롭게 여겨 주셨다.

이처럼 아브라함은 행위가 아니라 믿음으로 의롭다 함을 받았다. 우리는 자꾸 성경을 보면서 그 사람의 행동을 보려고 한다. 그 사람에게 있는 어떤 대단한 점이 하나님의 축복을 받게 했는지 찾으려고 한다. 하지만 성경은 그의 행동이 아니라 믿음을 보라고 한다. 그를 의롭게 만드시는 하나님을 의지한 믿음에 초점을 두라는 것이다.

아브라함의 하나님은 경건하지 않은 자를 의롭다고 하셨다

그러면 아브라함이 가졌던 믿음은 어떤 믿음이기에 하나님이 그 믿음을 의로 여기셨을까? 우리의 생각은 아주 빠르게 '도대체 아브라함이 얼마나 대단한 순교적인 믿음, 헌신적인 믿음, 순종의 믿음을 가졌기에 믿음의 조상이 된 것일까?'로 달려간다. 우리는 '믿음' 하면 내가 얼마나 강력하고 굳세게 믿었는지를 생각한다. 그러나 성경이 믿음을 말할 때에는 내 의지, 내 열정, 내 용기를 기반으로 하지 않는다. 성경이 말하는 믿음은 철저히 하나님의 성품과 그분이 예비하신 일에 근거를 둔다. 믿음의 강력함은 나 자신의 느낌이나 결단이 아니라 믿음의 대상의 신실함과 견고함에 있다.

어떤 사람이 한강 다리를 불안해하지 않고 담대하게 성큼성큼 걷는다. 무엇이 다리의 안전을 보장해 주는가? 다리가 무너지지 않을 것이라는 그의 느낌과 확신인가, 아니면 다리 자체의 튼튼함인가? 마찬가지로 올바른 믿음은 결단과 느낌이 아닌 믿음의 대상의 견고함에 있다. '어떻게' 믿었는가보다 '무엇을' 믿었는가가 더 중요하다. 아브라함은 무엇을 믿었는가? 과연 아브라함이 믿은 하나님은 어떤 하나님이셨는가? 아브라함이 믿은 하나님은 일해야 삯을 주시는 분이 아니다. 순종하고 헌신하면 그에 따라 마땅한 보수, 즉 축복을 주시는 하나님이 아니다. 아브라함이 믿은 하나님은 일을 하지 않아도 삯을 주시는 은혜의 하나님이셨다. 경건하지 아니한 자를 의롭다고 여기시는 하나님이셨다(롬 4:4-5).

아브라함은 자기가 부족하고 불성실하고 경건하지 않은 사람임을 알았다. 그러나 그런 자신에게 놀라운 축복을 약속하시고 그것을 이루실 하나님을 믿었다. 아브라함이 하란에 있을 때 하나님이 그에게 나타나 "내가 너로 큰 민족을 이루고 네 이름을 창대하게 하고 너를 통해서 열방이 복을 받게 하겠다"고 약속하실 때 아브라함은 그 말씀을 믿고 따라간 것이다. 그때 아브라함은 결코 경건한 사람이 아니었다. 아버지 데라와 함께 우상을 섬기던 사람이었다. 어느 날 하나님이 아브라함에게 또 나타나서 "네 후손이 하늘의 별처럼 많아지리라"고 하실 때도 아브라함은 믿었다. 그때 역시 아브라함은 완전하고 흠이 없는 상황이 아니었다. 아브라함은 행위에 따라서 보상하시는 율법적인 하나님을 믿은 것이 아니다. 아브라함은 일하지 않는 자, 경건하지 못한 자를 의롭다고 하신 하나님을 믿었고, 하나님은 그 믿음을 의롭다고 여기셨다.

그러면 오늘날 아브라함의 하나님과 우리의 하나님이 다르실까? 동일한 분이시다. 아브라함을 믿음으로 의롭다 여기신 하나님이 오늘 우리도 믿음으로 의롭다 여기시는 하나님이시다. 이 하나님이 바로 구약의 하나님이시다.

아브라함도 예수님 안에서 의롭다 함을 받았다

하나님은 공의로우시기 때문에 그분이 이렇게 경건치 않은 자를 의롭다고 하시고 죄를 가려 주시려면 합리적인 근거가 있어야 한다. 공의로움은 하나님 스스로 범할 수 없는 그분의 성품이다. 공의로우신 하나님은 경건하지 못한 아브라함을 기분 내키는 대로 의롭다고 하실 수는 없다.

그러면 하나님이 아브라함에게 의롭다고 하실 수 있는 법적 근거가 무엇인가? 그 열쇠는 바로 "자손"이란 단어에 있다. 아브라함이 믿음으로 의롭다 함을 받을 때에 어떤 말씀을 믿었는가? 창세기 15장 5절을 잠깐 살펴보자. "그를 이끌고 밖으로 나가 이르시되 하늘을 우러러 뭇별을 셀 수 있나 보라 또 그에게 이르시되 네 자손이 이와 같으리라." 여기에서 "네 자손"은 단수이다. "네 자손'들'"이라고 복수 형태로 말씀하신 것이 아니라 "네 자손"이라고 단수 형태로 말씀하셨다. 그것은 바로 그 "자손"이 그리스도를 가리키기 때문이었다. "이 약속들은 아브라함과 그 자손에게 말씀하신 것인데 여럿을 가리켜 그 자손들이라 하지 아니하시고 오직 한 사람을 가리켜 네 자손이라 하셨으니 곧 그리스도라"(갈 3:16).

하나님이 아브라함에게 "네 자손이 이와 같으리라"는 약속을 주실 때에 이미 그 안에 아브라함의 자손으로 그리스도가 오실 것을 약속하셨다. 하나님은 아브라함의 경건치 못함을 위해서 당신의 아들을 보내어 대신 죽게 하심으로 이미 속량을 예비하신 것이다. 하나님의 약속 안에는 그리스도가 장차 치르실 대속의 죗값이 포함되어 있었다. 그러므로 "아브라함이 여호와를 믿으니"(창 15:6)라고 할 때 바로 이 약속을 하시는 여호와를 믿은 것이다.

아브라함의 믿음은 자손 안에 포함되신 그리스도를 믿는 믿음이었다. 그리스도는 바로 아브라함을 위해서 죄의 값을 지불하시고 화목 제물이 되실 분이셨다. 그래서 하나님은 아브라함의 믿음을 그의 의로 여기신 것이다(창 15:6). 아브라함도 믿음으로 의롭다 여김을 받았다. 믿음으로 구원받은 것이다.

다윗의 하나님도 그의 죄를 가려 주시고 용서하셨다

다윗도 결코 완전한 사람이 아니었다. 그는 자기의 힘과 지위를 이용하여 부하의 아내를 빼앗아 간음죄를 저지르고, 그 죄를 덮으려고 살인을 교사한 죄를 저질렀다. 그러나 그러한 죄에도 불구하고, 다윗은 죄를 자백하고 회개하면 용서하고 덮어 주시는 하나님을 믿었다. "일한 것이 없이 하나님께 의로 여기심을 받는 사람의 복에 대하여 다윗이 말한 바 불법이 사함을 받고 죄가 가리어짐을 받는 사람들은 복이 있고 주께서 그 죄를 인정하지 아니하실 사람은 복이 있도다 함과 같으니라"(롬 4:6-8). 다윗은 행위대로 심판하시는 하나님이 아니라 용서의 하나님을 믿었다. 그 믿음대로 하나님은 다윗의 죄를 가려 주시고 마치 그 죄를 안 지었던 것처럼 다윗을 성군의 반열에 올려놓으셨다. 다윗은 죄인을 의롭다고 하시는 하나님을 믿었다. 그리고 그 믿음으로 의롭다 여김을 받았다.

이렇듯 아브라함의 하나님도, 다윗의 하나님도 이신칭의의 하나님이셨다. 로마서에서 바울이 주장하는 이신칭의는 구약과 동떨어진 이상한 사상이 아니다. 오히려 복음은 눈이 가려져서 하나님을 오해했던 유대인들을 바로잡아 주는 진리이다. 복음에 나타난 하나님이 바로 신구약성경

이신칭의의 하나님

의 하나님이시다.

나는 한동안 내게 좋은 일이 생기면 '나 같은 자에게 이런 일이 생길 리가 없어. 번지수를 잘못 찾아왔어. 다시 반납하라고 할 거야'라고 생각했다. 하지만 시간이 지나면서 깨달았다. 나는 하나님을 오해하고 있었다. 내가 자격이 없지만, 하나님은 나에게 은혜를 베푸시는 분이셨다. 과분한 축복을 주시는 분이셨다. 내가 능력이 없어도 나를 써 주시는 분이셨다. 점점 하나님의 말씀이 믿어졌다. 하나님은 진짜 그런 분이시다. 하나님이 원하시는 것은 바로 그분을 믿는 것이다. 다른 게 아니다. 우리는 이러한 하나님의 성품을 굳게 신뢰해야 한다.

토론과 적용을 위한 질문

» 하나님이 아브라함을 의롭게 여기실 만한 근거는 무엇인가요? 내 삶에 아브라함처럼 하나님께 믿음을 고백한 순간이 있나요?

» 오늘날 우리의 하나님도 아브라함과 다윗의 하나님과 동일한 분이십니다. 내가 만난 하나님은 어떤 하나님이신지 그 은혜를 나누어 봅시다.

11

약속은 세월이 흘러도
변치 않나요?

롬 4:9-16

약속과 믿음의 우선성

● 믿음으로는 부족하니까 율법을 주신 건 아닐까?

이처럼 아브라함은 이신칭의의 복음을 증명해 주는 강력한 예이다. 우리가 창세기를 보면서 오늘날 은혜 안에 있는 신자의 삶과 유사하게 여기는 이유가 여기에 있다. 하지만 행위와 공로를 주장하는 인간의 습성은 그리 쉽게 가라앉지 않는다. 유대인들은 결국 아브라함도 할례를 받았고 율법이 아브라함의 후손을 통해서 왔기에, 결국 우리가 믿는다고 해도 할례를 받고 율법을 지켜야 의롭게 된다고 주장한다. 그래서 바울이 교회를 개척하면, 거짓 교사들이 들어와서 "너희가 믿는 것만으로는 안 되고 할

레도 받고 율법도 지킴으로써 구원을 완성해야 한다"고 주장했다. 이에 대한 바울의 가르침을 보자.

중요한 것은 믿음이지 종교 의식이 아니다

먼저 할례를 받아야 한다는 주장을 생각해 보자. 아브라함은 분명히 할례를 받았다. 그러나 아브라함이 의롭다 함을 받은 때는 할례를 받기 전이었다. 아브라함이 믿음으로 의롭다 함을 받은 때 그의 나이는 75세였고, 할례는 99세에 받았기 때문이다. "그런즉 이 복이 할례자에게나 혹은 무할례자에게도냐 무릇 우리가 말하기를 아브라함에게는 그 믿음이 의로 여겨졌다 하노라 그런즉 그것이 어떻게 여겨졌느냐 할례 시냐 무할례 시냐 할례 시가 아니요 무할례 시니라"(롬 4:9-10).

그러면 할례는 무엇인가? 아브라함이 무할례 시에 받았던, 믿음으로 된 의를 인 친 의식이다. "그가 할례의 표를 받은 것은 무할례 시에 믿음으로 된 의를 인 친 것이니"(롬 4:11상). 즉 할례는 이미 무할례 시에 믿음으로 의롭게 된 사실을 확인하는 의식에 불과하다. 할례 자체가 우리를 의롭게 하는 것이 아니다. 오늘 우리가 받는 세례도 그렇다. 세례를 받음으로써 구원받는 것이 아니다. 세례는 그 이전에 우리가 믿음으로 받은 의에 대해서 인 치는 것이다. 확인해 주는 의식이라는 말이다.

이처럼 할례는 세례처럼 하나의 종교적인 의식에 불과하다. 중요한 것은 믿음이지 할례가 아니다. 오히려 아브라함이 무할례 시에 믿음으로 의롭다 함을 받은 이유는 무할례자로서 유대인들 외에 할례를 받지 않은 모든 이방 사람들의 믿음의 조상이 되기 위함이었다. "이는 무할례자로서 믿는 모든 자의 조상이 되어 그들도 의로 여기심을 얻게 하려 하심이라"(롬 4:11하). 즉 할례받지 않은 이방인들도 예수님을 믿음으로 아브라함의 자손이 되게 하려 한 것이다.

그뿐 아니라 아브라함은 할례를 받음으로 할례자, 즉 유대인들의 조상도 되었다. 단지 할례를 받은 자들의 조상이 아니라, 아브라함처럼 믿음의 자취를 따르는 유대인들의 조상이 되었다는 것이다. "또한 할례자의 조상이 되었나니 곧 할례받을 자에게뿐 아니라 우리 조상 아브라함이 무할례 시에 가졌던 믿음의 자취를 따르는 자들에게도 그러하니라"(롬 4:12). 즉 믿음의 자취를 따르느냐 아니냐가 중요하지, 할례를 받느냐 아니냐가 중요한 것이 아니다. 할례는 유대인들의 종교적인 의식으로서 그들의 문화적인 관습이다. 바울은 그것을 인정한다. 하지만 중요한 본질은 믿음이다. 우리는 관습이나 전통을 진리, 본질보다 위에 두어선 안 된다.

상속자의 약속은 오직 믿음으로 얻을 뿐이다

이어서 바울은 하나님이 하신 약속을 율법을 통해 얻을 수 있는 것이 아니라고 말한다. 하나님은 아브라함에게, 그리고 그에게서 나올 후손에게 이 세상의 상속자가 되리라고 약속하셨다. "아브라함이나 그 후손에게 세상의 상속자가 되리라고 하신 언약은"(롬 4:13상). 바울은 하나님이 아브라함에게 하신 약속을 단지 이스라엘 민족에 대한 약속이 아니라, 온 세상을 유업으로 얻을 약속이라고 확장한다. 실제로 하나님은 '아브람'과 '사래'의 이름을 '아브라함'과 '사라'로 바꾸시며 열국의 아비요, 어미라고 하셨다. 이것은 아브라함과 그 백성이 그리스도 안에서 완성될 새 창조

세계의 상속자가 될 것이라는 의미이다.

그런데 이 약속은 율법이 오기 전에 주어졌다. 율법은 그로부터 430년 후에 모세를 통해서 주어진다. 그러므로 아브라함이 율법이 없을 때 약속을 받았다는 사실은 율법을 지켜서 그 행위로 약속을 성취하라는 것이 아니었다. 약속의 성취는 율법으로 말미암지 않고, 믿음으로 말미암는다는 것이다. "아브라함이나 그 후손에게 세상의 상속자가 되리라고 하신 언약은 율법으로 말미암은 것이 아니요 오직 믿음의 의로 말미암은 것이니라"(롬 4:13).

새 하늘과 새 땅에 대한 엄청난 약속은 율법을 지켜서 행위로 얻는 것이 아니다. 그 자손을 통해서 이루실 것이라고 주어진 약속이다. 그리스도가 부활하셔서 온 세상의 상속자로 하나님 우편에 앉으셨고, 우리는 그분을 믿음으로 그분과 함께 상속자가 되었다. "자녀이면 또한 상속자 곧 하나님의 상속자요 그리스도와 함께한 상속자니"(롬 8:17). 그러므로 이 약속은 율법의 행위가 아니라, 믿음으로 얻는 것이다.

약속과 믿음을 헛것으로 만들지 말라

이와 같이 율법이 오기 430년 전에 하나님은 믿음으로 아브라함을 의롭다고 하시고 그 믿음으로 그를 상속자로 삼으셨다. 그런데 유대인들의 주장처럼 율법 아래서 그 율법에 순종하는 자를 상속자로 삼으신다면, 아브라함의 믿음은 헛것이 되고 하나님이 아브라함에게 하신 약속은 파기되는 것과 같다. "만일 율법에 속한 자들이 상속자이면 믿음은 헛것이 되고 약속은 파기되었느니라"(롬 4:14). 이 말인즉 약속은 결코 파기될 수 없다는 것이다. 갈라디아서에서 바울은 늦게 온 율법이 아브라함과 먼저 한 약속을 폐할 수 없다고 말한다. 마치 누군가 유언을 하고 죽으면, 그 유언을 후손들이 뒤에 자기 마음대로 바꿀 수 없는 것과 같다. 이처럼 아브라함과 하나님 사이의 언약을 뒤늦게 나타난 율법이 파기할 수 없다.

도덕적 행위보다 약속이 우선이다

여기서 우리는 약속의 우선성을 잠시 생각해 볼 필요가 있다. 성경을 보면 도덕과 율법의 관점으로는 잘 납득이 되지 않는 내용들이 나온다. 야곱의 예가 그렇다. 도덕의 눈으로 보면 야곱은 형과 아버지를 속이는 사기꾼이다. 그의 잘못을 십계명에 비추어 보면 다섯 개의 계명을 어긴 것이다. 그런데 속임수를 통해 장자권을 얻는 과정에서 야곱의 도덕적 잘못을 언급하지 않는 것처럼 보인다. 왜 그럴까? 성경은 야곱의 행동을 율법적 관점이 아니라, 하나님의 약속을 향한 믿음의 관점으로 보았기 때문이다.

야곱은 태어날 때 분명히 하나님으로부터 약속을 받은 자였다. 그러나 이삭은 그 예언을 무시했다. 야곱이 염소의 고기를 들고 가죽으로 분장한 모습은 그리스도의 십자가 구속을 상징한다. 이는 속임 이전에 그리스도의 약속을 의지하는 상징이다. 결과적으로 그러한 야곱이 의롭다 함을 받았다. 에서의 인간적인 조건, 이삭의 육신의 정, 윤리적이며 율법적인 정당성보다 더 우위에 있는 것이 바로 하나님의 약속이다. 그 약속을 붙들고, 그리스도를 의지하는 야곱이 의롭다 함을 얻은 것이다. 약속에 대한 믿음이 율법, 윤리적인 잣대보다 우선인 셈이다.

비슷한 예가 창세기 38장에 나오는 유다의 며느리 다말 사건이다. 유다의 며느리인 다말은 남편이 자식 없이 죽었다. 그러자 유다는 다말에게 후일에 자신의 아들 셀라가 장성하면 다말에게 주어서 자식을 얻게 하겠다고 약속한다. 그런데 유다가 시간이 지나도 셀라를 자신에게 주지 않자 다말이 창녀로 분장하여 증표를 받고 시아버지를 꾀어 동침하고 수태한다. 다말이 임신했다는 사실을 안 유다는 며느리를 화형하려고 한다. 그러나 다말이 유다에게 받은 증표를 보이자 유다는 이렇게 말한다. "그는 나보다 옳도다"(창 38:26). 윤리적으로는 패륜인데 약속의 입장에서 보면 옳다는 것이다. 성경은 윤리보다 약속을 더 우위에 둔다. 그 다말에게서 바로 그리스도가 나오셨다. 그들이 그리스도 안에서 덮이는 것을 본다. 약속이 윤리보다, 율법보다 훨씬 위에 있다. 이 약속을 율법이 파하지 못하는 것이다.

율법은 축복이 아니라 진노를 이룬다

그러면 율법은 어떠한가? 훗날 율법이 주어짐으로써 그것을 지켜 상속자가 되는 것이 아니라, 그 율법으로 인해서 죄인인 우리가 정죄당하고 하나님의 진노 아래 있게 된다는 것이다. "율법은 진노를 이루게 하나니"(롬 4:15상). 율법을 지키지 못함으로, 그 율법이 우리를 정죄할 뿐이라는 것이다. 우리가 율법 아래로 들어가면, 우리는 하나님의 진노의 대상이 될 뿐이다. 결코 상속자가 되지 못한다.

오히려 율법이 없는 곳에는 범법이 없다고 말한다. "율법이 없는 곳에는 범법도 없느니라"(롬 4:15하). 아브라함의 시대에는 아직 율법이 주어지지 않았다. 법이 제정되지 않으면 누군가 범죄를 해도 그를 정죄하여 처벌할 수 없다. 우리나라에서도 신종 범죄가 나타날 때마다 그들을 처벌할 법 규정을 새로 만든다. 그런데 아브라함 시대에는 율법이 없었기 때문에, 원칙적으로 하면 범법함도 없었다. 하나님이 아브라함을 믿음으로 의롭다 여기실 때 그를 범죄자라고 선언할 율법이 없었다는 이야기이다.

이것은 후일에 그리스도로 말미암아 우리가 율법에서 자유케 됨을 예고한다. 오늘날 그리스도 안에서 신자는 율법에서 자유케 되었다. 더 이상 율법의 정죄와 진노 아래 있지 않다. 결국 아브라함이 율법의 정죄 없이, 오직 믿음으로 약속을 받았던 그 시대는 오늘 그리스도 안에서 신자들에게 주어진 시대를 예고하고 있다.

즉 하나님이 아브라함을 통해서 그 후손에게 주신 약속은 믿음 안에 있는 것이지, 율법과 행위 안에 있는 것이 아니다. 율법과 행위 안에는 오직 진노하심만이 있다. 오히려 율법으로 돌아가면, 우리는 성경의 언약 밖으로 나가게 된다. 우리는 그럴싸한 윤리적 지침과 율법적인 매력으로 자꾸 우리를 그리스도를 믿는 믿음에서 떼어 놓는 가르침을 경계해야 한다. 아름답고 고상해 보이는 그 사상 속에는 오직 진노만이 있다. 약속은 그리스도 안에만 있다. 약속은 믿음 안에만 있다. 상속자는 오직 믿음으로만 될 수 있다. "그러므로 상속자가 되는 그것이 은혜에 속하기 위하여 믿음으로 되나니 이는 그 약속을 그 모든 후손에게 굳게 하려 하심이라"(롬 4:16). 결론적으로, 이신칭의의 복음은 하나님이 아브라함 때 이미 보여 주신 길이요, 구약성경이 지지하는 성경의 진리이다.

» 성경을 율법과 도덕, 윤리적 관점으로 읽을 때 어려운 점은 무엇인가요? 성경에 나오는 구체적 사례를 들어 봅시다.

» 하나님의 약속이 율법보다 우선하며 세월이 흘러도 변치 않는다는 가르침은 나의 삶에 어떤 위로와 소망을 주나요?

12

구원받는 믿음의 DNA가
따로 있다고요?

롬 4:17-25

믿음의 조상, 아브라함의 믿음

● 아브라함이 물려준 믿음의 DNA

그러면 우리를 의롭다고 칭하는 믿음은 어떤 믿음인가? 믿음의 조상인 아브라함을 통해서 우리는 그 믿음의 성격을 볼 수 있다. 아브라함의 믿음은 의롭다 함을 받는 믿음에 대해 증거하는 하나의 모델이다. 그의 믿음을 통해서 칭의에 이르는 참 믿음이 무엇인지 살펴보며 우리 믿음을 점검해 볼 수 있다.

특별히 아브라함의 믿음의 하이라이트는 바로 그의 나이 99세 때 일어난 일이다. 창세기 15장에서 그가 의롭다 함을 받은 믿음의 DNA가

99세 때 고스란히 나타난다. 그때는 아브라함은 늙어서 죽은 몸처럼 되었을 때이고, 사라는 생리가 끝나서 이미 출산이 불가능한 몸이 되었을 때이다. 바로 그때 하나님이 아브라함에게 "내가 너를 많은 민족의 조상이 되게 하겠다"고 말씀하셨다. 그때에 아브라함은 믿었다. 그리고 그 믿음이 그에게 의로 여겨진 것이다. 그렇다면 믿음의 조상 아브라함이 가진 믿음은 무엇인가? 그리스도 안에서 우리에게도 주어진 믿음의 유전자는 무엇인가?

죽은 자를 살리시는 부활의 하나님을 믿었다

아브라함의 나이는 이미 99세였다. 사라의 나이도 89세로 폐경이 되어 아이를 낳을 수 없는 상황이었다. 그때 하나님이 그에게 많은 민족의 조상이 되리라고 하셨다(롬 4:17상). 그 약속을 믿을 때 아브라함은 어떤 하나님을 믿었을까? 아브라함은 죽은 자를 살리시는 부활의 하나님을 믿었다. "그가 믿은 바 하나님은 죽은 자를 살리시며 없는 것을 있는 것으로 부르시는 이시니라"(롬 4:17하).

99세인 아브라함이 89세인 사라를 통해서 아들을 낳으려면 무슨 일이 일어나야 할까? 첫째, 폐경이 된 사라의 난소가 다시 살아나서 난자를 만들어 내야 한다. 배란이 될 수 있어야 한다. 늙은 아브라함의 신체도 마찬가지로 다시 살아나야 한다. 둘째, 설령 배란이 된다고 해도 사라의 자궁이 늙고 약하면 착상이 안 된다. 아이가 자궁 안에서 자라려면 자궁이 건강하게 새로워져야 한다. 셋째, 임신을 유지하기 위해서는 태중의 아이에게 지속적인 양분을 제공해 주어야 하는데 늙은 사라는 원활한 양분 공급이 쉽지 않다. 또 아이가 태어났다고 해도 젖을 먹이기 어렵다. 그러므로 아이를 가지려면 전신이 다 새로워져야 한다. 늙었던 세포가 젊어지고, 그쳐 버린 여성 호르몬이 분비되어야 한다. 그런 일이 일어나야 임신이 되는 것이지, 그냥 기적이라고 하니까, 아이가 척 생긴 게 아니란 말이다. 아브라함이 믿었다는 말은 하나님이 실제로 이와 같은 일이 자신들에게 일어나게 하실 줄을 믿은 것이다.

실제로 어떤 일이 일어났을까? 사라가 이삭을 잉태하여 출산하기 전에 성경에 이상한 사건 하나가 나온다. 창세기 20장의 사건이다. 그다음 21장에 드디어 사라가 이삭을 잉태하고 출산하는 내용이 나온다. 창세기 20장은 연대기적인 순서로 본다면 아브라함의 나이 99세 때이고, 사라의 나이 89세 때이다. 그때 아브라함이 그랄 땅으로 이주를 했다. 거기서 무슨 일이 일어나는가? 아브라함이 아내를 누이라 하여 아비멜렉이 사라를 데려가는 일이 생겼다. "그의 아내 사라를 자기 누이라 하였으므로 그랄 왕 아비멜렉이 사람을 보내어 사라를 데려갔더니"(창 20:2). 왜 누이라고 했을까?

당시 사라는 왕이 아내로 삼겠다고 할 만큼 아름다웠다. 더욱이 하나님을 두려워함이 없던 그곳에서 아브라함은 자기를 죽이고 사라를 빼앗을까 봐 누이라고 했다. 그런데 89세 할머니인 사라를 그랄 왕이 데려간다는 상황이 이해가 안 되니까, 학자들은 성경이 연대기순으로 기록되지 않았다고 주장한다. 하지만 "내년 이맘때 네가 아들을 낳으리라"는 약속이 정말로 이루어지려면 일 년 사이에 실제로 사라가 가임기 여성의 신체로 변화되는 일이 일어나야 한다. 이성적으로는 도저히 일어날 수 없는 일이지만, 하나님은 창조의 하나님이시요, 부활의 하나님이시다. 아브라함은 죽은 자를 살리시는 부활의 하나님을 믿었고, 하나님은 친히 그 약속을 이루셨다. 아브라함은 그의 삶 속에서 부활의 능력을 경험한 것이다.

희망이 사라진 중에도 믿었다

당시 상황은 정말 이성적으로 도저히 바랄 수 없는 상황이었다. 여기 "바랄 수 없는 중에"(롬 4:18)란 말은 희망이 사라진 상황을 의미한다. 이미 아브라함은 백 세나 되어 자기 몸이 죽은 것 같고 사라의 태가 죽은 것 같음을 이성적으로 알았다(롬 4:19). 마르틴 루터는 이 본문을 주석하면서 **이성**이 하나님의 약속을 비웃으며 "그 약속들은 하나같이 말도 안 되는 거짓말이고, 바보 같고 얼토당토않으며 이단 종파 같고 악마적인 것투성이다"라고 조롱한다고 했다. 이토록 이성적으로는 불가능한 상황에서 아브라함의 믿음은 어떠했다고 성경은 말하는가?

먼저 소극적으로 "믿음이 약하여지지 아니하고 믿음이 없어 하나님의 약속을 의심하지 않고"(롬 4:19하-20상)라고 표현한다. 아브라함의 믿음은 파선되거나 흔들리지 않았다. 성경을 보면 믿음이 약하고 의심해서 흔들리고 요동하는 것을 어린아이의 특징이라고 한다. 그런데 99세 때에 아브라함의 믿음은 어린아이처럼 요동하지 않았다.

반면에 적극적으로 뭐라고 하는가? "믿음으로 견고하여져서 하나님께 영광을 돌리며 약속하신 그것을 또한 능히 이루실 줄을 확신하였으니"(롬 4:20하-21). 그는 더욱 굳게 하나님을 신뢰했다. 어린아이처럼 흔들리지 않았다. 이성이 "끝났어", 과학이 "안 돼"라고 말하며 비난하고 조롱하는데도 불구하고, 오히려 그의 믿음은 더욱 굳세어지고 하나님의 일하심을 확신했다. 루터는 이 부분을 주석하면서 이성의 공격에 맞서는 믿음을 다음과 같이 표현했다. "그러나 **믿음**은 재치 있게 그 이성의 목을 잡아 비틀고 그 짐승을 목 졸라 죽인다. 아브라함은 자신의 이성을 붙잡아 포로로 만들었다. 그리고 이렇게 말한다. '너 이성아, 듣고 있느냐? 너는 미쳐서 제대로 보지도 못하는 바보로다. 하나님의 일에 대해서는 터럭만큼도 이해하지 못하나니, 나한테 맞서서 짖어 대면서 허튼 짓거리 하지 마라. 네 아가리를 닥치고 조용히 하라. 감히 하나님의 말씀의 재판관이 되려고 들지 마라. 자리에 앉아 그 말씀이 내게 하는 말을 듣고 그분을 믿어라.'" 아브라함이 이성의 의심을 믿음으로 물리치고 하나님의 말씀을 신뢰했다는 말이다.

아브라함의 생애를 보면 그도 흔들릴 때가 있었다. 하갈을 통해 이스마엘을 낳기도 했다. 그러나 99세 때에는 오히려 믿음의 확신 가운데 있었다. 25년이란 세월의 기다림 속에서 그의 믿음은 연단되었다. 더 이상 의심하지 않고 흔들리지 않게 되었다. 진짜 믿음은 연단 속에서 성장한다. 포도주가 오래되면 숙성되듯이, 믿음이 진짜면 기다림 속에서 없어지는 게 아니라 연단된다. 이것이 아브라함의 믿음이다. 결국 그 믿음을 하나님이 의롭다고 하신 것이다. "그러므로 그것이 그에게 의로 여겨졌느니라"(롬 4:22).

믿음의 DNA

믿음의 조상 아브라함에게서 발견할 수 있는 믿음의 DNA를 정리하면

죽음과 부활의 믿음   끝까지 믿는 믿음

다음과 같다. 첫째, 아브라함은 부활의 하나님을 믿었다. 둘째, 아브라함은 이성적으로 불가능한 상황에서도 끝까지 믿었다.

바울은 이러한 아브라함의 믿음은 곧 오늘 우리를 위한 것이라고 말한다. "그에게 의로 여겨졌다 기록된 것은 아브라함만 위한 것이 아니요 의로 여기심을 받을 우리도 위함이니"(롬 4:23-24상). 아브라함의 믿음은 곧 우리 믿음의 본이다. 오늘 하나님은 누구를 의롭다고 하실까? "곧 예수 우리 주를 죽은 자 가운데서 살리신 이를 믿는 자니라"(롬 4:24하). 하나님이 죽은 자를 살리실 줄 믿은 아브라함처럼, 우리도 하나님이 예수님을 죽은 자 가운데서 살리신 것을 믿을 때 의롭다 함을 받는다. 이성적으로 불가능한 이 약속, 복음을 믿는 믿음으로 말이다.

왜 이 믿음이 우리를 의롭게 하는가? "예수는 우리가 범죄한 것 때문에 내줌이 되고 또한 우리를 의롭다 하시기 위하여 살아나셨느니라"(롬 4:25). 예수님은 우리의 범죄 때문에 대신 죄를 지고 죽으셨고, 우리를 의롭다 하려고 부활하셨기 때문이다. 그러므로 누구든지 그리스도를 믿으면 죄 사함 받고 의롭다 함을 받는다. 우리 신앙의 핵심은 바로 이 부활을 믿는 신앙이다. 그가 의롭다 함을 받는다. 그리스도 안에서 아브라함의 약속을 유업으로 받는다. 세상의 상속자가 되는 것이다.

중요한 것은 우리가 아브라함처럼 이성적으로 도무지 믿을 수 없는 그 믿음을 소유했다는 사실이다. 우리도 아브라함과 동일하게 예수님을 부활시키신 하나님을 믿는다. 그리스도의 죽음과 부활을 믿는다. 이 믿음은 우리에게서 난 것이 아니라 하나님의 선물이다. 우리가 예수님을 믿을 때, 믿음의 조상 아브라함이 가졌던 이 믿음의 유전자가 그리스도 안에서 우리에게 주어졌다.

내 믿음이 흔들릴까 염려하지 말라. 우리는 아브라함과 동일한 믿음의 유전자를 가졌기에 아브라함과 같이 부활을 믿는 자들이다. 그뿐 아니라 상황이 어려워도, 고난이 와도 오히려 믿음이 더욱 견고해져서 우리를 붙들어 줄 것이다. 우리를 의롭다고 하는 것은 오직 믿음이다. 우리는 오직 믿음으로 주님 앞에 선다. 하나님은 바로 믿음 한 가지를 보고 아브라함을 의롭다고 하셨다. 결국 우리가 할 일도 믿는 것이다.

돌아보면 내게 남다른 인격, 남다른 의지력은 없었다. 내가 남다르게 착한 사람도 아니다. 남다른 배경이 있지도 않다. 오히려 가난하고 병약하고 연약한 성품이다 보니 주님만 의지할 수밖에 없었다. 새벽에 깨어 주님을 바라보고, 주님 말씀을 사모하고, 어떻게 해서든지 주님과 걸어가려고 애쓰고, 기도하고 매달리는 것 말고는 살길이 없었다. 그런데 생각해 보니 이것이 바로 믿는 일이었다. 하나님이 이 믿음 하나 보고 나를 옳다 여기시고 여기까지 이끌어 주셨다.

하나님이 우리에게 찾으시는 것은 믿음이다. 우리 자신의 어떠함을 보지 말라. 끝까지 하나님의 약속을 신뢰하라.

» 아브라함처럼 신앙생활을 하면서 이성이 비웃고 의심이 솟아날 때가 있지만, 이겨 내고 믿음을 선택한 적이 있나요?

» 지난 세월 동안 하나님이 나에게 찾으셨던 믿음은 어떤 믿음이었나요? 그렇게 믿을 수 있었던 이유는 무엇인가요?

13

믿으면 하나님이
무섭지 않다고요?

롬 5:1-11

이신칭의의 축복

하나님은 이신칭의의 하나님이시다. 우리가 행한 대로 삯을 주시고, 행한 대로 보응하시는 분이 아니다. 아무것도 행한 게 없는데 보수를 주시고, 삯을 주시고, 복을 주시는 이신칭의의 하나님이시다. 야곱의 하나님도 그가 간사하고 범죄했지만, 그의 이름을 '이스라엘'로 바꾸시고 이스라엘의 시조로 만들어 가셨다. 이처럼 하나님은 우리가 여전히 악하며 불완전하고 부족한데도 그리스도 안에서 자녀로 여겨 주시며 의인으로 인정해 주신다. 우리를 거룩한 자로 선언해 주시고, 성도라 말씀해 주시고, 상속자로 삼아 주시는 분이다.

이러한 이신칭의는 지식에서 끝나지 않는다. 우리의 믿음이 참이라면,

우리는 실제로 의롭게 된 신분을 당장에 경험하고 누리게 된다. 우리에게 하나님은 더 이상 진노의 하나님이 아니시다. 이제 우리와 하나님의 관계가 어떻게 달라지는지 보자.

● 하나님이 무섭지 않다

첫째, 믿음으로 의롭다 함을 받으면 하나님이 안 무서워진다.

나는 명목상 모태신앙이었지만 진정으로 예수님을 만나기 전에는 늘 하나님이 두려웠다. 어느 날 예수님의 이름으로 기도할 때 하늘 문이 열리고 하나님 아버지를 만났다. 내 인생에 나를 사랑하시는 아버지가 계신다는 사실에 얼마나 감격했던지, 일주일 동안이나 울었다. 그 이후로 하나님에 대한 두려움은 완전히 사라졌다. 내 안의 근본적인 두려움이 사라졌다. 이전에는 내 별명이 '인상파'였는데 그 후로 얼굴이 펴지고 인생이 달라졌다. 하나님 아버지께 기도하면서 그분과 함께 걸어가는 삶이 시작되었다.

어떻게 이런 일이 일어났을까? 그리스도가 그분을 떠난 나를 대신해 화목 제물이 되셔서 나를 아버지께로 인도해 주셨기 때문이다. 그래서 내가 하나님과 화평을 누리게 된 것이다. "그러므로 우리가 믿음으로 의롭다 하심을 받았으니 우리 주 예수 그리스도로 말미암아 하나님과 화평을 누리자"(롬 5:1).

늘 하나님이 무서워서 고민한 사람이 마르틴 루터이다. 루터는 청소년 시절부터 교회에서 성가대 활동을 하는 등 신앙생활을 굉장히 열심히 하고 경건심이 남달랐다. 또한 대학에서 법률을 공부하는 유능한 학생이었다. 그러나 마음속에 하나님에 대한 두려움이 있었다. 어느 날 폭풍우 속에서 그에게 천둥 번개가 내리치는데, 루터는 그 자리에서 엎드려 하나님께 빌고, 자신을 살려 주시면 수도사가 되겠다고 서원을 했다. 그리고 22세에 은둔 수도원의 수도사가 되었다.

수도원에서 루터는 오랜 기간 금식하고 수행을 했다. 며칠씩 잠도 안 자고, 살을 에는 듯한 추위 속에서 얇은 옷만 입고 모포도 안 쓰고, 자기 몸을 채찍으로 때리면서 기도하는 수행을 했다. 온 마음을 다해서 하나님을 사랑하기 위해 금욕과 고행을 통해서 세상, 가족, 자기 자신을 버리고자 했다. 엄격한 수도원의 규율을 거의 완벽하게 이해해서 매우 빨리 정식 사제가 되었다. 하지만 루터의 마음은 늘 죄책감으로 시달렸다. 그는 죄를 사함받기 위해서 작은 죄까지 가슴 아파하며 끊임없이 고해성사를 드렸다. 하지만 그럴수록 전심으로 하나님을 사랑할 수도 없고 하나님의 의를 만족시킬 수도 없는 자신의 수준을 깨달았고, 그 방법을 찾지 못해서 절망했다.

그런 루터를 보며 안타까워한 수도원장이 그에게 신학을 공부하도록 권면했다. 이를 계기로 그는 고행과 금욕에서부터 성경으로 관심을 돌리게 되었다. 그는 29세에 신학박사가 되고 비텐베르크 대학의 성경신학 교수가 되었다. 그곳에서 로마서를 강의하는 중에 루터는 그렇게도 고민하던 구원의 길을 발견했다. 루터의 고민은 '자신이 아무리 노력해도 하나님의 의에 도달할 수 없다'는 것이었다. 하나님의 의는 결국 죄인과 불의한 자를 벌하시는 의였다. 이 문제를 해결하려고 신학을 공부하면서 신학박사들의 책을 읽었지만 그들은 모두 죄인을 향해서 진노하시는 하나님의 의만을 가르쳤다.

그는 로마서를 강의하면서 복음에는 하나님의 의가 나타났다는 말을 들을 때면 마음이 무거웠다. 그는 이렇게 생각했다. '하나님은 율법으로 인간을 압박하시는 것도 모자라 이제는 복음을 통해서조차 하나님의 의로 우리를 압박하시는가?' 루터는 의로우신 하나님, 벌하시는 하나님이 너무나 무서워서 하나님을 사랑할 수 없었다. 오히려 불쾌하고 혐오하게 되었으며, 은밀히 하나님을 모독하기까지 하면서 투덜거렸다. 도무지 만족시킬 수 없는 하나님에 대하여 질린 것이다. 그러면서도 마음에 있는 불안함과 두려움은 떠나지 않았고 하나님을 향한 분노가 가득했다.

그러던 어느 날 로마서와 씨름하면서, 루터는 복음에 나타난 하나님의 의가 바로 하나님이 그리스도의 대속을 통해서 인간을 위해 마련해 주신 의요, 인간은 복음을 통해서 믿음으로 그 의를 수여받음을 깨닫게 되었다. 즉 인간이 자신의 고행이나 노력이 아니라 믿음으로 의롭게 됨을 깨달은 것이다. 그가 너무나 오랜 세월 동안 자기 힘으로 주님을 믿으려고 눌려 있었기 때문에 이 복음을 깨달았을 때 충격과 감격, 흥분은 이루 말할 수가 없었다. 그때부터 루터의 인생은 완전히 바뀌었다. 이신칭의의 복음을 깨달은 루터는 드디어 하나님과 화평을 누리는 경험을 하게 되었다.

이신칭의의 교리를 깨달을 때 비로소 우리는 하나님과 화평하게 된다. 항상 무섭고, 늘 요구하시고, 언제나 "이놈!" 하실 것 같은 하나님과 화평을 누리게 된다.

둘째, 믿음으로 의롭다 함을 받으면 하나님 앞에서 당당해진다.

미국 대통령은 자기가 좋아하는 나라의 정상이 방문하면 특별히 별장에 초대한다. 영국 여왕은 자기가 좋아하는 손님이 오면 버킹엄 궁전에서 만찬을 베푼다. 우리도 사이좋은 사람은 집이나 즐거운 파티에 초대하지만, 싫어하는 사람은 초대 명단에서 지운다. 율법도 그렇다. 지성소 휘장 뒤에는 시은소가 있다. 하나님이 은혜를 베푸시고 하나님 백성을 만나시는 자리이다. 지성소는 오직 대제사장만 일 년에 한 차례 들어갈 뿐이었다. 부정한 자들로 여겼던 이방인들은 아예 성전에 들어갈 수조차 없었다. 그런데 이신칭의의 축복은 우리가 바로 그 은혜의 자리로 들어감을 얻게 된다는 것이다. "또한 그로 말미암아 우리가 믿음으로 서 있는 이 은혜에 들어감을 얻었으며"(롬 5:2상).

예수님이 십자가에서 죽으실 때에 지성소 휘장이 위에서 아래로 찢어졌고, 이제 누구든지 예수님을 믿는 사람들은 하나님의 가장 비밀한 내실까지 초대를 받게 되었다. 예수님 안에서 우리가 하나님의 호의와 은혜의 대상이 되었다. 하나님 나라 로열패밀리의 멤버가 되었고, 그들만이 누리는 모든 특혜와 관심과 사랑의 대상이 된 것이다. 오랫동안 하나님을 두려워하며 자신의 행위와 공로로 그분에게 나아가길 힘써 왔던 우리는 감당할 수 없는 은혜의 자리가 낯설기만 하다. 종과 노예 신분에 익숙했던 우리에게 이 엄청난 하나님의 호의와 은혜는 실감이 나지 않는다.

나는 어려서부터 늘 병약하고 가난한 삶을 살았다. 그래서 열등감과 초라한 자아상을 가졌었다. 어쩌다 좋은 일이 생기고 축복이 찾아오면 번지수를 잘못 찾아온 것 같았다. 그런데 예수님을 만나고부터 내 삶이 달라지기 시작했다. 주님께 나아가면 늘 "내가 너를 사랑한다. 너는 내 사랑하는 아들이라"는 음성을 들려주신다. 내 기도에 항상 응답해 주신다. 그분을 찾으면 언제나 상을 주신다. 삶 속에 종종 우연 같은 은혜가 찾아온다. 좋은 사람들을 만나게 해 주시고, 내가 생각지도 못했던 놀라운 걸음으로 인도해 주신다. 점점 내 자아상이 달라진다. 하나님께 사랑을 받는 사람의 자아상으로 바뀌는 것이다.

전에는 뭘 구하려고 하면 '나 같은 것이 무슨 자격이 있나. 봉사도 게을리하고 헌금도 많이 못하면서 벼룩도 낯짝이 있지, 뭘 달라고 하나?', 이런 생각이 들어서 기도가 힘을 잃었다. 하지만 지금은 내가 예수 그리스도를 통해 그분을 뵐 수 있는 은혜의 내실에 있음을 믿는다. 우리 아이들이 뭘 한 것도 없이 뻔뻔하게 내게 구하듯이 주님께 구한다. 오직 믿음으로 나아간다.

● 영광의 그날을 바라보며 즐거워한다

이 땅에서 하나님과 화평을 누리며, 그분의 은혜와 호의 속에서 살아가는 사람들에게는 장차 그 하나님을 만날 소망이 생긴다. 지금처럼 인터넷이나 전화가 없던 과거에는 주로 편지로 소통했다. 남녀 간에도 편지로 주고받는 펜팔이 중요한 연애 방식이었다. 서로 마음과 생각을 나누고 사진을 건네며 호감을 전하던 남녀가 기다리고 고대하는 순간이 언제일까? 바로 서로의 얼굴을 마주 보고 함께 만나는 날이다. 그 순간을 상상하면서 행복에 젖어 있는 모습을 떠올려 보라. 이처럼 이 땅에서 하나님 아버지와 화평의 교제를 나누며, 그분의 은혜 속에서 살아가는 성도들은 이 땅을 떠나서 그분을 마주 대할 그날을 고대한다. "하나님의 영광을 바라고 즐거워하느니라"(롬 5:2하).

나에게 주님의 영광을 바라는 습관이 처음 생긴 것은 스무 살 때였다. 모태신앙이지만, 예수님을 믿는 은혜를 입은 것은 그 나이 때 일이다. 당시에 아주 작은 개척교회를 다녔다. 아침 일찍 교회에 와서 오전 9시부터 시작되는 주일학교 교사로 섬기고, 연이어 찬양대원으로 섬기며 주일 예배를 드리고 나면, 교회에서 준비해 주는 점심 식사를 한다. 잠시 쉬었다가 오후 주일학교 예배를 위해서 북을 들고 온 동네를 돌아다니며 찬양을 한다. 그리고 따라붙은 아이들을 데리고 예배당으로 돌아와서 주일학교 오후 예배를 드린다.

그러고 나면 어른들 저녁 예배를 위한 찬양대 연습 시간이 다가온다. 찬양 연습을 하고 저녁 예배를 드리려고 찬양대석에 앉아 있으면, 예배당 창문으로 노을이 물들어 가는 저녁 하늘이 보인다. 그 붉게 물든 하늘을 바라보고 있노라면 눈에서 눈물이 주르륵 흘렀다. 영광스러운 주님이 곧 오시리라는 기대감이 차오르며 눈물이 흘렀다. 나를 사랑하시는 주님이 나를 맞이하러 오시는 그날, 그 영광스러운 주님을 얼굴로 대하고 바라볼 그 순간을 생각하면서 눈물을 흘렸다. 이것이 바로 하나님의 영광을 바라고 즐거워하는 것이다. 예수님을 믿고 의롭다 함을 받은 사람들만이 바라보는 영광이요, 즐거움이다.

운동선수는 경기를 위해서 강도 높은 훈련을 하면서 정말 지옥 같은 고통을 맛본다. 하지만 그 고통 때문에 슬퍼하거나 낙심에 빠지지 않는다. 오히려 조기축구회에서 열심히 뛰는 분들은 건강해지니까 즐거워한다. 어떤 이들은 헬스장에서 땀 흘리며 몸에 고통을 느끼지만 즐거워한다. 자신의 건강에 유익을 주기 때문이다. 이처럼 신자의 고난, 환란에는 하나님의 특별한 목적이 있다.

신자가 이 땅에서 육체로 사는 동안 우리에게는 많은 환란이 있다. 하지만 이 환란은 우리를 망하게 하거나 넘어뜨리려는 소모적인 고난이 아니다. 그것은 이신칭의의 사람들에게는 아주 특별한 유익을 준다. 우리는 고난을 통해 하늘의 백성으로 준비된다. "다만 이뿐 아니라 우리가 환난 중에도 즐거워하나니 이는 환난은 인내를, 인내는 연단을, 연단은 소망을 이루는 줄 앎이로다"(롬 5:3-4).

"환난은 인내를" 이룬다. 신자는 고난 속에서 인내라는 소중한 덕목을 배운다. 초대교회 교부인 터툴리안(Quintus Septimius Florens Tertullianus)은 말했다. "참는 것은 여자를 아름답게 하고, 남자를 가치 있게 만든다. 소년의 인내는 사랑을 받고, 청년의 인내는 칭찬을 받고, 노년의 인내는 존경을 받는다."

"인내는 연단을" 이룬다. "연단"(δοκιμή, 도키메)을 영어로는 "character"(NIV)라고 번역했는데, '성격, 성품'이란 말이다. 고난은 '불'이고 인내는 '용광로'와 같다. 불이 용광로 밖으로 흘러나오면 파괴적인 불이 된다. 그러나 용광로 안에 있으면 그 불은 불순물을 제거해서 정금을 만드는 풀무불이 된다. 이처럼 우리가 고난 속에서 온전히 인내하면, 인내하는 동안에 우리 인격 속에 있는 모든 불순물이 빠져나간다. 그래서 고난을 겪기 전에는 가질 수 없었던 성품이 생겨나는 것이다. "인내를 온전히 이루라 이는 너희로 온전하고 구비하여 조금도 부족함이 없게 하려 함이라"(약 1:4).

"연단은 소망을" 이룬다. 어떤 사람들은 고난 속에서 폐인이 되고 더 악해지고 더 절망하다가 생을 마감한다. 하지만 신자는 인생의 고난 속에서 더 아름다워진다. 점점 하나님을 닮은 성품으로 변화된다. 그가 바로 천국의 자녀임이 드러나는 것이다. 그래서 신자는 고난 속에서 점점 더 소망이 확고해진다. 고난 속에서 절망하는 것이 아니라, 천국의 영광의 소망을 바라보면서 즐거워하게 된다.

모세는 광야에서 40년 동안 고난을 받으며 연단되어 온유한 자가 되었다. 그 후로 40년간 쓰임을 받는다. 다윗도, 요셉도 그렇다. 그렇게 고난 속에서 준비되어 이 땅에서 쓰임 받는다. 그리고 천국에 입성하여 하나님과 영원히 살아가는 것이다. 이러한 천국 백성이 될 가장 확실한 소망은 우리가 점점 그리스도를 닮아 가는 것이다.

일반은총의 역사 속에서도 하나님은 고난을 통해 이 땅에서 쓰실 사람들을 준비시키신다. 맹자도 다음과 같은 말을 했다. "하늘이 장차 그 사람에게 큰 사명을 주려 할 때는 반드시 먼저 그의 마음과 뜻을 흔들어 고통스럽게 하고, 그 힘줄과 뼈를 굶주리게 하여 궁핍하게 만들어 그가 하고자 하는 일을 흔들고 어지럽게 하나니 그것은 타고난 작고 못난 성품을 인내로써 담금질을 하여 하늘의 사명을 능히 감당할 만하도록 그 기국과 역량을 키워 주기 위함이다." 그런데 신자에게는 이것이 더 명확한 진리요, 섭리가 된다. 더 나아가서 이 고난은 잠시 세상에서의 자격이 아닌, 영원한 천국 백성의 자격을 빚어 준다.

● 고난 속에서 사랑을 부어 주신다

하지만 고난이 깊어질 때 의심이 생긴다. '정말 소망이 이루어질까? 내가 이 소망을 붙드는 게 옳을까? 정말 이 고난 끝에 아름다운 결말이 있을까? 내가 이 고난으로 망하지 않고, 정말 빚어져서 준비되고 있는 게 맞는가?' 이럴 때 우리의 소망이 헛되지 않음을 어떻게 알 수 있을까?

하나님은 성령을 보내 주셔서, 고난 속에 있는 우리의 마음에 하나님의 사랑을 부어 주신다. 이를 통해 비록 우리가 고난 속에 있지만, 여전히 하나님이 우리를 얼마나 사랑하시는가를 느끼게 하신다. "소망이 우리를 부끄럽게 하지 아니함은 우리에게 주신 성령으로 말미암아 하나님의 사랑이 우리 마음에 부은 바 됨이니"(롬 5:5). 자식 중에 누군가 아프면 부모는 그를 극진히 보살핀다. 이처럼 우리가 고난에 처할 때 하나님은 사랑을 부어 주신다. "내가 네 곁에 있다. 내가 너와 함께하고 있다. 네가 가야 할 길이 멀지 않다. 힘을 내거라."

고난 중에 주시는 사랑은 일시적인 위로에 불과할까?

하나님이 고난 중에 주시는 사랑은 일시적 감정, 위로에 불과한 것이 아닌지 물을 수 있다. 그러나 이 사랑은 결코 잠시의 위로로 끝나는 감정적인 경험이 아니다. 왜냐하면 성령이 부어 주시는 사랑은 값싼 동정에서 끌어 올린 것이 아니기 때문이다. 그것은 어디에서 길어 올린 사랑일까?

첫째, 성령이 부어 주시는 사랑이다. 성령이 우리와 함께하시며 우리를 격려하고 위로하신다. 우리에게 하나님의 크신 사랑의 손길을 경험케 하신다.

둘째, 예수님의 십자가 죽음에서 길어 올린 사랑이다. 십자가에서 예수님이 보여 주신 사랑은 사랑을 받을 만한 의인이나 선인이나 자격 있는 자를 위해서 죽으신 사랑이 아니다. "우리가 아직 연약할 때에 기약대로 그리스도께서 경건하지 않은 자를 위하여 죽으셨도다 의인을 위하여 죽는 자가 쉽지 않고 선인을 위하여 용감히 죽는 자가 혹 있거니와"(롬 5:6-7).

그 사랑은 우리가 여전히 죄인이었을 때 죄인인 나를 위해서 죽으신 사랑이다. 그 사랑은 나의 행동에 따라 쉽게 변하는 사랑이 아니다. 비록 내가 실수하고 연약하여 어려움을 겪고 사기를 당했다고 해도, '좀 당해 봐라' 하시는 사랑이 아니다. 죄인 된 나를 위해서 자신의 목숨까지 버리시는 깊은 사랑이다. "우리가 아직 죄인 되었을 때에 그리스도께서 우리를 위하여 죽으심으로 하나님께서 우리에 대한 자기의 사랑을 확증하셨느니라"(롬 5:8).

주님의 사랑은 눈물 한 방울 흘려 주고 금방 잊어버리고 마는 감상적인 사랑이 아니다. 그 사랑은 내가 선한 것이 없는 죄인이었을 때, 내가 손가락질받아 마땅할 때 주신 사랑이요, 자신의 목숨까지 버리셔서 구원해 주신 사랑이다.

셋째, 현재도 변함없는 사랑이다. 우리는 모두 예수님을 믿고 하나님의 자녀가 되었다. 비록 지금도 여전히 죄를 짓고 넘어지지만, 그래도 우리는 예수 믿기 전보다는 조금씩 나아지고 있다. 그렇지 않다면 구원받은 사람이 아닐 것이다. 만일 우리가 지금보다 더 흉악하고 형편없을 때도 하나님이 우리를 죽기까지 사랑하셨다면, 더 나아진 지금은 우리를 어떻게 생각하실까? 그때는 그렇게 사랑하셨던 하나님이 지금은 조금만 실수를 해도 실망하며 등을 돌리실까? 우리가 사랑을 의심하는 지점이 여기에 있다. 전에는 모를 때니까 하나님이 나를 사랑하셨지만, 이제는 구원받고 다 아는데도 죄를 지었으니까 나를 용서하지 않으실 것이라고 생각한다.

하지만 이것은 전적으로 우리의 착각이고 오해이다. 고아를 입양한 양부모는 아이에게 목욕도 시키고, 아침 일찍 깨우고, 학교도 보내고, 예절 교육도 시킬 것이다. 그러다가 아이가 잘못하면 매를 들어 징계하기도 할 것이다. 하지만 이 모든 것은 사랑이지, 미움이 아니다. 이에 대해서 주님은 뭐라고 하시는가?

하나님은 이미 화목하여 자녀로 지내는 우리를 '더욱' 사랑한다고 말씀하신다. "그러면 이제 우리가 그의 피로 말미암아 의롭다 하심을 받았으니 **더욱** 그로 말미암아 진노하심에서 구원을 받을 것이니 곧 우리가 원수 되었을 때에 그의 아들의 죽으심으로 말미암아 하나님과 화목하게 되었은즉 화목하게 된 자로서는 **더욱** 그의 살아나심으로 말미암아 구원을 받을 것이니라"(롬 5:9-10). "더욱"이라는 말이 두 번이나 반복된다. 더욱 구원받을 것이라고 말씀하신다. 즉 과거 우리가 죄인 되었을 때 아들을 주심으로 우리를 구원하셨다면, 이제 죽으신 예수님이 부활하셔서 우리와 함

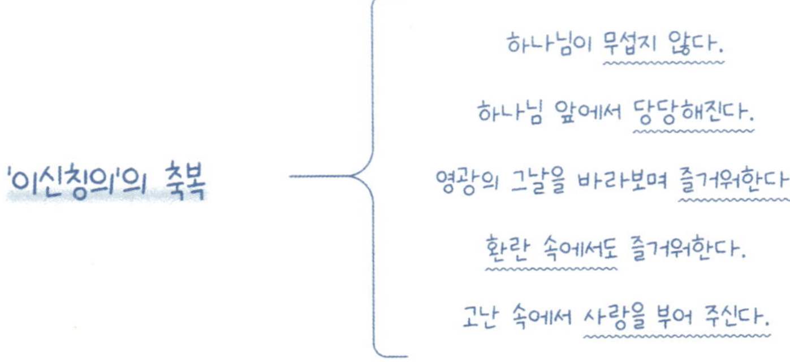

께하시고, 우리는 그 피로 의롭다 함을 받았으니 더욱 구원하겠다고 하신 것이다. 이는 '결코 버리지 않는다'는 의미이다. 하나님은 그전에도 우리를 사랑하셨는데, 우리가 자녀 된 지위에서 넘어졌다면 이번에는 더욱 우리를 인도해 주신다는 말이다.

베드로가 주님을 부인하고 넘어졌다고 주님이 그를 버리셨는가? 베드로는 스스로 제자로서 자격이 없다고 생각하고 "고기나 잡으러 가자" 하며 떠났다. 다른 제자들도 "우리도 자격이 없다" 하고 다 같이 3년 전 고기잡이배로 다시 돌아갔다. 그런데 그 바닷가에 주님이 나타나셔서, 3년 전처럼 만선의 복을 주신다. 주님은 베드로를 다시 회복시키신다. 다시 부르신다. 이것이 주님의 사랑이다. 그분은 우리를 절대 버리지 않으신다.

● 이신칭의의 사람은 하나님 안에서 즐거워한다

즐거움과 기쁨, 이것이 바로 구원받은 사람들의 특징이다. '자기 의'의 종교는 노력, 희생, 애씀은 있는데 즐거움이 없다. 하지만 이신칭의의 기독교의 특징은 즐거움과 기쁨이다.

"그뿐 아니라 이제 우리로 화목하게 하신 우리 주 예수 그리스도로 말미암아 하나님 안에서 또한 즐거워하느니라"(롬 5:11). 여기 "즐거워하느니라"라는 말은 앞에 유대인들이 하나님을 자랑한다는 말과 문자적으로 같다. 그들은 하나님이 자신들을 선택하셨다고 자랑했었다. 이제 그 자랑은 우리 것이 되었다. 우리는 은혜로 구원받아 엄청난 특권을 누린다. 하나님과 화목하게 되어 관계가 회복되었다. 그분이 나의 아버지가 되셨다. 어린 자녀가 부모님의 사랑 안에서 즐거워하듯이 신자는 하나님을 생각하면 인생 자체가 감사하고 즐겁다.

끝까지 은혜만 붙잡으라

이것이 바로 믿음으로 의롭다 함을 받은 사람의 축복이자 경험이다. 두려움, 진노, 정죄는 끝났다. 이 축복이 어디에서 오는가? 바로 믿음이다. 행위가 아니다. 우리는 믿음 위에 굳게 서야 한다.

신학교 시절 폐결핵에 걸렸을 때, 독한 약 때문에 부작용으로 불면증과 각종 합병증이 생겼다. 3년 가까이 고통에 시달렸다. 부모님이 반대하는 신학교에 갔으니 혼자 학비를 마련하랴, 과외하랴, 교회 사역하랴, 아들 역할도 해야 한다는 중압감과 장학금까지 타야 한다는 사명 아래 새벽 3시까지 공부했다. 그러다가 결국 폐결핵에 걸렸다. 우리 때는 그런 사람들이 종종 있었다. 예수님도 그런 나를 얼마나 불쌍히 여기셨겠는가.

하지만 나는 자신에게 매우 화가 났다. 스스로를 용납할 수가 없었다. 나의 내면에는 '주의 종이 어떻게 병에 걸리냐? 하나님이 사랑하는 자에게 잠을 주신다고 하셨는데 어떻게 주의 종이 불면증에 걸려서 잠을 못 자냐?' 이렇게 비난하는 소리가 가득했다.

몸은 쇠약해지고, 잠을 못 자니까 당연히 기도도, 전도도, 말씀 묵상도, 사역도 제대로 못하고 하루하루 몸이 꺼져 갔다. 점점 더 하나님 앞에 떳떳하지 못하게 되었다. 내 속에서 '너 같은 사람이 무슨 하나님의 종이냐? 넌 하나님께 사랑받을 자격이 없어' 하며 정죄하는 소리가 커졌다.

'누가 나를 이렇게 정죄하는 걸까? 예수님? 하나님? 성도들?' 아니다. 가만히 생각해 보니까, 바로 내 속에 있는 종교였다. 내 열심, 내 의, 내 행위를 의지하는 종교였다. 나는 주님의 은혜만 의지하는 믿음에서 떠나서 내 행위, 내 경험을 의지하는 행위 종교를 섬기고 있었다. '내가 열심히 전도하면 하나님이 나를 사랑하실 거야. 열심히 봉사하면 나를 사랑하실 거야. 내가 이렇게 십자가의 수고를 하면 하나님이 나를 사랑하실 거야.' 나는 내 행위로 의로워지려고 애쓰고 있었다. 내가 열심히 헌신적으로 사역하는 동안에는 그 행위 종교가 늘 나를 칭찬했는데, 정작 아프고 아무 일도 못하니까 '너는 사랑받을 자격이 없다'고 비난을 퍼부었다.

그렇게 고통받던 어느 날, 로마서를 묵상하는데 "오직 의인은 믿음으로 말미암아 살리라"(롬 1:17)라는 말씀이 눈에 들어왔다. '의인은 믿음으로 산다는데, 믿음으로 사는 게 뭘까?' 궁금했다. 믿음이란 주님이 나를 위해서 이루신 소식을 믿는 것이다. 그러면 과연 십자가와 부활로 주님이 나를 위해서 무엇을 이루셨는가를 살펴보기 시작했다. 그랬더니 주님이 십자가에서 "내가 너의 모든 죄를 다 짊어졌다. 내가 너의 모든 질병을 다 짊어졌다. 내가 너의 모든 부정과 초라함을 짊어졌다. 이제 너는 의인이다. 건강하다. 너의 인생을 향한 내 생각은 평안이고 축복이다"라는 선언이었다. 그뿐이 아니었다. "아들아, 너를 위해 내 아들을 내어 준 사랑은 바다보다 큰 사랑이다. 네가 뭔가를 열심히 해서 행위를 좀 더 붓는다고 바닷물이 얼마나 더 불어나겠느냐. 네가 아파서 아무 일도 못한다고 그 바닷물이 줄어들겠느냐. 네가 열심히 할 때나 지금 아파서 아무 일도 못할 때나 너를 향한 나의 사랑은 변함이 없다."

나는 이 진리를 믿음으로 받아들이기로 했다. 나를 용납했다. 그리고 주님의 약속을 받아들였다. 그래서 날마다 믿음으로 선포했다. '이제 나는 죄 사함을 받은 의인이다. 나는 하나님의 사랑받는 자녀이다. 나는 치유받은 건강한 사람이다. 나의 삶에는 하나님의 복된 뜻과 목적이 있다. 나는 이 시대를 향한 하나님의 대안이고 방법이다. 저주는 물러갔고, 나를 위해 예비된 축복이 다가온다.' 그리고 믿음으로 웃으며 기뻐했다. 그때 약속대로 치유를 받는 은혜를 경험했다. 내 자아상이 바뀌니까 내 표정도 바뀌고, 내 건강도 바뀌고, 내 가정도, 주변도 달라지는 경험을 했다.

나는 은혜로 시작했다가 내 행위로 나아간 것이다. 복음에서 종교로 이동하고 있었다. 그래서 죽을 뻔했다. 우리가 사는 길은 오직 은혜 안에 머무는 것이다. 은혜에서 떠나 내 행위를 의지하는 순간, 우리는 죽음의 길로 들어선다. 그리고 은혜만이 사람들을 진정으로 변화시킨다.

» 지금 은혜의 자리에 있음을 기억하고 당당하게 누리고 있나요? 아니면 여전히 자신을 정죄하며 위축되는 모습이 있나요? 솔직하게 나누어 봅시다.

» 이신칭의의 은혜로 그리스도인들은 환난 중에도 즐거워할 수밖에 없습니다. 인생의 환난 중에 믿음으로 경험한 영적 유익이 있다면 나누어 봅시다.

14

어떻게 한 분의 죽음이
모든 사람을 구원할 수 있나요?

롬 5:12-21

대표자의 원리

● 세상은 대표자의 원리 아래에 있다

어떻게 예수 그리스도 한 분의 죽음이 모든 사람의 구원이 될 수 있는가? 이것을 이해하려면 대표자의 원리를 이해해야 한다. 과거 조선 시대에는 부모가 양반이면 자녀도 양반이었다. 부모가 천민이면 자녀도 천민이었다. 가정의 대표인 아버지의 신분, 그리고 그가 한 일들이 고스란히 자녀들에게 영향을 미친다. 한 나라의 대통령이 내린 결정은 모든 국민에게 영향을 미친다. 우리가 대통령의 정책 결정에 동의하지 않았어도, 그가 우리의 대표자이기 때문이다. 이처럼 세상은 대표의 원리 아래에 있다. 로마서 5장 후반부의 핵심은 인류에게 두 대표자가 있다는 것이다.

◆ 인류의 두 대표자, 아담 VS 그리스도

첫 번째 대표자, 아담

첫 번째 대표자는 아담이다. 창세기의 아담 이야기는 인류에게 어떻게 죄가 들어왔고, 사망이 임했는지를 알려 준다. 인류의 첫 시조인 아담은 하나님께 불순종하는 죄를 지었다. 그 결과 사망이 그에게 임했다. 그이후에 태어나는 사람들은 아담과 같은 죄를 짓지 않았는데도 다 죽는다. 왜 그럴까? 성경은 대표자로서 아담이 지은 범죄가 인류의 범죄가 되었고, 아담에게 내려진 사형 선고가 우리를 향한 선고가 되었다고 한다. "그러므로 한 사람으로 말미암아 죄가 세상에 들어오고 죄로 말미암아 사망이 들어왔나니 이와 같이 모든 사람이 죄를 지었으므로 사망이 모든 사람에게 이르렀느니라"(롬 5:12).

어떤 사람이 죄를 지어도 그것을 죄라고 규정하는 법이 없으면 그 사람을 처벌할 수 없다. 하나님이 이 땅에 율법을 주시기 전에도 죄가 있었다. 그러나 율법이 없었으므로 죄를 죄로 여기지 않았다(롬 5:13). 아담은 분명히 선악을 알게 하는 나무의 열매를 먹으면 죽는다는 법을 받았고, 그것을 어겼으므로 사망 선고를 받았다.

그다음 명백한 율법은 시내산에서 주어졌다. 아담에서부터 모세 때까지는 법이 없었다. 그 사이에 살던 사람들은 아담과 같은 죄를 짓지도 않았다. 그런데 왜 아담과 똑같이 사망의 값을 치렀는가? "그러나 아담으로

부터 모세까지 아담의 범죄와 같은 죄를 짓지 아니한 자들까지도 사망이 왕 노릇 하였나니 아담은 오실 자의 모형이라"(롬 5:14). 더 쉽게 질문하면 이렇다. "아담이 선악과를 먹었지, 내가 먹은 것도 아닌데, 왜 나도 죽어야 하는가? 태어나자마자 영아기 때 죽는 아이들은 죄를 한 번도 지어 본 적이 없는데 왜 죽는가?" 바로 아담이 인류의 대표자였기 때문이다.

에덴동산에서 하나님은 아담을 인류의 대표로서 대하셨다. 그래서 선악과를 통해서 맺은 행위언약은 아담이 인간의 대표로서 맺은 언약이자, 우리의 언약이기도 했다. 아담이 언약을 어긴 것도 역시 인간의 대표로서 지은 죄였다. 그래서 그에게 내려진 사망 선언은 우리 모두에게도 영향을 미치는 선언이 되었다. 아담의 후손으로 태어나는 모든 사람은 원죄를 가진 죄인으로, 그리고 죽어야 하는 운명으로 태어나는 것이다.

어떤 사람은 "만약 그때 내가 있었으면 나는 선악과를 먹지 않았을 것이다"라고 말할지 모른다. 아니다. 아담이 모든 인간의 대표로 창조되었다는 말은 똑같은 상황에서 모든 인간이 행했을 그대로 행하도록 완벽하게 원형으로서 창조되었다는 의미이다. 그는 우리의 대표이다. 그가 사탄에게 무릎 꿇었을 때 우리 역시 사탄의 지배 아래 놓였다. 우리가 대표의 원리 아래에 살고 있기에 그 영향력을 인정하지 않을 수가 없다.

두 번째 대표자, 예수

반면 예수 그리스도는 누구신가? 성경은 첫 번째 아담을 장차 오실 자인 두 번째 아담의 모형이라고 말한다. "아담은 오실 자의 모형이라"(롬 5:14하). 즉 아담은 예수 그리스도가 어떤 분이신지를 보여 주는 모델이다.

아담을 대표로 세우시듯 하나님은 예수님을 인류의 대표로 세우셨다. 첫 번째 대표인 아담의 잘못으로 죄에 빠진 모든 인류를 구원하기 위해서 예수님을 제2의 대표로 보내셨다. 아담의 행동이 오늘날 모든 인류에게 영향을 미쳤듯이, 두 번째 아담으로 오신 예수님 한 분의 행동이 모든 인류에게 영향을 미친다.

마틴 로이드존스는 이렇게 말했다. "하나님은 언제나 머리와 대표자를 통해 인류를 다루어 오셨다. 인류의 전체 이야기는 아담으로 인해 어떤 일이 일어났는가와 그리스도로 인해 어떤 일이 일어났으며, 앞으로 또 무슨 일이 일어날 것인가로 요약할 수 있다."

● 두 대표자의 열매가 다르다

아담이라는 대표자를 통해 우리에게 어떤 일이 일어났는가? 첫 번째 대표 아담으로 인해 인간의 모든 문제가 시작되었다. 그렇다면 또 다른 대표자 예수님을 통해 무슨 일이 일어났는가? 이제 바울은 두 대표자의 사역과 결과를 비교해 설명한다.

먼저, 아담이 한 일은 범죄로, 그리스도가 하신 일은 은혜로 소개한다. 아담의 범죄는 자신의 욕망과 정욕을 따라 하나님께 불순종하여 선악과를 먹은 죄이다. 반면에 그리스도가 하신 일은 우리 죄를 위해서 자기 목숨을 십자가에 매달아 죽으심으로 내어 주신 은혜이다. 이렇게 두 대표가 각각 한 일이 '범죄'와 '은혜'로 대조된다. 그 결과 역시 대조적이다.

사망 VS 은혜의 선물

첫 번째 결과는 '사망'과 '선물'로 대비된다. "그러나 이 은사는 그 범죄와 같지 아니하니 곧 한 사람의 범죄를 인하여 많은 사람이 죽었은즉 더욱 하나님의 은혜와 또한 한 사람 예수 그리스도의 은혜로 말미암은 선물은 많은 사람에게 넘쳤느니라"(롬 5:15). 아담의 범죄는 많은 사람, 인류를 죽음에 이르게 했다. 그런데 하나님과 예수님의 은혜는 많은 사람에게 선물이 넘치게 했다. 어떤 선물인지가 뒤이어 나온다.

유죄 판결 VS 무죄 판결

그다음 두 대표자의 범죄와 은혜의 결과는 유죄 판결(정죄)과 무죄 판결(의롭다 함)로 대비된다. "또 이 선물은 범죄한 한 사람으로 말미암은 것과 같지 아니하니 심판은 한 사람으로 말미암아 정죄에 이르렀으나 은사는 많은 범죄로 말미암아 의롭다 하심에 이름이니라"(롬 5:16). 범죄는 심판에 이르고, 결국 유죄 판결(정죄)에 이르게 했다. 반면 은혜는 선물(은사)로 인해 범죄자를 무죄 판결(의롭다 함)에 이르게 했다.

사망의 지배 VS 신자의 통치

더 나아가 아담의 범죄와 주님의 은혜는 각각 다른 통치를 가져왔다. "한 사람의 범죄로 말미암아 사망이 그 한 사람을 통하여 왕 노릇 하였은즉 더욱 은혜와 의의 선물을 넘치게 받는 자들은 한 분 예수 그리스도를 통하여 생명 안에서 왕 노릇 하리로다"(롬 5:17).

아담이 저지른 범죄로 모든 사람이 죽음에 이르렀다. 아담을 통하여 사망이 왕 노릇 하게 되었다. 인간은 죄의 노예가 되었고 사망의 지배 아래 놓였다. 그러나 예수님의 은혜는 사람들에게 의를 선물로 준다. 의롭게 된 신자들이 예수님을 통해 얻은 생명 안에서 왕 노릇 하게 된다. 이전에 사망의 지배 아래 있던 그들이 오히려 그리스도 안에서 생명을 얻고 부활하여 그리스도와 함께 의와 생명의 통치에 참여하게 되었다. 예수님과 함께 영원한 생명을 누리며 통치할 자리에 이르렀다. 정리하면 다음과 같다.

- 아담 ⇨ 범죄 ⇨ 심판 ⇨ 유죄 판결(정죄) ⇨ 사망의 왕 노릇
- 예수님 ⇨ 은혜 ⇨ 선물(의) ⇨ 무죄 판결(의롭다 함) ⇨ 생명을 누리며 통치함

● 두 대표자가 이룬 사역이 다르다

이제 논점이 예수님이 하신 사역으로 옮겨 간다. 두 대표자가 각각 무슨 사역을 하였기에 이렇게 다른 결과를 가져왔을까?

범죄 VS 의로운 행위

"그런즉 **한 범죄**로 많은 사람이 정죄에 이른 것같이 **한 의로운 행위**로 말미암아 많은 사람이 의롭다 하심을 받아 생명에 이르렀느니라"(롬 5:18). 아담이 한 일은 "한 범죄"이다. 그것이 많은 사람을 정죄에 이르게 했다. 예수님이 하신 일은 "한 의로운 행위"로 많은 사람이 의롭다 하심을 받아 생명에 이르게 했다. 이는 바로 주님이 인류를 위해서 행하신 십자가의

구속 사역을 말한다.

불순종 VS 순종

더 구체적으로 비교하면 불순종과 순종이다. "한 사람이 순종하지 아니함으로 많은 사람이 죄인 된 것같이 한 사람이 순종하심으로 많은 사람이 의인이 되리라"(롬 5:19). 아담은 "선악을 알게 하는 나무의 열매를 먹지 말라"는 하나님의 말씀에 불순종했다. 그 결과 모두가 죄인이 되었다. 그런데 그리스도는 "그 나무에 네가 대신 달려서 너의 목숨을 많은 사람의 희생물로 주라"는 말씀에 순종하셨다. 그 결과 많은 사람이 의인이 되었다. 마틴 로이드존스는 말했다. "아담 안에 있는 당신 자신을 보라. 당신은 아무런 일도 하지 않았지만 죄인이라고 선포되었다. 그리스도 안에 있는 당신을 보라. 당신이 아무런 일도 하지 않았는데 의인으로 선포되었다." 그것은 바로 대표자의 불순종, 그리고 순종으로 말미암은 결과이다.

이렇게 예수님이 하나님 앞에서 행하신 모든 행동은 바로 우리의 대표로서 행하신 일이다. 우리의 대표로서 율법이 요구하는 모든 것을 이루셨고, 우리의 대표로서 우리를 위해 죽으시고 죗값을 치르셨고, 우리의 대표로서 부활하시어 생명을 얻으셨다. 그러므로 대표이신 예수님이 행하신 모든 일은 이제 그분을 믿는 모든 사람에게 영향을 미친다. 그분이 행하신 것이 다 우리가 행한 것이고, 그분이 얻으신 것이 다 우리의 것이 된다.

팀 켈러의 《당신을 위한 로마서 1》(두란노, 2014)에서 웨스트민스터 신학교를 설립한 그레샴 메이첸(Gresham Machen)은 이렇게 표현했다. "그리스도는 우리를 위해 죗값을 지불하셨을 뿐 아니라 하나님의 법을 완전히 지킴으로 우리가 상급을 받기에 합당한 자들로 만들어 주셨다. 이것은 그가 우리를 위해서 행하신 두 가지 위대한 일이다."

● 두 대표자가 가져온 운명이 다르다

두 대표자는 우리의 운명을 갈라놓았다. 한 사람은 우리를 죄의 지배 아래 두었고, 또 다른 한 사람은 우리를 은혜의 지배 아래 살게 했다. "율법이 들어온 것은 범죄를 더하게 하려 함이라 그러나 죄가 더한 곳에 은혜가 더욱 넘쳤나니"(롬 5:20). 율법의 목적은 우리를 착하게 살게 하려는 것이 아니라고 했다. 죄를 더하게 하는 것이다. 율법은 우리 안에 죄를 유발하고, 죄의 통치를 강화한다. 하나님이 율법을 주신 이유는 사람들 안에 죄가 있다는 것을 깨닫게 하시기 위해서였다. 결국 율법은 우리를 범법자로 만들었다. 인간이 죄 가운데 있었으나 하나님과 그리스도의 은혜는 더욱 넘쳤다. 우리 주님이 죄 된 인간들을 위해서 십자가에 달리시고 구속의 은혜를 주셨기 때문이다.

결과적으로 아담의 범죄는 인간을 죄의 노예로 만들었다. 죄가 왕이 되어 인간을 지배했다. "이는 죄가 사망 안에서 왕 노릇 한 것같이"(롬 5:21상) 모든 사람을 다 사망의 길로 이끌었다. 그런데 예수님은 은혜가 왕 노릇 하게 하셨다. "은혜도 또한 의로 말미암아 왕 노릇 하여 우리 주 예수 그리스도로 말미암아 영생에 이르게 하려 함이라"(롬 5:21하). 그리스도 안에서 우리는 의롭다 함을 받는다. 로마서 5장 2절에서 말하는 것처럼, 우리는 은혜에 들어감을 얻었다. '은혜에 들어감을 얻었다'는 말은 하나님의 은혜를 받는 대상이 되었다는 것이다. 우리는 은혜가 왕 노릇 하는 인생이 되어 은혜의 지배 아래 거하게 되었다. 우리에게는 은혜가 왕 노릇 하여 결국 우리를 영생에 이르게 한다. 은혜는 목마른 영혼을 만족시키고, 죄인들을 성화시키며, 우리를 그리스도의 형상으로 만들어 간다. 그리고 언젠가 사망을 멸하고 영원한 생명을 얻게 할 것이다.

여기서 강조점은 '은혜'이다. 로마서 5장 서두에서 그리스도의 사역을 은혜로 시작했다. 은혜의 왕 노릇은 사역의 결론이다. 그리스도가 하신 사역은 아담의 범죄로 인하여 정죄, 심판, 사망 가운데 있는 사람들에게 구속의 은혜를 베푸시는 것이다. 당신의 생명을 내어 주시는 의로운 행위, 즉 순종을 통해서 주님은 많은 사람에게 죄 사함, 영생의 선물을 주신다. 이것이 은혜이다. 이것을 강조한다.

첫 사람 아담은 이 땅에 죄의 지배를 가져왔다. 죄가 왕 노릇 하게 했다. 그래서 다 죄를 짓고 사망의 길을 가게 했다. 그런데 두 번째 아담이신 예수님은 당신의 십자가와 부활로 은혜가 왕 노릇 하게 하셨다. 그래서 많은 사람이 죄 사함을 받고 영생의 길을 가게 하셨다. 이 두 가지 사역의 대조가 로마서 5장의 핵심이다.

《레미제라블》의 장 발장(Jean Valjean)은 추위에 떨며 굶주리는 일곱 조카들을 위해 빵 한 덩이를 훔친 죄로 체포되어 19년 동안 감옥살이를 했다. 감옥에서 나온 그에게 세상은 차갑기 그지없었다. 아무 데서도 식사를 주려는 사람이 없었고, 잠잘 장소를 제공하려는 사람 역시 없었다. 그러나 미리엘 신부만은 그를 따뜻하게 맞아 주었다. 주저주저하는 그에게 신부는 이렇게 말한다. "당신이 누구인지 나에게 얘기하지 않아도 됩니다. 여기는 내 집이 아니라 하나님의 집입니다. 이 집의 문은 들어오는 사람의 이름을 묻지 않습니다."

그러나 장 발장은 미리엘 신부의 호의에도 불구하고 은촛대를 훔쳐 달아난다. 그러다가 경찰에게 잡힌 그는 신부가 은촛대를 주었다고 거짓말을 한다. 경찰이 그를 잡아 와서 미리엘 신부에게 확인하자 신부는 자신이 준 것이 맞다고 한다. 오히려 왜 은쟁반은 안 가져갔냐며 한술 더 뜬다. 그렇게 경찰에게서 그를 구해 준 신부는 이렇게 말한다. "잊지 마세요. 절대로 잊어서는 안 됩니다. 이 은식기들은 올바른 사람이 되기 위해서 사용하겠다고 당신이 내게 약속한 증거입니다. 장 발장, 당신은 나의 형제입니다. 당신은 이제부터 선의 세계에 들어온 것입니다. 나는 당신의 영혼을 샀습니다. 나는 당신의 영혼을 어둠에서 구해 내서 그것을 하나님께 바치렵니다."

미리엘 신부의 용서와 은혜가 장 발장의 생애를 구한다. 비은혜의 세상 속에서 신부를 통해 경험한 은혜가 그의 삶을 변화시킨 것이다. 이것이 은혜의 힘이요, 이신칭의의 복음의 힘이다. 사람들은 믿기만 하면 구원받는다고 가르치니까, 오늘날 기독교가 입으로만 "믿습니다" 하는 가벼운 종교가 된 것이 아닌가 생각한다. 그러나 이것은 진정한 복음의 능력을 몰라서 그렇다. 복음 안에 있는 은혜의 힘을 알지 못하기에 그렇다.

온 세상에 넘치는 그리스도의 은혜의 통치

그런데 바울은 은혜의 통치에 계속 '넘친다'는 말을 쓴다. 로마서 5장 15, 17절에서 이미 두 번이나 사용하고, 20절에서 "죄가 더한 곳에 은혜

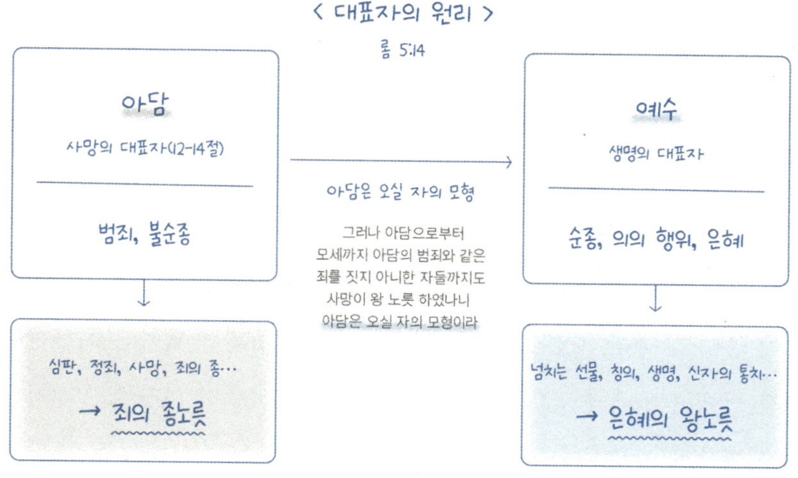

가 더욱 넘쳤나니"라고 또 언급한다. 비교급을 통해 비교하면서 죄보다 은혜가 더 강력하다고 표현한 것이다. 한 사람의 범죄로 많은 사람이 죽었는데, 은혜는 더욱 많은 사람에게 넘쳤다고 한다. 아담이 죽음으로 끌고 들어간 사람들보다, 주님의 은혜가 훨씬 더 많은 사람을 생명으로 일으켜 세울 것이라는 의미이다. 그래서 찰스 핫지(Charles Hodge)는 "예수님을 통한 사역이 강력하게 넘쳐서 궁극적으로 아담 안에서 죄를 짓고 영원한 사망으로 간 사람보다 예수님의 은혜가 넘쳐서 하나님 앞에 생명을 얻은 사람이 더 많아질 것이다"라고 말했다.

그리스도가 우리에게 베푸신 은혜가 그저 몇몇 사람에게 미친 것이 아니다. 어마어마하게 전파되었다. 복음이 전파되는 곳마다 사망에서 생명으로, 죄의 지배에서 은혜의 지배로 소속이 바뀌는 엄청난 일이 일어나고 있다. 하나님은 아브라함에게 약속하신 대로 그 후손을 하늘의 별처럼,

땅의 티끌처럼, 바닷가의 모래처럼 많게 하실 것이다. 구속받은 사람들이 하나님의 보좌 앞에 모두 모일 때 그들은 세계의 모든 나라와 백성과 방언에서 온 무리들, "아무도 능히 셀 수 없는 큰 무리"(계 7:9)가 될 것이다. 우리는 이 말씀을 믿고 세계 복음화를 향해 나아가야 한다. 희어져 추수하게 된 이 땅을 바라보아야 한다.

우리는 예수님의 사역이 모든 인류를 대표하는 한 분의 사역임을 기억해야 한다. 그분은 모든 인류를 구원으로 이끌 엄청난 사역을 이루셨다. 그분 안에는 은혜가 넘쳐 난다. 어떤 죄라도 용서하며 사망에서 건져 내어 생명으로 이끄신다. 이것이 우리 주님이 베푸시는 은혜의 통치요, 구원의 통치이다. 이 은혜의 통치가 이제부터 로마서를 이끌어 갈 핵심 키워드이다.

누가 나의 대표자인가?

과연 나의 가정, 나의 삶은 무엇이 지배하는가? 누가 대표자인가? 우리는 누구에게 속했는가? 이것이 중요하다. 우리 가정이 그리스도에게 속했다면 은혜가 지배한다. 하지만 아담에게 속했다면 죄가 지배하는 가정이 되는 것이다.

최초로 남극 탐험에 성공한 사람은 노르웨이인 로알 아문센(Roald Amundsen)이다. 그런데 아문센과 같은 시기 남극 탐험에 도전했다가 실패한 사람이 있었는데 바로 영국인 로버트 스콧(Robert Scott)이란 사람이다. 이 둘은 남극 탐험에 앞서 준비가 달랐다.

먼저, 아문센은 최적의 장비에 관심이 많았다. 수개월 동안 에스키모들에 대해 연구한 끝에 그들의 개 썰매와 털옷이 남극 탐사에 가장 좋다고 확신하였고 그것을 준비했다. 이뿐 아니었다. 최소한 세 번 이상 신발을 손보게 하는 등 철저한 준비에 전념했고, 베이스캠프는 목재를 사용해 조립식으로 만들어 남극의 외풍이 들지 않게 했다. 식량은 나중을 위해 여유롭게 비축했고, 저장고의 깃발 색을 달리해 눈이 덮여도 쉽게 알아볼 수 있도록 했다. 대원들의 사기 진작을 위해서 정기 휴일을 정했고, 매일 도달해야 하는 거리를 정확하게 측정해 대원들의 체력 안배에도 신경 썼다. 아문센의 치밀함이 결국 1911년 12월 14일 최초로 남극점에 도달해 노르웨이 깃발을 꽂게 만들었다.

반면 스콧은 남극으로 가는 여정을 사진에 담고 싶어 했다. 그의 관심은 남극 탐험에 대한 기념물을 남기는 데 많이 기울었다. 사진사를 데려갈 수가 없으니까 스스로 사진 기술을 익히는 데 시간을 썼다. 에스키모인 옷 대신에 극지방의 찬바람을 스코틀랜드산 양모로 막으려 했고 고향에서 입는 옷가지를 가져왔다. 결국 대원들은 첫날부터 고스란히 추위에 떨어야 했다. 이뿐만이 아니라 이동 수단으로 개 썰매보다는 시베리아산 말과 세 대의 모터 썰매를 의지했다. 그런데 말은 강추위를 견디지 못해 차례로 죽어 갔으며, 모터 썰매 역시 영하 50도의 기온을 견디지 못해 고장이 나서 결국 버렸다.

그가 출발 직전에 남극으로 갈 인원을 한 명 늘리는 바람에 식량이 모자라기도 했다. 돌아오는 길을 위해서 꽂아 둔 식량 저장고 표시가 보이지 않아 한참을 걸려 찾아냈지만 식량의 보존 상태가 엉망이었다. 연료도 부족했고, 남극 연구를 한다고 자료로 채취한 광물 16킬로그램을 대원들이 직접 지고 가게 했다. 이런 무모한 도전 끝에 결국 스콧과 대원들은 한 명도 살아 돌아오지 못했다. 그들은 1912년 11월 구조대에 의해서 시체로 발견되었으며 그 옆에는 꼼꼼히 작성한 일기만이 남아 있었다.

아문센은 남극 탐험에 성공했을 뿐 아니라 자신에게 속한 모든 사람을 살렸다. 그러나 스콧은 자신은 물론 자신에게 속한 전원을 사망으로 이끌었다. 한 사람의 리더가 어떤 사람인지가 그에게 속한 사람들의 운명을 결정했다. 이것은 단순한 문제가 아니고 생과 사가 갈린 일이 되었다. 이처럼 아담은 모든 인류를 사망으로 이끌었고, 예수 그리스도는 주님께 나오는 자들을 생명으로 이끌어 주신 것이다.

과연 나의 삶은 그리스도의 은혜가 지배하는가? 우리 가정은 은혜가 지배하는가? 나의 대표자는 누구인가?

» "왜 내가 저지르지도 않은 아담의 죄를 책임져야 하나요?"라고 묻는 이에게 어떻게 대답하겠습니까? 복음의 관점에서 대답을 정리해 봅시다.

» 예수님이 우리의 대표로 이루신 순종과 구원의 사역이 모든 믿는 자에게 영향을 미친다는 사실을 믿고 확신하나요? 이 사실 안에서 어떤 감격을 누리고 있나요?

PART 4

새로운 주인의 복음

롬 6장

15

믿기만 하면
마음대로 살아도 되나요?

롬 6:1-11

내 마음대로 살 수 없는 이유

여기까지 이신칭의의 복음을 듣다 보면 한 가지 질문이 떠오른다. 그것은 바로 '믿기만 하면 내 맘대로 살아도 구원받는다는 말인가? 믿기만 하면 계속 죄를 지어도 되는가?'라는 의문이다. 앞에서 죄가 넘치는 곳에 은혜가 넘친다고 했으니, '우리가 죄를 지으면 은혜는 더 풍성해지겠네'라고 생각하는 것이다.

우리 죄인에게 이신칭의의 복음은 정말 감사한 은혜의 복음이다. 하지만 자칫 우리의 죄성은 이러한 주님의 은혜를 이용할 수 있다. 은혜에 감격했을 때에는 주를 위해서 살겠다고 하지만, 은혜가 식으면 '그래, 어떤 죄를 지어도 하나님이 용서해 주겠다고 하셨으니, 눈 한 번 딱 감고 죄를 저지른 후에 회개하면 되지 뭐'라는 생각에 슬그머니 굴복하기 쉽다. 그러고는 교회에 와서 "주여, 용서해 주옵소서!"라고 고백하고, 자신이 하나님께 용서받았다며 가볍게 털고 일어나기를 반복한다.

과연 이신칭의의 복음은 무슨 죄를 지어도 하나님이 용서해 주시니까 우리가 쉽게 죄를 짓도록 만드는 교리일까? 이에 대해 바울은 "그런즉 우리가 무슨 말을 하리요 은혜를 더하게 하려고 죄에 거하겠느냐"(롬 6:1)라고 말한다. 분명 그렇지 않다는 것이다. "믿기만 하면 죄를 지으며 살아도 되는가?"라는 의문에 대한 성경의 대답은 "그럴 수 없느니라"(롬 6:2상)이다. 왜 신자는 더 이상 죄에 거할 수 없는가? 바울은 신자가 죄의 지배 아래에서 벗어났기 때문이라고 말한다. "죄에 대하여 죽은 우리가 어찌 그 가운데 더 살리요"(롬 6:2하). 죄에 대하여 죽었다는 말은 죄에 대해서 죽은 시체처럼 어떤 반응도 할 수 없다는 것이 아니라, 죄의 지배 아래서 죽었다는 의미이다.

인간은 아담 이후로 죄의 노예로서 죄의 지배 아래 있다. 첫 사람 아담 안에서 "죄가 사망 안에서 왕 노릇"(롬 5:21상) 한다. 우리는 아담의 후손으로 태어나면서부터 죄를 왕으로 모시고 죄의 백성으로서 그 지배 아래 산다. 그런데 이제 예수님을 믿을 때 우리에게 일어난 일이 바로 죄의 지배 아래에서 벗어난 것이다. 인류의 대표인 아담 안에서 죄의 종이 되었지만, 두 번째 인류의 대표자이신 예수님을 믿는 순간, 죄의 지배에서 벗어나 은혜의 지배 아래로 들어간 것이다. 즉 신자는 그리스도 안에서 죄와는 관계없는 새사람으로 변화되었고, 신자의 몸은 죄의 소속에서 하나님의 소속으로 그 주인이 바뀐 것이다.

이처럼 신자가 믿을 때에 존재와 소속과 주인의 변화가 일어났다. 그리하여 죄에 대하여 죽은 것이다. 그러므로 '내가 죄를 지어도 되겠네'라는 말은 그리스도 안에서 일어난 신자의 변화에 어울리지 않는 말이다. 믿을 때 신자에게 일어난 변화가 무엇인지 알아보자.

● 신자의 존재가 변화되었다

신자는 그리스도와 연합했다

먼저, 바울은 신자가 그리스도와 연합하여 새로운 존재가 되었다고 말한다. 여기서 우리는 '연합'이라는 아주 중요한 교리를 만난다. 바울은 믿는 자가 의롭다 함을 얻는다는 이신칭의에서부터 시작했다. 하지만 우리를 의롭다고 선언하는 믿음의 본질은 바로 연합이다.

신자가 예수님을 믿을 때 그에게 일어난 가장 첫 번째 사건은 바로 그리스도와의 연합이다. 우리가 예수님을 믿을 때 어떤 일이 일어났는지를 잘 보여 주는 예식이 바로 세례식이다. 세례를 받을 때 신자의 머리에 물을 뿌리는 행위는 신자를 물에 잠그는 의식을 축약한 절차이다. 신자를 물속에 잠그는 의미는 신자가 예수님처럼 죽었다는 상징이다. 그리고 신자를 물에서 건져 올리는 행위는 그분의 부활과 연합하였다는 의미이다. 바로 이 연합을 통해서 신자는 새로운 사람이 된다. 이것이 바로 중생이다. 바울이 이신칭의를 이야기할 때에 신자는 믿음 안에서 그리스도와 연합된 사람이고, 이미 중생한 사람이라는 전제가 있다. 그래서 존 칼빈은 중생 없이 칭의가 없다고 말했다. 바울도 바로 그 연합을 이야기하는 것이다.

신자는 그리스도의 죽으심과 연합하여 옛사람이 죽었다

바울은 먼저 그리스도의 죽으심과의 연합을 말한다. "무릇 그리스도 예수와 합하여 세례를 받은 우리는 그의 죽으심과 합하여 세례를 받은 줄을 알지 못하느냐"(롬 6:3). 신자는 믿을 때에 그분의 죽으심과 연합했다. 세례는 신자가 예수님의 죽으심과 연합하여 그분과 함께 죽고 장사되었음을 보여 주는 예식이다. "그러므로 우리가 그의 죽으심과 합하여 세례를 받음으로 그와 함께 장사되었나니"(롬 6:4상).

신자가 예수님을 믿을 때 성령은 우리를 2천 년 전 골고다 언덕으로 데려가신다. 그곳에서 우리도 함께 십자가에 못 박으신다. 우리도 예수님과 함께 무덤에 장사되었다. 장사되었다는 것은 주님이 십자가에서 확실히 죽으셨다는 의미이다. 이렇게 우리는 예수님과 함께 연합하여 십자가에서 죽었다. 그런데 우리가 믿을 때 주님의 죽으심과 연합하여 죽었다고 하는데 우리는 여전히 살아 있다. 그렇다면 우리가 믿을 때 무엇이 죽은 것인가? 그것은 곧 옛사람이다. 로마서 6장 6절에서는 옛사람이 십자가에 못 박혔다고 말한다. 옛사람은 아담의 본성을 이어받은 존재로서 죄의 노예로 살아가던 존재이다. 그러한 옛사람이 죽은 것이다. 하나님을 싫어하고 자신이 주인이 되려고 하다가 결국 죄의 종으로 살아가는 옛사람이 죽은 것이다.

신자는 그리스도의 살아 계심과 연합하여 새 생명을 얻었다

그런데 주님의 죽으심과 연합하여 죽은 신자는 그분의 살아 계심과도 연합한다. 주님의 살아 계심과 연합한 것의 의미를 알려 주기 위해서 바울은 예수님의 살아 계심에 대해서 설명한다. 예수님은 아버지의 영광으로 말미암아 살리심을 받았다고 말한다. "이는 아버지의 영광으로 말미암아 그리스도를 죽은 자 가운데서 살리심과 같이"(롬 6:4중). 이 말은 예수님이 살리심 받은 생명이 곧 아버지의 영광스러운 생명임을 말해 준다. 그 생명은 곧 하나님의 영광에 참여하는 거룩한 생명이다. 그런 면에서 신자는 주님의 살아 계심에 연합하면서 주님이 얻으신 그 동일한 새 생명을 얻고 그 가운데에서 살게 된다. "우리로 또한 새 생명 가운데서 행하게 하려 함이라"(롬 6:4하).

주님과의 연합을 통해 우리의 옛사람은 죽고, 우리는 이제 그분의 영광스러운 거룩한 생명으로, 그 나라의 백성으로 다시 태어난다. 이것이 곧 중생, 거듭남이다. "그런즉 누구든지 그리스도 안에 있으면 새로운 피조물이라 이전 것은 지나갔으니 보라 새것이 되었도다"(고후 5:17).

결국 신자는 예수님과 연합하여 존재 자체가 변화된 사람이다. 복음은 우리에게 "너는 이제 죄의 종이 아니야. 너는 이제 새로운 존재야"라고 선언한다. 신자는 옛사람이 아니라, 새 생명 가운데 살아가야 할 존재로 바뀌었다. 우리가 무슨 죄를 지어도 주님이 용서해 주시니까 죄지어도 괜찮다는 말은 이 존재에 어울리지 않는다. 신자의 삶의 방식에서 벗어난 말이다. 그리스도의 은혜의 통치는 그분의 자녀요, 백성으로서 누리는 특권을 말하는 것이지, 계속 죄짓고 살아도 된다고 말하지 않는다. 주님은 우리를 죄의 지배에서 벗어나 새 생명으로 살게 하시려는 것이지, 여전히 옛사람의 습성을 따라 죄짓고 살아도 괜찮은, 이상한 삶을 살게 하려고 죽으신 것이 아니다.

죽으심과 연합

→ 죄에 대하여 죽음

＋

살아 계심과 연합

→ 새 생명 가운데 행함

● 신자의 소속이 변화되었다

신자는 그리스도의 죽으심의 모양과 연합했다

바울은 그리스도와 연합을 통해서 신자가 새로운 존재가 되었다는 말을 하고, 이어서 신자가 죄의 지배에서 벗어나 하나님의 지배로 옮겨졌다는 소속의 변화를 이야기한다. 이 부분이 바울의 논지의 본론이다. 신자가 죄의 지배 아래서 벗어났다는 것이다. 이것을 설명하기 위해서 "모양"이라는 단어를 사용한다. 신자가 '그리스도의 죽으심의 모양과 연합한 존재'라고 말한다. "만일 우리가 그의 죽으심과 같은 모양으로 연합한 자가 되었으면"(롬 6:5상). 여기 "모양"(ὁμοίωμα, 호모이오마)은 '형태, 모습'이란 의미로, 그리스도의 죽으심이 추상적인 것이 아니라, 실제로 그분의 몸이 죽었음을 말한다.

주님은 우리와 같은 몸으로 오셨다. "죄 있는 육신의 모양"(롬 8:3)으로 오셔서 우리 대신 죄를 짊어지시고, 실제로 십자가에 달리셔서 운명하시고 무덤에 장사되셨다. 오늘날 장사를 지내려면 의사의 사망 진단서가 있어야 한다. 그런 면에서 우리 주님은 실제로 그 몸이 죽었기에 무덤에 장사되신 것이다. 이것이 주님의 죽으심의 모양이다.

그렇다면 이러한 죽으심의 모양은 무엇을 의미하는가? 로마서 6장 10절에서 바울은 그 죽으심의 모양의 의미를 명확히 설명한다. 그것은 죄에 대하여 죽으심, 즉 죄의 지배에 대하여 죽으신 것이다. 감옥에는 죄수들을 감시하고 지키는 간수가 있다. 간수는 매일 죄수들의 점호를 하고 그들을 통제한다. 어느 날 한 죄수가 사형 집행을 받아 세상을 떠났다. 그다음 날부터 간수는 점호 시간에 더 이상 죽은 죄수의 이름을 부르지 않는다. 죽은 죄수는 간수의 지배 아래에서 벗어났다. 주님의 죽으심의 모양, 즉 죽으시고 장사되심의 의미는 그 죽음이 모든 죗값을 치르고 죄의 지배에서 벗어난 죽으심이었다는 것이다.

신자는 바로 우리 대신 죽으신 주님의 죽으심의 모양에 연합한 자이다. 우리가 주님의 죽으심의 모양에도 연합한 자가 되었다는 것은 단지 원리적인 연합이 아니라, 실제적으로 신자의 몸이 그리스도의 몸의 죽으심에 연합했다는 것이다. 우리의 몸도 그 모양에 연합되어 주님과 함께 못 박혀 죽고 무덤에 함께 장사되었다. 그래서 우리의 몸도 주님과 함께 죄 아래서 죽어서, 죄의 간수의 지배에서 벗어났다는 것이다. 신자의 몸은 더 이상 죄의 지배 아래 있지 않다

신자는 죄의 지배 아래서 죽었다. 그래서 바울은 로마서 6장 6절에서 신자는 그리스도와 연합하여 옛사람만 죽은 것이 아니라, 죄의 몸도 죽었다고 말한다. "우리가 알거니와 우리의 옛 사람이 예수와 함께 십자가에 못 박힌 것은 죄의 몸이 죽어 다시는 우리가 죄에게 종노릇하지 아니하려 함이니"(롬 6:6).

신자는 주님의 죽으심과 연합하여 "내 마음대로 살 거야!"라고 외치던 죄의 본성을 가진 존재인 옛사람이 죽었고, 그분의 죽으심의 모양과도 연합한 존재로서 죄의 몸도 죽어서 더 이상 죄에게 종노릇하지 않게 된 것이다. 누군가 죄로 인해서 수사를 받다가 사망하면 기소 중지가 되듯 죽은 자는 더 이상 죄의 지배를 받지 않는다. "이는 죽은 자가 죄에서 벗어나 의롭다 하심을 얻었음이라"(롬 6:7, "죽은 사람은 이미 죄의 세력에서 해방되었습니다", 새번역). 왜냐하면 죽음이 모든 형벌의 최종이기 때문이다. 이처럼 신자는 그리스도와 더불어 그의 옛 존재와 죄의 몸이 죽었다. 그래서 죄의 지배에서 벗어났다. 우리를 위해서 죽으신 그분의 의로 인하여 의롭다 하심을 얻은 존재가 되었다.

신자는 그리스도의 살아 계심의 모양과 연합했다

그렇게 주님의 죽으심의 모양과 연합되었다면 이제 신자는 주님의 부활과 "같은 모양으로 연합한 자"(롬 6:5하)도 된다. 이것은 장차 그리스도의 부활과 같은 모양으로 부활할 것이라는 말이 아니다. 현재 신자가 죽으심의 모양에 연합한 자라면 그분이 지금 부활해 계신 모양에 연합한 자라는 것이다. 주님의 부활의 모양은 어떤 것인가? 장사된 지 사흘 만에 부활하신 그리스도는 이 땅에 속하지 않는 빛나고 영광스러운 몸으로 변화되셨다. 그리고 승천하셔서 하나님 우편에 오르셨다. 그리스도는 하나님의 통치 아래로 들어가셨다.

신자가 바로 이러한 살아 계심의 모양에 연합했다는 것은 신자의 몸도 주님과 연합하여 하나님의 통치 아래 있는 몸이라는 것이다. 신자의 몸이

죄의 지배 아래서 하나님의 지배 아래로 옮겨졌다. 결국 신자는 그리스도와 연합하여 영적으로 존재만 변화된 것이 아니라 몸의 소속도 변화되었다. 그것을 이야기하려고 바울이 "모양"에 연합되었다는 표현을 사용한 것이다.

신자는 하나님의 지배 아래로 살아났다. 바울은 로마서 6장 8절 이하에서 이것을 보다 상세히 부연하여 설명한다. "만일 우리가 그리스도와 함께 죽었으면 또한 그와 함께 살 줄을 믿노니"(롬 6:8). 여기서 갑자기 바울이 장차 부활할 것을 말한다고 보기 어렵다. 헬라어 원어에서 "살 줄을 믿노니"는 '쉬제소멘'(δυζήσομεν)으로 단순한 미래 시제가 아니라 확신의 선언이다. 그리스도와 함께 신자가 죽었다면, 신자는 또한 그분과 함께 살아난 존재라는 것이다.

그런 면에서 부활하신 주님은 지금 어떤 모양으로 계신가? "이는 그리스도께서 죽은 자 가운데서 살아나셨으매 다시 죽지 아니하시고 사망이 다시 그를 주장하지 못할 줄을 앎이로라"(롬 6:9). 그리스도가 죽은 자 가운데서 살아나셨는데, 다시 죽지 아니하시고 사망이 다시 주장하지 못한다. 이것은 주님은 죄와 사망이 주장하지 못하는 하나님의 영광 가운데 영원히 거하신다는 것이다. 신자는 이처럼 주님의 부활과 연합하여 하나님의 영원한 나라로 옮겨졌다.

신자는 죄의 지배에서 하나님의 지배로 옮겨졌다

바울은 이제 명확하게 그리스도와의 연합의 의미와 결과를 밝힌다.

먼저, 그리스도의 죽으심과 살아 계심의 의미는 무엇인가? "그가 죽으심은 죄에 대하여 단번에 죽으심이요 그가 살아 계심은 하나님께 대하여 살아 계심이니"(롬 6:10). 예수님의 죽으심은 죄의 통치에서 벗어난 죽으심이요, 주님의 살아 계심은 하나님의 통치 아래에서 살아 계심이다. 이미 앞에서 설명한 내용이다. 주님은 죽음과 부활을 통해서 죽음의 지배에서 하나님의 지배로 옮겨 가셨다.

그렇다면 그분의 죽으심과 살아 계심에 연합한 신자는 어떤 존재인가? 이제 신자는 그리스도 예수 안에서 죄의 지배에서 죽은 자요, 하나님의 지배 아래 살아 있는 자이다(롬 6:11). 그리스도와 함께 그의 소속이 죄의 지배 아래에서 하나님의 지배 아래로 옮겨진 것이다.

"쇼생크 탈출"이란 영화를 감동적으로 본 적이 있다. 쇼생크는 사형수나 장기수를 감금한 악명 높은 교도소이다. 억울한 살인 누명을 쓰고 감옥에 들어온 주인공 앤디는 작은 망치 하나로 감옥에서 굴을 파기 시작한다. 아주 오랜 시간 비밀리에 노력하여 감옥 밖으로 나가는 터널을 만드는 데 성공한다. 그 사이 감옥 소장을 도우면서 자기의 새로운 이름, 통장, 돈을 준비한다. 마침내 앤디는 그 굴로 쇼생크 감옥을 탈출하여 자신이 만들어 놓은 새로운 이름과 존재로 탈바꿈하였고, 소장이 비리를 저질러 모아 놓은 돈을 다 찾아가지고 멀리 사라져서 새로운 삶을 출발한다.

큰 틀로 볼 때 바로 이러한 영화 같은 일이 우리에게도 일어났다. 우리가 살아가는 세상은 마치 쇼생크 감옥과 같다. 종신형 사형수들의 감옥이

그리스도의 죽음과
부활의 모양의 의미

그가 죽으심은 죄에 대하여
단번에 죽으심이요
그가 살아 계심은
하나님께 대하여 살아 계심이니
롬 6:10

그리스도의 모양과
연합한 삶

이와 같이 너희도 너희 자신을
죄에 대하여는 죽은 자요
그리스도 예수 안에서 하나님께 대하여는
살아 있는 자로 여길지어다
롬 6:11

어서 아무도 벗어날 수 없다. 그런데 예수님은 이 감옥 같은 세상에 오셔서 십자가의 죽음과 부활로 터널을 뚫어 주셨다. 죄가 지배하는 세상에서 벗어나서 영원한 하나님의 나라로 향하는 터널을 뚫어 놓으셨다. 신자는 주님과 연합하여 죄의 지배에서 하나님의 지배로 옮겨진 것이다. "그가 우리를 흑암의 권세에서 건져 내사 그의 사랑의 아들의 나라로 옮기셨으니"(골 1:13).

우리는 소속이 죄의 나라에서 하나님 나라로 옮겨졌고, 비록 아직 이 땅에 살지만 하늘나라 시민권자가 되었다. 신자는 그리스도와 부활하여 하늘에 앉혀진 것이다. "허물로 죽은 우리를 그리스도와 함께 살리셨고 … 또 함께 일으키사 그리스도 예수 안에서 함께 하늘에 앉히시니"(엡 2:5-6). 이처럼 신자는 그리스도와 함께 죄의 통치 아래서는 죽고 하나님의 통치 아래서 살아 있다. 이것이 바로 신자의 현주소이다.

이제 처음 논리로 돌아가 보자. "신자는 예수님을 믿으면 죄를 용서받으니 죄를 지어도 되는 것인가?" 이에 대한 바울의 대답은 무엇인가? 첫째, 신자는 그리스도와 연합한 존재이다. 그래서 옛사람은 죽고 새사람이

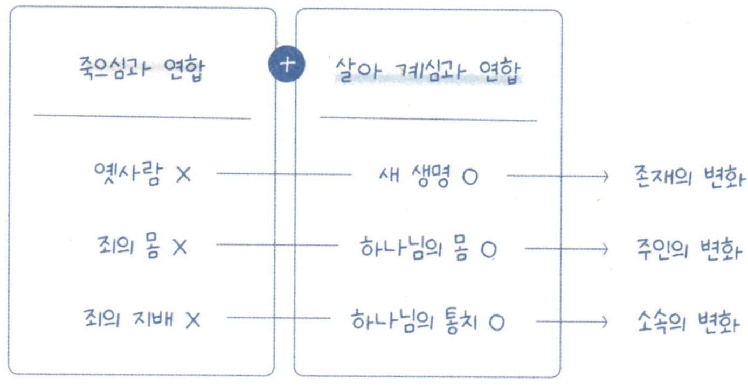

되었다. 존재가 변화되었다. 그리고 신자는 죄의 지배에서 하나님의 지배로 옮겨 갔다. 신자의 몸의 소속, 즉 지배권이 죄에서 하나님께로 옮겨진 것이다. 신자의 존재, 소속이 달라졌다는 말은 그의 주인이 바뀌었다는 의미이다. 그래서 신자의 몸은 더 이상 죄가 주인이 아니라, 하나님이 주인이시다. 주님은 이렇게 우리의 존재, 소속, 주인을 변화시켜 주셨다.

그리스도는 나의 구주요 주님이시다

그리스도의 십자가는 나를 위해서 죽으신 십자가이다. 동시에 그리스도의 십자가는 거기서 내가 죽은 십자가이다. 나는 죽고 내 안에 주님이 사시는, 주님이 주인이신 존재로 변화되었다. 예수님을 믿는다는 것은 주인이 바뀌는 것이다. 구원받는 참 믿음은 그리스도가 나의 구세주이시며, 동시에 나의 주인이심을 인정하는 믿음이다. 그분이 나를 위해서 돌아가신 구세주이심은 믿는데, 나의 주인이심을 믿지 못한다면 그것은 구원받는 믿음이 아니다.

그렇다면 내가 진정 예수님을 주인으로 인정하는지가 어떻게 드러나는가? 바로 이 몸을 누구에게 드리는가에 있다. 《알라딘과 요술 램프》를 보면 램프 주인이 램프를 비비면 거인 지니가 나와서 "주인님, 무엇을 도와 드릴까요?"라고 묻는다. 만약 램프의 주인이 악당이면 주인이 시키는 대로 해야 하는 지니는 악당 거인이 된다. 램프의 주인이 선하면 지니는 선한 거인이 된다. 우리도 이와 같다. 그리스도 안에서 이제 신자의 몸의 주인과 소속이 달라진 것이다. 그러므로 이제 죄의 악당이 말하면 "노"(No)라고 하고, 하나님이 말씀하시면 "예스"(Yes) 하며 순종해야 한다. 우리의 몸은 선한 주인이신 하나님 아래 있는 지니와 같다.

진정 예수님이 나의 주인이시라면, 하나님이 나의 왕이시라면 우리는 우리 몸의 소유권을 주님께 드려야 한다. 예를 들어 보자. 어떤 탈북민이 북한 독재 아래서 고생하다가 우여곡절 끝에 도움과 은혜를 입어 자유의 나라 대한민국으로 옮겨졌다고 해 보자. 북한에서 귀순한 군인이 자유 대한민국의 품 안에 안겼다. 그런데 자유라고 해서 다시 북한에 가서 우리를 향해 총부리를 겨누는 북한군이 될 수 있는가? 그럴 수 없다. 그러는 순간 그는 북한군이 되는 것이다. 그러면서 여전히 대한민국 국민일 수는 없다. 우리가 "마음대로 죄를 지어도 되겠네"라고 말하는 이유도 꼭 이와 같다. 어쩌다 연약하여 넘어지는 일은 있어도, 그래서 회개하고 다시 일어나는 일은 있어도, '은혜 안에 있으니 죄를 지어도 돼'라는 생각 자체는 있을 수 없고, 성립할 수도 없는 논리이다.

그러면 몸의 주인이 바뀐 신자는 어떻게 살아야 할까? 다음 장에서 살펴보자.

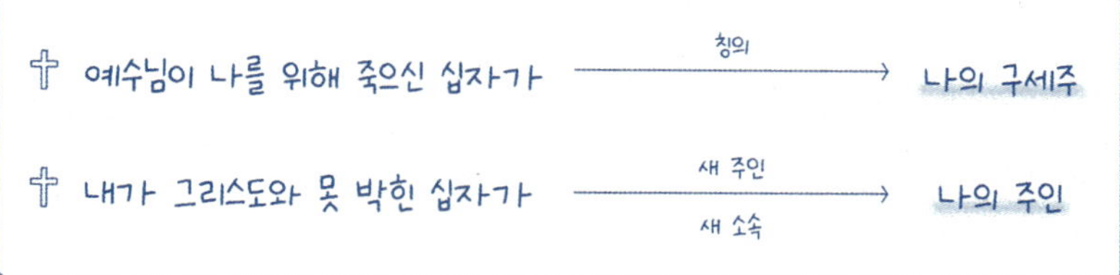

✓ 참된 믿음은 예수님이 구세주이시며, 동시에 나의 주인이심을 믿는 것이다.

✓ 참된 믿음은 주인이 바뀌는 것이며, 신자는 믿을 때에 하나님의 종이 된다.

토론과 적용을 위한 질문

» 이신칭의의 복음을 듣고 '믿기만 하면 마음대로 살아도 되겠네?'라는 생각이 든 적이 있나요? 이런 유혹 앞에서 어떻게 대처했나요?

» '죄의 지배에서 벗어나 하나님의 지배 아래로 옮겨졌다'는 것은 내 삶에 새로운 소속과 주인이 생겼다는 의미입니다. 이 변화가 성도의 일상에 구체적으로 어떤 차이를 가져올까요?

16

내 몸의 주인이
바뀌었다고요?

롬 6:11-23

존재에 맞게 여기며 살기

100여 년 전 남북전쟁으로 미국의 노예제도가 폐지되었다. 그러나 오랫동안 노예제도의 그늘에서 견디어 온 늙은 노예들은 그들에게 주어진 새로운 지위를 이해하기가 퍽 힘들었다. 노예제도가 폐지되었다는 소식은 들었지만, 실감이 나질 않았다. 여전히 옛 주인이 가까이 오면 부들부들 떨며 팔려 가지 않을까 두려워했다. 법이 바뀌어, 그들은 더 이상 노예가 아니고 신분과 지위가 완전히 달라진 자유인이 되었지만, 실제로 인식하기까지는 오랜 시간이 걸렸다.

우리도 마찬가지이다. 우리가 죄의 지배에서 벗어났음에도 불구하고 실제로 죄가 우리 삶에 가까이 와서 손짓하면 우리는 두려워하며 벌벌 떤다. 분명히 법적으로는 벗어났는데, 느낌은 여전히 죄의 노예이다. 이는 우리 안에 옛사람의 오랜 습성이 남아 있기 때문이다. 그때 굴복하면 법적으로는 자유인인데 실제로 다시 노예로 사는 것과 다름없다. 그래서 바울의 권면이 무엇인가?

진리에 맞게 여기라

우리 자신에게 일어난 사실대로 우리에 대해서 '여기라'는 것이다. 그리스도 안에서 우리에게 일어난 일을 우리의 삶 속에 실제적으로 여기며 주장해야 한다. "이와 같이 너희도 너희 자신을 죄에 대하여는 죽은 자요 그리스도 예수 안에서 하나님께 대하여는 살아 있는 자로 **여길지어다**"(롬 6:11).

100년 전 노예 해방은 실제로 일어난 일이다. 노예가 두려움을 떨치고 자기 신분을 주장하면, 이제 신분을 인정받는다. 마찬가지이다. 예수님 안에서 우리에게 일어난 일은 '실제'이다. 우리는 죄에서 해방되었고 하나님의 자녀가 되었다. 소속이 바뀌었다. 우리가 신분의 변화를 알고 주장하는 순간, 죄는 힘을 잃고 우리 신분에 맞는 삶이 펼쳐진다. 군대에서 제대했는데 군 상관이 전화를 걸어 명령을 내린다면 누가 그 명령을 따르겠는가? 우리는 죄 아래서 제대했다. 더 이상 죄의 명령과 요구를 따를 필요가 없다.

죄가 유혹하면 "너는 더 이상 나에게 명령할 수 없다. 나는 너의 지배 아래 있지 않다" 하며 거절해야 한다. 동시에 신자는 하나님께 대하여 살아 있는 자로 여겨야 한다. 즉 하나님께 무조건 순종해야 할 존재로 여기라는 것이다. 그것이 우리의 존재에 맞는 반응이다.

● 존재와 소속에 걸맞게 여기며 살라

몸의 사욕에 순종하지 말아야 한다

죄가 우리 몸을 지배하지 못하게 하기 위해서 해야 할 첫 번째는 몸의 사욕에 순종하지 않는 것이다. "그러므로 너희는 죄가 너희 죽을 몸을 지배하지 못하게 하여 몸의 사욕에 순종하지 말고"(롬 6:12).

우리의 몸은 장차 부활하여 새롭게 변화될 것이지만, 현재는 죽을 몸이다. 죄에 물들어 있는 연약한 몸이다. 하지만 이 몸은 우리가 이 땅을 살아가는 동안에 의의 병기로 드려야 할 몸이기도 하다. 그런 면에서 몸의 사욕에 순종하지 말라고 한다. "몸의 사욕"은 육체의 정욕과 욕심을 말한다. 우리가 비록 존재와 소속이 달라졌지만, 우리의 몸은 죄의 지배 아래 있던 몸이다. 그러므로 옛사람의 습성이 남아 있다. 우리는 그 습성을 따르지 말아야 한다.

이 말은 이미 죄의 지배에서 벗어난 존재로서 신자가 취할 수 있는 권리를 말한다. 과거에 죄의 지배 아래 있을 때 우리에게는 몸의 사욕을 거부할 힘과 권한이 없었다. 그러나 이제 그리스도 안에서 우리는 죄의 지배에서 벗어났다. 그러므로 몸의 사욕에 순종하지 말아야 한다. 몸의 정욕, 육신의 정욕이 나에게 다가올 때 나를 그것에 반응할 필요가 없는 자로 여기라는 것이다. 우리가 그렇게 여기는 것이 바로 우리의 존재에 합당한 반응이다.

노예가 해방된 자신의 존재에 합당하게 과거의 주인의 명령을 거부할 때 주인의 영향에서 벗어날 수 있다. 이처럼 우리가 몸의 정욕과 욕심을 거부할 때 우리는 그것의 영향에서 벗어나고, 죄의 지배 아래에도 들어가지 않게 된다. 그러므로 우리가 여겨야 할 첫 번째는 우리의 몸의 정욕과 욕심이 손짓할 때 그것에 대해서 자신이 죽은 자라고 여기는 것이다. 놀랍게도 우리가 정욕과 욕심을 나와 상관없는 것으로 여기기 시작할 때 그것들은 힘을 잃어버린다.

깡패 두목이었던 김익두 목사님은 회심하고 예수 믿는다는 것은 이전의 깡패 김익두가 죽는 것이란 사실을 깨달았다. 그래서 그는 부고장을 돌렸다고 한다. "김익두는 죽었다." 어느 날 성경책을 들고 가는 김익두에게 한 여자가 물을 한 바가지 부었다. 정말 죽었는지 시험해 본 것이다. 김익두는 아무렇지도 않은 듯 툭툭 털어버리더니, "당신은 옛날 김익두가 죽은 것을 기뻐하시오. 그 김익두가 살아 있다면 당신은 요절이 났을 것이오"라고 했다고 한다.

우리도 그래야 한다. 우리 자신에게 일어난 일에 합당하게 행동해야 한다. 나를 죄로 이끌던 몸의 정욕들에 대해서 자신을 죽은 자로 여기라. '나는 섭섭함과 관계가 없다. 나는 미움과 관계가 없다. 나는 삐짐과 관계가 없다. 나는 원한과 관계가 없다. 나는 게으름과 관계가 없다. 나는 자기 연민과 관계가 없다. 나는 세상 가치관과 관계가 없다. 나는 욕심과 관계가 없다. 이것들은 내가 아니다. 죽은 옛사람의 습성이다.' 이렇게 존재에 맞게 생각하는 힘을 길러야 한다. 그때 죄는 힘을 잃는다. 그것이 '사실'이기 때문이다.

내 몸을 의의 무기로 드리라

두 번째로 내 몸을 불의의 무기가 아니라 의의 무기로 하나님께 드려야 한다. "또한 너희 지체를 불의의 무기로 죄에게 내주지 말고 오직 너희 자신을 죽은 자 가운데서 다시 살아난 자같이 하나님께 드리며 너희 지체를 의의 무기로 하나님께 드리라"(롬 6:13). 한 걸음 더 나아가서 우리 몸을 우리의 주인이신 하나님께 드려야 한다. 지체, 즉 손, 발, 눈, 입 등을 의의 무기로 하나님께 드리라.

바울은 여기서 다시 한 번 우리가 우리의 몸을 죄가 아닌 하나님께 의의 무기로 드려야 할 이유를 설명한다. 먼저, 죄에게 내주지 말아야 할 이유는 우리가 법 아래 있지 않고 은혜 아래 있기 때문이라고 한다. "죄가 너희를 주장하지 못하리니 이는 너희가 법 아래에 있지 아니하고 은혜 아래에 있음이라"(롬 6:14).

죄가 우리를 지배하려면, 우리 죄를 정죄하는 율법이 있어야 한다. 그 법이 "너는 이것도 못했고 저것도 못했어"라고 이야기할 때에 죄는 권세를 가지고 우리를 정죄하며 다스린다. 집에 있는 하녀가 주인의 명령과 지침에 굴복해야 하고, 그것을 어기면 정죄를 받고 처벌을 받는 것과 같은 이치이다. 그래서 늘 엄한 주인 아래서 벌벌 떤다. 항상 죄인이다.

하지만 그 집안의 자녀는 다르다. 비록 실수하고 잘못해도 항상 부모가 용서하고 사랑한다. 자녀가 그릇을 깨고 유리창을 깬다고 경찰서에 신고하고, 손해 배상을 청구하고, 아이더러 유치장에 들어가 있으라고 하지 않는다. 왜냐하면 그 자녀는 법 아래 있지 않고 부모의 은혜 아래 있기 때문이다. 그러므로 은혜 아래 있는 자녀는 결코 죄가 주장하지 못한다. 잘

못해도 죄인이 아니다. 그래서 늘 그 아이는 당당하고 뻔뻔하다. 이것이 이신칭의를 통해서 우리에게 주어진 신분이다.

앞서도 이야기했지만, 우리의 행동은 우리의 정체성에서 나온다. 자신을 죄인이라고 생각하는 사람은 죄의 노예로 살게 된다. 그러나 자신을 의인이요, 자녀라고 생각하면 그는 의인으로 살게 되는 것이다. 우리 신분은 이제 법 아래 있지 않고 은혜 아래 있어서 더 이상 죄인이 아니다. 죄가 우리를 주장하지 못한다.

그런데 이때 마귀가 속삭인다. 마귀는 "이제 너는 법 아래 있지 않잖아. 은혜 아래 있잖아. 무슨 짓을 해도 너는 정죄받지 않아. 그러니까 죄를 좀 지어도 돼. 그것이 하나님이 너에게 주신 신분이야." 이렇게 우리 신분을 이용하여 유혹하며 꾄다.

그렇다고 우리가 마음대로 죄를 지어도 될까? "그런즉 어찌하리요 우리가 법 아래에 있지 아니하고 은혜 아래에 있으니 죄를 지으리요 그럴 수 없느니라"(롬 6:15). 바울은 그럴 수 없다고 명백하게 말한다. 왜 죄를 지을 수 없다고 하는가? "너희 자신을 종으로 내주어 누구에게 순종하든지 그 순종함을 받는 자의 종이 되는 줄을 너희가 알지 못하느냐"(롬 6:16상). 우리가 죄에게 순종하면 죄의 종이 되기 때문이다. 반면 우리가 하나님께 순종하면 하나님의 종이 된다.

결국 우리가 마귀의 궤변대로 죄를 지으면 어떻게 되는가? 그 순간 우리는 죄의 종이 되는 것이다. 신분은 하나님의 백성인데, 행동은 죄에 굴복한다면? 그는 죄의 종이 되는 것이다. 죄에 유혹받아 납치되어 죄의 노예로 전락해 버린다. '마음대로 살아도 된다'는 가르침이 우리를 거꾸로 죄의 종으로 만든다면, 그 속삭임은 거짓이다. 결국 하나님의 백성으로 남아 있으면서 죄를 지어도 되는 중간 지대는 없다. 죄에게 순종하면 죄의 종이 되어 사망에 이르고, 의에게 순종하면 의의 종이 되어 생명에 이른다. '내가 의의 종이 되었지만, 죄에게 순종해도 괜찮겠지 뭐.' 이런 중간 지대가 없다는 것이다.

우리는 과거에 죄의 종이었다가 이제 죄에서 해방되어 하나님의 의의 종이 된 존재이다. "하나님께 감사하리로다 너희가 본래 죄의 종이더니 너희에게 전하여 준 바 교훈의 본을 마음으로 순종하여 죄로부터 해방되어 의에게 종이 되었느니라"(롬 6:17-18). 우리는 복음을 듣고 하나님의 말씀에 마음으로 순종하는 의의 종, 하나님의 종이 되었다. 하나님이 우리를 죄의 지배에서 의의 지배로, 흑암의 지배에서 하나님의 지배로, 사랑의 아들의 나라로 옮겨 주셨다.

예수님을 믿는다는 것은 그분의 은혜로 인해서 죄의 종에서 의의 종으로 회심하였다는 것이다. 예수님을 믿는다는 것은 이제 '주님 뜻대로 살기로 했네. 뒤돌아서지 않겠네' 하고 결단하는 것이다.

목사가 된 김익두가 어느 날 부흥회에 가기 위해 땀을 흘리며 산길을 올랐다. 산등성이에서 더워서 웃통을 벗고 땀을 식히는데, 어떤 사람이 술에 취해서 비틀거리며 다가왔다. 그런데 다짜고짜 김익두를 보더니 "네가 감히 나보다 먼저 올라왔어?" 하며 때리기 시작했다. 한참을 두들겨 맞은 김익두가 그 사람에게 물었다. "형님, 다 때렸소?" 그가 "그래, 다 때렸다. 어쩔래?" 하자 김익두가 정색하고 말했다. "내가 누군지 아시오?" "누군데?" "김익두요!" 그 말에 그 사람은 사색이 되어 엎드리며 빌었다. "아이고, 형님. 제가 죽을 짓을 저질렀습니다. 제발 살려 주십시오. 제가 어떡하면 좋겠습니까?" 김익두는 자기를 따라 아랫마을 부흥회에 같이 가자고 했다. 그 사람은 그 부흥회에서 은혜를 받고 회개하여 나중에 신실한 장로가 되었다고 한다.

깡패 김익두는 이전에 죄의 종으로 살던 삶을 버렸다. 더 이상 자신의 지체를 죄의 무기로 사용하지 않았다. 그는 자신의 몸을 의의 병기로 사용했다. 그리하여 하나님께 쓰임 받는 위대한 인생으로 살아갈 수 있었다.

하나님의 종으로서 열심을 내라

세 번째로, 과거에 죄짓던 열심을 의의 열심으로 바꾸어야 한다. '나는 과연 하나님의 종으로서 온전히 살고 있는가?' 그것을 어떻게 스스로 알 수 있을까? 이전에 죄의 종으로 살던 때에 이 몸으로 죄를 짓고 정욕을 위해서 열심을 다했던 것처럼, 이제 하나님의 종으로서 얼마나 열심을 내는지를 스스로 생각해 보면 정확하다. "너희 육신이 연약하므로 내가 사람의 예대로 말하노니 전에 너희가 **너희 지체**를 부정과 불법에 내주어 불법에 이른 것같이 이제는 **너희 지체**를 의에게 종으로 내주어 거룩함에 이르라"(롬 6:19).

우리가 그리스도인이 될 때, 새로운 지체나 새로운 기능들을 수여받는 것이 아니다. 이전의 "너희 지체"(롬 6:19중)와 거듭난 이후의 "너희 지체"(롬 6:19하)는 동일하다. 개종 전에 가진 재능이나 힘은 그리스도인이 된 후에도 여전히 같다. 천성적인 재능이 새로 주어지지 않는다. 믿기 전에 열심인 사람은 믿고 나서도 열심인 경우가 많다. 믿기 전에 계산적인 사람은 믿고 나서도 성경을 보는 눈이 계산하는 눈처럼 정확하다. 믿기 전에 조용한 스타일의 사람은 믿고 나서도 조용하며 평화롭다. 우리의 기질은 변하지 않는다. 하나님은 생긴 대로 우리를 사용하신다. 단지 그 방향이 전에는 죄와 정욕을 위해서였다면, 이제는 하나님을 향해서로 바뀔 뿐이다.

그러므로 바울은 "너희의 지체가 과거에 죄에 대해서 아주 열심을 내었다면, 그와 똑같이 이제 너희 지체가 의의 종으로서 의에 대해서 열심을 내는 것이 당연하다"고 말한다. 과거에 죄가 저절로 행해졌던 것이 아니었다. 우리의 지체가 죄를 좋아해서, 원해서 열정으로 한 일이다. 그렇게 우리의 지체가 옛 생명에 부응하여 그것에 순종을 드렸다면 어째서 새 생명에게는 동일한 반응으로 동일한 열심을 내지 않는가?

예수 믿기 전에는 회식을 하면 1차로 끝내지 않고, 2차, 3차, 4차를 가면서 밤새도록 즐겼다. 그런데 왜 신앙생활은 주일 예배, 수요 예배, 새벽 예배, 그리고 훈련 등에 참석하는 열심을 내지 않는가? 전에는 사업을 위해서 얼마나 밤낮 없이 정력적으로 일했던가? 그리고는 저녁 식사 후에 또 밤새도록 술 마시고 춤추고, 다음 날에는 아침 9시에 출근하지 않았던가? 그런데 왜 주를 향해서는 그 열심 그대로 열심히 전도하고, 교제하고, 기도하고, 제자 훈련, 성장반, 일대일 훈련을 받고, 철야 기도를 하고, 이웃들을 섬기지 않는가?

아이가 아주 열심히 게임을 즐긴다면 그 아이에게는 열심과 집중력이 있는 것이다. 그러면 부모는 묻지 않는가? "그런데 너 왜 공부는 그렇게 열심히 하지 않니?" 이처럼 주님도 물으신다. "골프를 치러 갈 때에는 새벽에 피곤한 줄 모르고 일어나 집을 나서면서 왜 어쩌다 한 번씩 온 교우들이 함께하는 특별새벽기도회에는 한번 나가지를 못하니?” 너의 지체가 이전에 죄에 대해서, 세상에 대해서, 정욕에 대해서 열심을 내었다면 왜 그 동일한 지체로 이제 의를 위해서, 주님을 위해서 열심을 내지 못하느냐는 것이다.

죄를 향해 열정을 내던 과거의 내 모습, 그 열심이 오늘 내가 하나님의 종으로 올바로 살아가는지를 판단하는 정확한 기준이다. 그것을 내가 안다. 그것을 하나님이 아신다. 그렇게 살아갈 때에 우리는 부르심을 받은 존재에 맞게 살아가는 것이다.

바울은 예수님을 믿기 전에 열심 있는 박해자였다. 그런데 그가 회심한 후에 얼마나 열심히 온 힘을 다해서 주를 섬겼는가. 그는 극심한 박해 속에서도 목숨을 걸고 주를 섬겼다. 바울은 과거 죄의 종으로 열심을 내던 그 열심 그대로 주를 섬겼다. 어거스틴도 젊은 날 쾌락에 얼마나 탐닉했던가. 그런 그가 회심한 이후 얼마나 의에 열정을 가졌던지 사람들은 그를 ‘성 어거스틴’이라고 부른다.

은퇴 전에 사업에, 기업에 한평생을 쏟아붓는 열정의 삶을 살았는가? 그렇다면 이제 남은 생을 왜 주를 위해서, 의를 위해서, 거룩을 위해서 그처럼 쏟아붓지 못하는가? 우리의 존재에 마땅한 삶이 무엇인지 돌아보라. 은혜 아래 있다고 ‘적당히 죄지어도 되겠네’라는 생각은 말도 안 되는 궤변이며 마귀의 속삭임이다.

과거에 죄의 종으로서 살았던 그 열심으로 지금 나의 삶을 판단해 보라. 지금 내가 세상일, 육신의 일에 내는 그 열심으로, 주를 위해서는 얼마나 열심을 내는지 비교해 보라. 그러면 지금 내가 존재에 맞게, 부르심에 맞게 살아가는지 알 수 있다.

영생과 사망의 길 중 어느 길을 가고 있는가?

바울은 계속해서 대조한다. 그는 과거 죄의 종으로 살던 때 무슨 열매를 얻었는지 묻는다. "너희가 그때에 무슨 열매를 얻었느냐 이제는 너희가 그 일을 부끄러워하나니 이는 그 마지막이 사망임이라"(롬 6:21). 부끄러운 열매밖에 없다. 우리가 누구에게 그때 일을 자랑하겠는가. 결국 마지막은 사망이요, 영원한 지옥이다.

그러나 이제 죄에서 해방되어 하나님의 종으로 사니 거룩의 열매를 맺는다. "그러나 이제는 너희가 죄로부터 해방되고 하나님께 종이 되어 거룩함에 이르는 열매를 맺었으니 그 마지막은 영생이라"(롬 6:22). 부끄러운 삶이 아니라 거룩해진다. 주님을 닮아 간다. 그 마지막은 영생이라고 말한다.

한번 생각해 보라. 예수님을 믿기 전에 죄 아래 살 때 우리의 삶이 얼마나 엉망이었는가? 그러나 예수님을 믿고 나니 우리가 점점 거룩해지지 않았는가? 가정이 행복해지고, 주님을 더 사랑하고, 천국의 소망이 생기지 않았는가? 이렇게 쭉 살면 어떻게 되는가? 생명에 이른다. "죄의 삯은 사망이요 하나님의 은사는 그리스도 예수 우리 주 안에 있는 영생이니라"(롬 6:23). 길은 두 가지뿐이다. 죄의 종으로 살면, 그 주인인 죄가 주는 삯은 사망이다. 그런데 하나님의 종으로 살면, 주인이신 하나님이 베푸시는 은사는 바로 영생이다. 하나님이 주시는 삯은 우리가 한 만큼 공로를 계산해서 주시는 삯이 아니다. 그분은 우리가 한 일에 비교도 안 되는 엄청난 선물, 즉 천국의 영생을 주신다.

몸을 순종하게 하는 원리

● 여기기-드리기-열심 내기

우리는 여기서 죄를 이기는 아주 중요한 세 가지 원리를 발견하게 된다.

첫째, 옛사람에서 새사람으로 여기는 것이다. 죄와 육신의 정욕에는 자신을 죽은 자로 여기고, 동시에 하나님의 종으로서 의에는 산 자로 여기는 삶을 살아야 한다.

둘째, 죄의 몸을 의의 무기로 하나님께 드리는 것이다(롬 6:13). 죄가 우리에게 다가오면 우리 몸 전체가 반응해야 한다. 우리 몸은 죄의 몸에서 의의 몸이 되었다고 여기고, 죄의 몸을 의의 무기로 주께 드려야 한다.

셋째, 죄의 열정을 의의 열심으로 바꾸어야 한다(롬 6:19). 이제는 의의 열심으로 하나님께 나가야 한다. 존재에 맞게 살아야 한다. 그 원리가 바로 '여기기, 드리기, 열심 내기'이다.

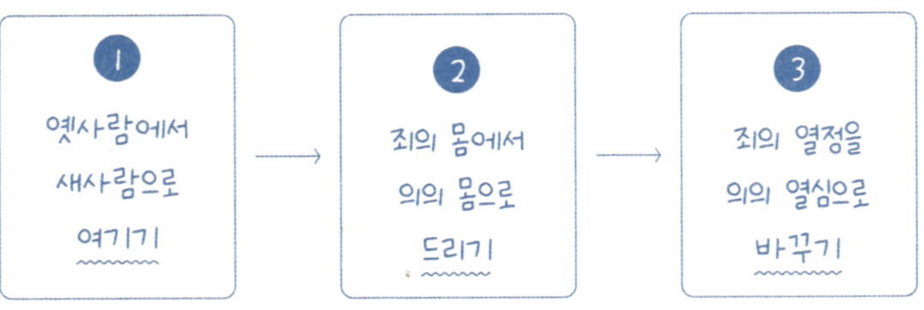

● 삶에 적용하기

친구(이웃)가 잘되어 질투가 날 때

"사촌이 땅을 사면 배가 아프다"는 속담이 있다. 남이 잘되면 배가 안 아픈데, 특별히 가까운 친척, 형제, 이웃이 잘되면 배가 아프다. 이것이 옛사람의 습성이다. 그때 우리는 어떻게 할까?

여기기: 나를 배 아파하는 옛사람이 아니라 새사람으로 여겨야 한다. '배 아파하는 것은 내가 아니다. 나는 새사람이다. 새사람인 나는 누구인가? 나는 사촌이 땅을 사면 기뻐하는 존재이다.' 이렇게 여기는 것이다.

의의 몸으로 드리기: 그러므로 시기와 질투를 버리고 기뻐하고 전화하여 축하해 준다. 다른 사람도 아니고 내 사촌, 내 친구, 내 가까운 이웃이 잘된 것을 내 일처럼 기뻐해 준다.

열심 내기: 더 나아가 축하 화환을 보내고, 친히 방문하여 기뻐해 준다. 그리고 그 땅을 사기 위해서 땀 흘리고 노력한 모습을 인정하고 칭찬해 준다. 우리가 남의 슬픔을 듣고 위로하는 것도 중요하지만, 기쁜 일에 함께 기뻐하고 축하해 줄 줄 아는 것이 진정한 성숙이다. 그가 진짜 가족이다.

인정받지 못하고 무시당하여 기분 나쁠 때

요즘 직장 상사가 자꾸 나를 무시하고 막 대하는 느낌이다. 그래서 기분이 살짝 상하려고 한다. 그래서 직장을 그만둘까 하는 생각이 든다. 그때 어떻게 해야 할까?

여기기: 그러나 이러한 일로 자존심 상하고 상처받는 것은 내가 아니다. 이것은 자아중심적인 옛사람의 반응이다. 남의 평가에 연연해하던 나의 옛사람은 죽었다. 그러면 나는 누구인가? 나는 이제 하나님의 사랑을 받는 사람이다. 더 이상 사람들의 평가에 좌우되는 가벼운 존재가 아니다. 나의 가치는 그리스도 안에 있다. 내 가치를 누구도 훼손할 수 없다. 나는 하나님의 사랑을 받는 소중한 사람이다.

의의 몸으로 드리기: 상사의 태도와 인정 여부에 개의치 않고, 결코 사람들의 말로 상처받지 않는다. 오늘도 즐거움으로 씩씩하게 내 할 일을 한다. '아마 상사가 요즘 윗사람에게 지적받아서 기분이 안 좋은가 보다', 또는 '뭔가 집안에 안 좋은 일이 있나 보다' 등 그의 무거운 짐을 이해하고 그의 입장에서 생각해 보자.

열심 내기: 상사를 내가 위로해 드리자. 웃음으로 대하고, 커피도 사 드리고, 나 때문에 회사 분위기가 살도록 파이팅해 보자. 이렇게 생각하는 것이 우리의 존재와 소속에 맞는 모습이다.

집에 일찍 들어가기 싫을 때

요즘 회사 일도 힘든데 아이들 때문에 집은 엉망이고, 아내도 정신이 없으니, 집이 쉼터가 아니다. 집에 일찍 들어가 봐야 육아를 하거나 청소를 해야 해서 힘들다. 그러니 야근한다고, 회식 있다고 핑계 대고 집에 늦게 가야겠다. 친구와 만나서 놀다가 가야겠다. 이 경우 어떻게 해야 할까?

여기기: 이렇게 이기적으로 생각하는 나는 죽었다. 그러면 거듭난 나는 누구인가? 주님이 교회를 위해서 자기 몸을 주심같이 나는 아내를 사랑하는 남편이다. 나는 아내를 위해 내 목숨이라도 내어놓을 만큼 아내를 사랑하는 사람이다.

의의 몸으로 열심 내기: 그러므로 유혹을 이기고, 힘든 아내를 위해서 집에 일찍 들어가자. 즐겁게 설거지도 하고 아이도 봐 주자. 아내를 위해서 간식도 사 가자.

이것이 예수 믿는 남편의 존재에 걸맞은 모습이다.

이성의 유혹을 받을 때

요즘 나에게 잘해 주는 어느 여직원에게 자꾸 마음이 끌린다. 자꾸 이야기하고 싶고 같이 있고 싶다. 그럴 때에 어떻게 해야 할까?

여기기: 이 마음은 이미 죽은 옛사람의 정욕이다. 이것은 내가 아니다. 나는 죽은 옛사람에게 반응하지 않는다. 그러면 나는 누구인가? 나는 거룩한 사람이다. 나는 한 아내의 남편이다.

의의 몸으로 드리기: 그러므로 나는 이런 마음의 끌림을 무시한다. 나는 내 아내 외에 다른 여자와 정들지 않음으로 실수를 예방할 것이다. 공적인 업무 이야기 외에 사적인 친밀한 대화를 삼가 정들지 않도록 주의할 것이다. 나는 배우자에게 숨길 만한 그 어떤 이성의 친분이나 대화를 삼갈 것이다. 배우자 외에 다른 이성에게 정서적인 위로를 얻고자 하지 않

을 것이다.

열심 내기: 나는 이러한 나의 정서적인 부분을 다른 남자 동료들과의 우정을 통해서 해결하고, 무엇보다 아내와 더 친밀한 시간을 가질 것이다.

이렇게 하는 것이 거룩한 성도들의 존재에 맞는 태도이다.

며느리가 마음에 안 들 때

며느리가 마음에 안 든다. 도대체 친정에서 무엇을 배웠는지 철이 없다. 다른 집 며느리 반만 좇아가면 좋겠다. 우리 아들이 정말 결혼을 잘못한 것 같다. 며느리 뒤꼭지만 봐도 미워 죽겠다.

여기기: 이런 생각을 하는 것은 내가 아니다. 나의 옛사람이다. 다른 사람을 판단하고, 그를 내 뜻대로 바꾸려는 이기적인 나는 죽었다. 나는 거듭난 새사람이다. 새사람은 그리스도가 나를 있는 모습 그대로 받아 주신 것처럼, 며느리를 이해하고 용납할 줄 아는 사람이다.

의의 몸으로 열심 내기: 며느리를 내가 원하는 대로 바꾸려 하지 말고, 용납하고 인정하자. 며느리를 용납하지 못하는 나의 집착과 판단을 십자가에 날마다 못 박자. 이번 명절에도 며느리를 딸처럼 생각하고 격려하자. 있는 모습 그대로 받아들이고 불쌍히 여기고 격려해 주자.

동서가 꼴 보기 싫을 때

명절 때만 되면 좀 가진 것 있다고 뽐내고, 자녀가 괜찮은 대학 갔다고 자랑하고, 남편 일이 좀 잘된다고 으스대며 다른 사람을 무시하는 동서가 정말 꼴 보기 싫다. 이번에는 정말 완전히 무시하고 싶다.

여기기: 이 마음은 내가 아니라 죄의 종인 옛사람의 마음이다. 나는 죄의 종이 아니라 하나님의 종이다. 나는 썩을 세상 것의 많고 적음으로 부러워하는 사람이 아니다. 나에게는 영원한 하늘의 상급과 유업으로 받을 하늘나라가 있다. 나에게는 금보다 귀한 믿음을 가진 자녀와 남편이 있다. 믿음 안에서 우리 가정은 얼마나 행복한가! 영적인 가치를 가지자.

의의 몸으로 열심 내기: 이 세상 것 외에는 자랑할 것이 없어 입이 마르도록 자랑하는 그는 얼마나 불쌍한가? 얼마나 속이 허하고 삶에 만족이 없으면 가진 것으로 자기를 입증하려고 애를 쓸까? 그의 이야기를 들어주자. 불쌍히 여기고 그리스도를 전하자.

과도한 구매욕이 임할 때

백화점에서 아이쇼핑을 하다 보니 사고 싶어진다. 소위 지름 신이 임한다. 어떻게 해야 할까?

여기기: 욕심으로 사고 싶어 하는 충동은 옛사람의 반응이다. 내가 여기서 절제하지 못하면 빚이 임한다. 육신의 생각은 사망에 이르게 한다. 나는 누구인가? 나는 하늘에 속한 새사람이다. 나는 이 세상 것으로 만족을 삼는 사람이 아니다. 내 진정한 만족과 기쁨은 예수님이시다.

의의 몸으로 열심 내기: 나는 절제할 것이다. 기왕 왔으니 열심히 걸으며 운동이나 하자. 나는 카드 빚을 지는 인생이 아니라, 근면 성실하여 미래를 준비하고, 어려운 이웃과 나눌 줄 아는 삶을 살 것이다.

이렇게 하는 것이 바로 죄에 대해서 죽고, 의에 대해서 산 자로 자신을 여기며, 자신의 삶을 의의 병기로 드리는 것이다. 이 세상에도 긍정적인 사고를 통해서 유익을 얻는 경우가 많다. 하지만 우리가 하는 행동은 무조건적으로 긍정적인 사고가 아니라, 그리스도 안에서 우리에게 주어진 존재에 맞는 생각이요, 행동이다. 이것이 진실이기에 우리가 그렇게 여기고 행동할 때에 죄는 힘을 잃고, 순종은 큰 능력을 발휘한다. 바로 이러한 삶이 변화와 축복을 가져온다.

» 새사람으로 살기 위한 세 단계, '여기기-드리기-열심 내기'를 내 삶에 구체적으로 적용해 봅시다.

1) 교회 생활
» 여기기

» 드리기

» 열심 내기

2) 가정 및 직장, 학교생활
» 여기기

» 드리기

» 열심 내기

PART **5**

새로운 남편의 복음

: 율법의 역할과 죄와 육신의 정체

롬 7장

17

왜 '구원＝믿음＋행위'가
틀린 건가요?

롬 7:1-6

신자의 오해

● **그래도 율법을 지켜야 구원이 완성되지 않을까?**

이쯤에서 신자들이 빠지기 쉬운 오해가 있다. '우리가 이제 하나님의 종이 되었으니, 그분의 말씀인 율법을 지킴으로 구원을 이루어 가는 것이 신앙생활 아닌가?' 하는 생각이다. 많은 신자가 이제 거듭났으니까 내가 착하게 살아서 구원을 완성해야 한다고 생각한다. 이것은 성화를 위해 율법에 의지하는 것이요, 내 힘으로 구원을 이루어 보겠다는 생각이다. '믿음+율법'이라는 도식의 삶으로 구원을 이루겠다는 것이다. 과연 내가 거듭나면 내 힘으로 율법을 지켜 내 삶을 의의 병기로 하나님께 드릴 수 있을까? 그것은 불가능하다.

옛 언약의 실패가 보여 주는 진리

이것을 잘 보여 준 존재가 이스라엘이다. 하나님은 그들에게 율법을 주시고 그들과 언약을 맺으셨다. 그 언약의 핵심은 율법을 지키면 생명과 축복, 지키지 않으면 사망과 저주가 임한다는 내용이었다. 지키면 살고, 지키지 않으면 죽는다는 것이었다. 이것이 출애굽 시에 시내산에서 맺은 옛 언약이다. 문제는 인간이 죄의 지배 아래 있는 타락한 존재로서 이 언약을 지킬 힘이 없다는 데 있다. 결국 죄로 인해서 그들은 율법대로 살지 못하고 언약에 불순종하고 우상을 숭배했다. 결국 모두 사망과 저주에 이르렀다. 그래서 그들은 신명기의 예언대로 포로로 사로잡혀 그 땅에서 쫓겨났다.

이것은 죄인 된 인간에게 율법이 어떤 역할을 하는지 보여 주는 매우 중요한 모델이요, 교훈이다. 우리는 율법이 죄를 이기고 구원에 이르는 길이라고 착각한다. 도덕과 윤리를 배우면 죄를 이기고 착하게 살 것이라고 생각한다. 그러나 이스라엘처럼 율법에 열심을 내고, 그것으로 제도와 시스템까지 만들어 지키려고 한 민족은 역사에 드물다. 결과적으로 그들이 실패했다는 사실은 무엇을 의미하는가?

바울은 율법은 착하게 사는 길이 아니라, 도리어 죄에게 이용당해 죄가 힘을 발휘하게 하는 토대가 된다고 말한다. 율법은 오히려 죄인인 인간 안에서 죄를 일깨우고, 죄를 자극하고, 죄를 활성화한다고 말한다. 그래서 성경은 "죄의 권능은 율법"(고전 15:56)이라고 하는 것이다. 결국 우리가 율법 아래 있으면 죄의 지배 아래로 들어가 원치 않는 죄를 짓고 사망 선고를 받는다. 그래서 죽음의 낭떠러지에 도달하게 된다. 율법의 길은 멸망의 길인 것이다. 그러므로 내 힘으로 한번 율법을 지켜서 구원을 완성하겠다는 생각만큼 어리석은 것이 없다.

복음의 길은 '믿음+행위'가 아니다. 예수님을 믿고 그다음에는 율법의 지배 아래로 들어가서 내 힘으로 살아가는 길이 아니다. 바울이 갈라디아서에서 이것이 거짓 복음이라고 얼마나 큰 소리로 경고하는지 모른다. 그런 면에서 바울은 로마서 7장 초두에서, 신앙의 길은 율법의 지배에서 벗어나는 데서부터 시작함을 말한다. 그리스도가 하신 사역은 바로 신자들을 율법에서 자유케 하신 일이라는 것이다. 복음이 바로 율법에서 자유케 하는 것이라는 사실을 우리는 깊이 이해해야 한다. 그래야 진정한 신자의 길, 복음의 길을 걸어갈 수 있다.

율법에서 자유케 하는 복음

● 신자는 율법 남편 아래서 죽었다

법은 살 동안만 주관한다

어떻게 율법의 지배에서 벗어날 수 있을까? 바울은 사람이 살 동안만 법이 그를 주관한다는 원리를 기억시킨다. "형제들아 내가 법 아는 자들에게 말하노니 너희는 그 법이 사람이 살 동안만 그를 주관하는 줄 알지 못하느냐"(롬 7:1). 예를 들어서 누군가 검찰에 기소되어 법에 의해서 수사를 받다가도 그가 죽으면 모든 수사가 중지된다. 법은 그가 살아 있는 동안만 그를 주관할 수 있다. 이는 달리 말하면, 우리가 살아 있는 동안에는 법의 주관 아래 있다는 것이다.

한 사람이 어느 사회에 살고 있는 한 그 사회의 법규를 지켜야 한다. 지키지 않으면 재판을 받고 정죄되어 감옥에 들어간다. 이처럼 하나님이 창조하시고 다스리시는 이 세상에서 살아가는 인간들은 모두 하나님의 법 아래에 있다. 유대인에게는 그것이 율법으로 주어졌고, 이방인에게는 그것이 마음의 양심에 기록된 법으로 주어졌다. 사람들은 그 법을 지키고 순종해야 한다. 그렇지 않고 불순종하면 결국 그 행위로 심판받아 영원한 지옥에 들어간다.

그러면 이처럼 우리를 지배하는 율법에서 우리가 어떻게 벗어날 수 있을까? 바울은 남편 있는 아내의 이야기를 한다. 남편이 있는 여인은 남편이 죽으면 이제 남편의 법에서 벗어난다는 것이다. "남편 있는 여인이 그 남편 생전에는 법으로 그에게 매인 바 되나 만일 그 남편이 죽으면 남편의 법에서 벗어나느니라"(롬 7:2). 남편이 버젓이 살아 있는데, 함부로 남편을 떠나 다른 남자에게 가면 그것은 간음이다. 그러나 남편이 죽으면 다른 남자에게 시집가도 법적으로 아무 문제가 없다. "그러므로 만일 그 남편 생전에 다른 남자에게 가면 음녀라 그러나 만일 남편이 죽으면 그 법에서 자유롭게 되나니 다른 남자에게 갈지라도 음녀가 되지 아니하느니라"(롬 7:3). 이처럼 법은 죽으면 더 이상 주관하지 못한다는 것이다.

바울은 지금 남편이 죽으면 아내가 그 법에서 자유하다고 말한다. 그런데 뒤로 가면 정작 비유의 적용(롬 7:4상)에서는 아내가 죽은 것처럼 전환하여 이야기한다. 존 스토트는 "바울은 이 비유를 통해 '죽음이 법의 지배를 끊는다'는 핵심 원리 하나만을 강조하고 있다"고 말한다.

까다로운 율법 남편과의 결혼

그렇다면 왜 바울이 그 원리를 강조하기 위해서 죄수나 해방된 노예 등 더 직설적이고 논리적인 비유를 놔두고 굳이 결혼을 비유로 들었을까? 여기서 바울은 이스라엘이 율법으로 맺은 옛 언약 아래서 하나님이 그들의 남편이 되신 것을 염두에 두고 하는 말은 아닐까? 하나님은 율법을 두고 이스라엘과 맺으신 언약을 하나님이 그들의 남편이 되신 결혼 언약이라고 말씀하신다. "내가 그들의 남편이 되었어도"(렘 31:32), "내가 네게 장가들어 영원히 살되 공의와 정의와 은총과 긍휼히 여김으로 네게 장가들며"(호 2:19).

하나님은 이처럼 이스라엘의 남편이 되셨고, 그 관계의 유지는 바로 율법 준수에 달려 있었다. 결국 율법이 이스라엘의 남편이 된 것과 마찬가지이다. 이렇게 이스라엘을 모델로 한 결혼 언약을 바탕으로, 바울은 율법이 모든 사람의 남편임을 말하고자 했다. 인간은 개인적으로는 양심의 율법으로, 사회적으로는 도덕과 법으로, 종교적으로는 율법과 경전으로 항상 남편처럼 율법을 섬기며 율법과 더불어 살아간다.

그런데 문제는 이 율법 남편이 완벽주의자에, 결벽주의자와 같다는 것이다. 율법은 거룩하고 의롭고 선한 남편이지만(롬 7:12) 언제나 완전함을 요구하며, 실패하면 정죄한다. 그는 사랑보다는 의무를, 용서보다는 규칙을 강조한다. 그러므로 죄인인 인간은 도저히 완벽하고 까다로운 율법 남편의 요구를 이행할 수가 없다. 그래서 늘 정죄를 당하고 비난을 받는다. 결국 율법 남편은 생명이 아닌 사망을 초래한다.

율법 남편에게서 벗어나야 산다

결국 아내가 살길은 이 까다로운 율법 남편에게서 벗어나는 것이다. 문제는 율법 남편은 죽지 않는다는 데 있다. 앞서도 말했듯, 율법은 하나님의 선하신 뜻이다. 천지가 없어져도 일점일획도 없어지지 않는다. 그렇다면 율법 남편과의 관계를 끝내는 방법은 오직 한 가지, 아내의 죽음뿐이다.

아주 오래전에 상영되었던 줄리아 로버츠(Julia Roberts) 주연작, "적과의 동침"이란 영화가 있다. 여주인공은 부자에다 미남인 남자와 결혼한다. 하지만 남편에게 극도의 결벽증이 있었다. 그에게는 모든 것이 흐트러짐 없이, 먼지 하나 없이 깔끔해야 했다. 조금만 흐트러져도 지적을 했다. 아내로서는 하루하루가 숨이 막혀 살 수가 없는 결혼생활이었다. 아내는 결벽증, 의처증 남편과 계속 살면서 숨이 막혀서 바짝바짝 말라 간다.

어느 날 아내는 남편에게서 벗어나기 위해서 묘책을 세운다. 남편 몰래 매일 수영을 배우러 다니며 선수급의 수영 실력을 갖추기에 이른다. 그리고 풍랑이 이는 어느 날 밤, 남편과 요트를 타고 바다에 나가 실족한 것처럼 미끄러져 실종된다. 남편은 아내가 익사했다고 결론 내리고 장례까지 치른다. 그렇게 아내는 죽음으로써 남편의 손아귀에서 벗어난다. 이처럼 율법 남편에게서 벗어나는 한 가지 방법은 율법에 대하여 내가 죽는 것이다.

그리스도가 율법 남편에게서 벗어나게 하셨다

그러면 어떻게 율법에 대하여 내가 죽을 수 있을까? 그것이 바로 그리스도가 하신 일이다. 바울은 그리스도의 몸으로 말미암아 우리가 율법에 대해서 죽임을 당했다고 말한다. "그러므로 내 형제들아 너희도 그리스도의 몸으로 말미암아 율법에 대하여 죽임을 당하였으니"(롬 7:4상). 그리스도가 우리 대신 율법 아래서 저주를 받아 죽으심으로 우리를 율법에서 자유케 하셨다는 말이다.

예수님은 율법에 완전히 순종하신 분이요, 죄가 없으신 분이기에 율법이 정죄할 수 없다. 그런데도 예수 그리스도는 십자가에서 죽으심으로 율법의 저주를 받으셨다. 바로 우리를 위해서 주님이 대신 율법의 저주를 담당하신 것이다. "율법의 저주에서 우리를 속량하셨으니 기록된 바 나무에 달린 자마다 저주 아래에 있는 자라 하였음이라"(갈 3:13).

〈웨스트민스터 신앙고백서〉의 내용을 보자. "그리스도는 자기 백성을 대신하여 율법 아래 나셨고, 완전히 순종하시며 죽으심으로 율법의 저주를 담당하셨다"(8장 4항). 신자는 그리스도의 죽으심과 연합하여 율법 아래서 저주를 받아 죽었다. 이 죽음이 바로 법의 지배를 끊는다. 앞서 언급했듯이, 이미 사형 집행을 받은 죄수는 간수가 더 이상 점호를 하지 않는다. 이처럼 우리는 늘 우리를 정죄하는 율법 남편으로부터 이미 죽은 존재로 간주된다. 그렇게 하여 율법 남편에게서 벗어난 것이다.

남편이 죽어야 다른 남자에게 시집갈 수 있다

왜 신자는 율법 남편에 대하여 죽어야 하는가? 두 가지 이유가 있다. 첫째는 그래야 새로운 남편에게 합법적으로 시집갈 수 있기 때문이다. 그리스도 안에서 신자는 율법 남편에 대하여 죽었다. 그리스도와 함께 죽었다가 다시 살아난 신자의 입장에서 보면 율법 남편은 죽은 것이나 다름없다. 다시 살아난 신자는 이미 율법 남편과의 관계를 청산했다. 그의 지배에서 합법적으로 벗어난 것이다. 이제 다른 남자에게 시집가도 간음이 아니다.

그리하여 결국 하나님은 우리를 다른 이, 곧 그리스도에게로 시집가게 하시려는 것이다. 바울은 "이는 다른 이 곧 죽은 자 가운데서 살아나신 이에게 가서"(롬 7:4중)라고 말한다. 신자는 율법 남편과 관계를 끝내고 이제 그리스도 남편에게로 갔다. 율법을 지키면 살고 지키지 않으면 죽는다는 언약 관계는 끝이 났다. 우리에게 새로운 관계가 주어졌는데, 바로 그리스도라는 새 남편과의 결혼 관계이다.

신자가 율법 남편에게서 벗어나야 하는 두 번째 이유는 그리스도에게 가서 열매 맺게 하려는 것이다. 신자는 오직 그리스도와의 관계에서만 열매를 맺을 수 있다. "이는 다른 이 곧 죽은 자 가운데서 살아나신 이에게 가서 우리가 하나님을 위하여 열매를 맺게 하려 함이라"(롬 7:4). 이 구절에서 '열매를 맺는다'는 것은 우리가 율법의 요구를 이룬다는 의미이다. 우리는 오직 우리를 위해 죽으시고 부활하신 예수 그리스도에게 시집가야 그분을 통해서 거룩함에 이르는 열매를 맺을 수 있다.

율법 남편 아래서는 결코 열매를 맺지 못한다. 육신 아래에 있는 타락

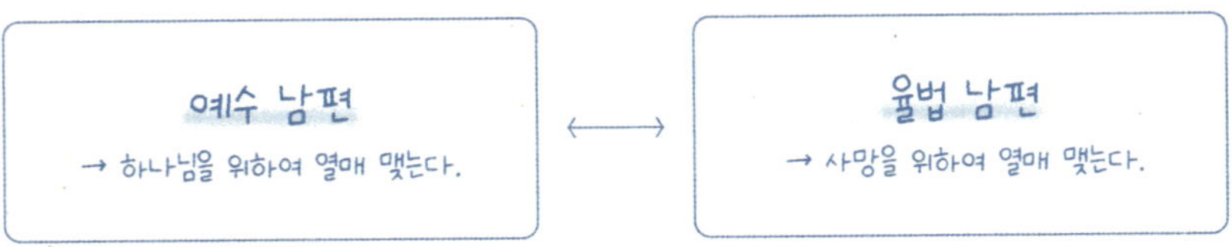

한 존재인 인간은 율법 때문에 착해지는 것이 아니라, 오히려 더 죄를 짓고 싶은 정욕이 발동한다. "우리가 육신에 있을 때에는 율법으로 말미암는 죄의 정욕이 우리 지체 중에 역사하여 우리로 사망을 위하여 열매를 맺게 하였더니"(롬 7:5). 교회에서 도덕 설교를 듣고 나면 거룩해지는 것이 아니다. 오히려 죄가 계명을 기회로 삼아 하와를 유혹한 것처럼, 죄가 역사하여 하지 말라고 하는 것을 욕망하게 만들어 죄를 짓게 만든다. 이처럼 육신 아래에서 율법은 너무나 무능하다.

율법이나 도덕을 마치 액세서리처럼 하고 다니는 사람들은 겉보기엔 굉장히 거룩해 보이지만 실상 은밀한 곳에서 이상한 행동을 한다. 바리새인처럼 외식한다. 이처럼 율법은 죄인인 인간이 열매 맺는 방법이 아니다. 그래서 하나님은 우리를 율법에서 자유케 하여 그리스도에게 가게 하신 것이다.

옛 언약의 폐기와 새 언약의 성취

신자가 율법 남편에게서 벗어나 그리스도 남편에게 가서 열매를 맺는다는 사실은 신자가 옛 언약에서 벗어나 새 언약 안에 있음을 말한다. 율법 남편과의 관계는 옛 언약을 말한다. 이스라엘이 율법을 어기고 우상 숭배를 함으로 그 결혼 관계는 파탄이 났다(렘 3:6-8; 겔 16장). 그들은 모두 약속의 땅에서 추방되고 포로로 끌려가서 타지에서 죽는다. 결국 옛 언약의 관계는 그들의 죽음으로 끝이 났다. "내가 그들의 남편이 되었어도 그들이 내 언약을 깨뜨렸음이라 여호와의 말씀이니라"(렘 31:32하). 이러한 죽음은 곧 남편의 법이 끝났음을 말한다.

그러나 자비로우신 주님은 남은 자들을 향해 새 언약을 말씀하신다(렘 31:31-34; 겔 36:26-28). 그들에게 새 마음을 주시고, 성령을 주셔서 주님이 친히 그들로 율법에 순종하는 백성들로 만들겠다고 약속하신다. 그 새 언약의 중보자, 새 언약의 성취자, 대표자가 바로 그리스도이시다. 결국 새 언약은 율법 남편과의 결혼 관계를 끝내고 그리스도 남편과의 결혼 관계의 시작인 셈이다.

이처럼 남편을 바꾸려면 아내가 죽어야 하는데, 우리는 그리스도 안에서 죽었다. 그런 면에서 그리스도의 죽음은 과거 옛 언약을 어기고 포로로 끌려가 죽임당한 이스라엘을 대표하는 죽음이요, 그들의 죽음의 성취이다. 이러한 그리스도의 죽음과 연합하여 우리도 옛 언약 아래서 함께 죽었다. 율법을 남편으로 하는 관계를 합법적으로 청산하고, 그리스도에게로 시집가게 되었다. 신자의 새 남편, 그리스도가 열매 맺으시는 길이다. 이것이 새 남편의 복음이다.

새 남편이 더 거룩하고 고상하다

새 남편은 전남편과 달리 마음씨가 좋고, 마음대로 하라고 놔두고, 아주 마음 편안히 해 주는 한량 같은 남편일까? 그렇지 않다. 새 남편은 전남편보다 더 고상하다. 전남편은 살인하면 죄라고 하는데, 새 남편은 미워만 해도 살인이라고 하신다. 음란한 생각만 품어도 간음이라고 말씀하신다. 새 남편은 마음에서부터 고상한 사람이다. 전남편보다 훨씬 아름답고 고상하고 눈부시게 빛나는 분이시다.

전남편은 지적하고 정죄하지만, 새 남편은 마음이 너그럽고 은혜롭다

전남편은 옳기는 하지만 맨날 꾸짖고 비난한다. 그러나 새 남편은 우리가 저지르는 실수를 용서하신다. 남편의 요구대로 못 살아도 야단치거나 정죄하지 않고, 오히려 실수를 대신 갚아 주신다. 죽음으로써 우리 죗값을 치르시고 우리를 끊임없이 용서하신다. 율법 남편은 이래라저래라 말만 하지만 새 남편은 우리 손을 붙잡고 우리가 할 수 있도록 도와주신다. 우리에게 성령을 보내셔서 새 남편 예수님을 닮아 가도록, 의의 종으로서 열매를 맺도록 도와주신다.

전남편은 무섭고 미웠는데, 새 남편은 사랑스럽고 감사하다

전남편은 하는 말이 늘 옳지만, 호감이 안 간다. 어떻게 하면 그에게서 벗어나서 내 마음대로 살아갈지만 생각하게 한다. 그런데 새 남편은 마음

에서부터 흠모하게 된다. 사랑하게 된다. 늘 함께 있고 싶다. 항상 교제하
며 깊은 사랑을 나누고 싶다.

전남편의 말은 잔소리 같으나, 새 남편의 말과 행동은 닮고 싶다

예수님을 사랑하고 예수님과 깊은 교제를 나누다 보니 내가 점점 새
남편을 닮아 간다. 점점 아름다운 하나님의 형상으로 변해 간다. 비로소
새 남편을 통해서 열매가 맺힌다. "이는 다른 이 곧 죽은 자 가운데서 살
아나신 이에게 가서 우리가 하나님을 위하여 열매를 맺게 하려 함이라"(롬
7:4하). 율법이 길이 아니라 그리스도가 길이다. 율법과 공의와 정의를 사
랑한다고 해서 절대 죄를 이기지 못한다. 예수님을 사랑하는 사람이 죄를
이긴다. 오직 그리스도 안에서만 열매를 맺는다.

신자에게 작동하는 새로운 삶의 원리

● 영의 새로운 길을 가라

그러면 그리스도는 어떻게 육신 아래서 죄에게 넘어지는 인간을 열매
맺는 인간이 되게 하시는가? 그리스도는 우리로 율법에서 벗어나 영의
새로운 것으로 섬기게 하신다. "이제는 우리가 얽매였던 것에 대하여 죽
었으므로 율법에서 벗어났으니 이러므로 우리가 영의 새로운 것으로 섬
길 것이요 율법 조문의 묵은 것으로 아니할지니라"(롬 7:6).

율법 조문의 묵은 것으로 섬기는 것은 옛 언약의 방식이다. 새 언약의 방식은 영의 새로운 것으로 섬기는 것이다. 영의 새로운 것은 성령의 새로운 것이다. 예수님을 믿고 의롭다 함을 입은 사람들에게 하나님은 성령을 보내 주신다. 성령은 우리의 눈을 열어 성경을 통해서 생명이신 예수 그리스도를 알게 하신다. 이 모든 말씀이 규칙이나 도덕이 아니라 예수 그리스도에 대한 것임을 알게 하신다. 말씀을 통해 그리스도를 알아 가게 하시고, 예수님을 사랑하여 열매 맺게 하신다.

나는 예수님을 인격적으로 만나기 전, 청소년 시절에 나를 길러 주시던 할머니한테 짜증을 잘 냈다. 집에만 가면 가난하고 초라한 현실이 늘 답답했다. 할머니가 뭘 물어보시면 퉁명스럽게 쏘아붙이곤 했다. 오매불망 나만 기다리시는 할머니에게 죄송하기도 했지만, 짜증이 나는 걸 견딜 수 없었다. 그러다가 스무 살 되던 해, 은혜를 받고 예수님이 나의 주님이심을 고백한 이후로 달라졌다. 예수님을 깊이 사랑하게 되면서 하나님이 아버지가 되시고 예수님이 나의 사랑이 되시니 마음속에 한없는 사랑과 기쁨이 흘러넘쳤다. 세상이 달라 보였다. 신기하게도 그 순간부터 할머니가 돌아가실 때까지 짜증을 한 번도 내지 않았다. 예수님이 내 안에 계시니까 깊은 상처가 치유되면서 자연스럽게 언어가 부드러워졌다. 애쓰시는 할머니에게 감사하고 불쌍한 마음이 들었다.

이 모든 일이 내 노력으로 된 일일까? 예수 믿는 사람이 그렇게 살면 안 된다는 윤리적 각성으로 되었을까? 어떤 위인을 보고 결단을 내린 것일까? 아니다. 예수님을 사랑하니까, 그분을 내 신랑으로 삼고 그분과 사랑의 교제를 나누며 살다 보니까 저절로 열매가 맺힌 것이다.

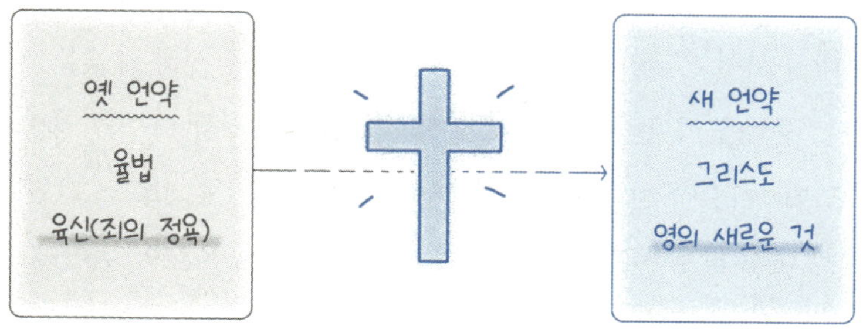

　그리스도를 만난 이후로 나는 새벽마다 말씀 묵상(QT)을 했다. 그 시절 묵상 노트를 보면 '성경이 이렇게 말씀하니 이렇게 살아야겠다'는 내용은 거의 없다. 당시에는 성경을 펴면 성령께서 말씀을 문자가 아니라 살아 계신 예수님의 삶과 인격으로 다가오게 하셨다. 성령이 말씀 안으로 나를 이끌어 가셨고 말씀이 내 안으로 들어왔다. 묵상 노트의 내용은 대부분 예수님을 사랑한다는 고백으로 채워졌다. '예수님이 이렇게 아름다운 분이시구나. 이렇게 나를 용서하시는구나. 나에게 살 수 있도록 힘을 주시는구나!' 하는 발견 속에서 이루어지는 사랑의 고백, 헌신의 고백, 감사의 고백들로 가득했다.

　그러다 보니 예전과 달리 손, 발, 몸, 시간, 말, 얼굴빛, 지혜, 생각, 재능을 나도 모르게 점점 하나님을 위해서 의의 병기로 드리는 내 모습을 발견하게 되었다. 성경을 보니까 하나님의 열망과 꿈이 담겨 있었다. 나를 사랑하시는 주님의 꿈이 내 꿈이고, 주님의 나라가 내 나라라는 마음에 주님의 은혜로 살다 보니 여기까지 오게 되었다.

내 결심으로 한 적이 없기에 스스로 내가 의로운 사람이라고 생각할 수가 없었다. 그저 예수님을 사랑하고 따라갔을 뿐이다. 예수님이 성령을 보내 주셔서 은혜가 넘쳐 세상과 죄를 미워하게 하시고 말씀을 깨닫게 하셨다. 주님을 사랑하게 하시니 오히려 율법의 요구를 이루는 인생을 살게 되었다. 이것이 죄인에게 맞는 구원의 방법이다. 앞으로도 그렇게 살 뿐이다. 내가 남보다 거룩하고, 의지력이 강하고, 도덕심이 뛰어나고, 의식이 예리해서가 아니다. 전적으로 그리스도를 사랑하고 닮아 갈 뿐이다. 이것이 영의 새로운 길이다.

신자가 교회에서 매주 도덕적인 설교를 듣는다고 해서 죄를 이길 힘이 생기지 않는다. 예수님의 아름다운 영광의 맛을 볼 때, 내 안에서 죄에 대한 흥미가 사라진다. 예수님을 사랑해야 죄를 이긴다. 하늘의 신령한 은혜를 경험할 때 그 은혜로 말미암아 죄를 이긴다. 이것이 성령의 새로운 것이요, 은혜의 길이다.

● 율법이 아니라 예수 그리스도가 길이다

플래너리 오코너(Flannery O'Connor)라는 작가가 《현명한 피》(IVP, 2017)란 소설을 썼다. 그녀는 미국 남부의 소위 바이블벨트라는 지역에 사는 천주교 신자였는데, 거기서 바이블벨트를 중심으로 하는 미국 근본주의 기독교의 민낯을 본다. 기독교근본주의는 이슬람근본주의처럼 과격하지는 않지만, 근본(Fundamentalism)을 목숨 걸고 지키려는 태도는 비슷하다. 그래서 교리만을 최고로 여기고, 나만 옳고 다른 사람들은 모두 그르다는 배

타적 정신으로 비판을 일삼는다. 이웃에게 관심은 없고 오직 영혼 구원, 예배, 종교 생활만 중요하다고 생각하며 세상 문화 등은 더러운 것이라고 단절했다. 이런 현상이 특별히 미국 남부 지역 기독교 가운데 아주 심했다. 그녀는 소설을 통해 이를 고발한다.

소설 속 주인공은 그러한 교회에 예수님이 없다는 것을 발견한다. 어느 날 그는 전쟁에서 고향으로 돌아와 예수님 없는 기독교를 전파한다. 그가 만나는 고향 마을의 신자들, 종교인들의 모습은 매우 기괴하다. 어느 하나 정상적인 사람이 없다. 길에서 딸과 함께 복음을 전하는 한 눈먼 전도자는 주님을 향한 헌신과 공로적 행위로 자신의 눈에 시멘트를 발라서 맹인이 된 것처럼 속인다. 그래서 딸과 함께 복음 전도를 하며 헌금을 걷어 생활한다. 주인공과 친하게 지내는 한 소년은 매우 신비주의적이어서 나름 무슨 음성을 듣는다. 그러나 삶은 엉망이다. 주인공을 이용하여 돈을 벌고자 그에게 접근하는 유명한 기독교 사업가도 등장한다. 주인공이 거부하자 다른 사람을 주인공처럼 분장시켜서 사람을 모아 돈을 번다. 주인공은 격분하여 자신처럼 분장한 그를 죽인다. 그리고 그는 자신의 눈에 시멘트를 발라 눈이 멀어 버린다. 그는 그렇게 하여 자신의 죄를 속죄하려고 했는지 모른다.

정말 그 어디에도 돌파구가 없는 갑갑한 소설이었다. 그 소설을 읽으면서 느낀 점이 있다면, 잘못된 신학, 잘못된 종교가 얼마나 기괴한 사회, 괴이한 사람들을 만드는가 하는 것이다. 어쩌면 세상 사람들이 오늘날 교회에서 이처럼 이상한, 심지어 괴이한 모습들을 보고 있는 것은 아닐까? 소위 자신만이 옳다는 근본주의적 교회들의 모습은 세상 사람들의 눈에 결코 정상적으로 보이지 않는다. 우리는 율법이 아니라, 예수님을 따라야한다. 어떤 신조, 이념, 교리, 사상이 아니다. 예수 그리스도를 따라야 한다. 복음은 이제 더 이상 율법이 우리 남편이 아니라 아름다우신 예수님이 우리의 남편, 신랑이시라는 소식이다.

» '구원=믿음+행위'라는 도식은 그리스도인이 빠지기 쉬운 함정입니다. 나에게도 이러한 유혹이 있나요? 자신의 행위로 구원을 완성하려고 노력한 적이 있는지 나누어 봅시다.

» 새 남편이신 예수님과의 인격적인 관계를 통해 맺어진 삶의 열매가 있다면 무엇인가요?

18

왜 많이 가르쳐도
선해지지 않을까요?

롬 7:7-13

《도덕적 인간은 왜 나쁜 사회를 만드는가?》(부키, 2013)는 도덕을 가지고 인간의 심리를 실험한 로랑 베그(Laurent Begue)의 책이다. 이 책에 의하면, 타의 모범이 될 만한 생각을 하는 사람들이 역설적으로 훨씬 더 모범적이지 않은 행동을 하며, 훨씬 덜 관대한 행동을 한다고 한다. 특히 독실한 종교인들이 덜 관대하더라는 것이다. 게다가 사람들이 도덕적 만족감을 경험한 후에는 오히려 탐욕스러워진다고 한다. 심지어는 자신이 도덕적이라는 생각만으로도 탐욕스러워진다고 한다. 예를 들어, 고해성사를 하기 전보다 고해성사를 하고 난 후에 적선을 베푸는 일에 인색하다는 것이다. 결국 도덕적이거나 종교적인 것이 실상 인간을 선하게 만드는 일에 얼마나 무력한지 실험을 통해서 보여 주고 있다. 왜 이런 일이 일어날까? 왜 율법이 이런 부작용을 만들어 내는가? 우리는 율법의 역할, 그리고 한계를 분명히 알아야 한다.

율법의 역할

● 율법은 죄를 억제하는 것이 아니라 활성화시킨다

율법은 죄를 알려 준다

앞서 율법 남편은 우리를 착하게 만들지 못하고 오히려 죄를 짓게 한다고 했다. 여기서 떠오르는 자연스런 질문이 있다. "그렇다면 율법이 죄라는 말인가?" 물론 대답은 "그렇지 않다"이다. "그런즉 우리가 무슨 말을 하리요 율법이 죄냐 그럴 수 없느니라"(롬 7:7상). 율법은 죄가 아니라, 죄가 무엇인지를 알려 준다. "율법으로 말미암지 않고는 내가 죄를 알지 못하였으니 곧 율법이 탐내지 말라 하지 아니하였더라면 내가 탐심을 알지 못하였으리라"(롬 7:7하). 십계명에 "네 이웃의 집을 탐내지 말라"(출 20:17)는 계명이 있다. 이 계명을 통해서 우리는 '이웃집의 것을 탐내는 내 마음이 죄'라는 것을 아는 지식을 얻는다. 톰 라이트의 표현대로 한다면, 율법은 죄에 대한 지식(knowledge about sin)을 알려 준다. 즉 율법은 무엇이 참이고, 무엇이 잘못된 것인지 우리에게 알려 주는 선한 계명이다.

율법은 죄를 억제하는 것이 아니라 이루게 한다

그러나 문제는 그러한 지식이 우리로 죄를 멀리하게 하지 못한다는 것이다. 오히려 율법이 죄에게 이용당하여 우리 안에 죄를 이룬다. "그러나 죄가 기회를 타서 계명으로 말미암아 내 속에서 온갖 탐심을 이루었나니"(롬 7:8상). 에덴동산에서 죄는 선악과 금지 명령을 기회로 삼아 하와의 마음을 자극했다. "네가 먹으면 하나님처럼 될 것이다"라고 부추겨 마음속에 먹음직하고 탐스러워하는 탐심을 이루었다. 하나님이 먹지 말라고 하신 것을 먹고 싶어 하는 탐심, 즉 실제로 죄가 되는 불순종의 마음을 일으킨 것이다. 톰 라이트의 말을 빌리면, 율법은 이렇게 하여 실제적인 죄의 지식(knowledge of sin)을 경험케 했다. 결국 불순종에 이르게 했다.

우리는 열심히 율법을 가르치면 죄를 깨닫고 멀리할 것이라고 생각한다. 그것이 율법의 기능이라고 믿는 것이다. 그러나 하와는 분명 계명을 알고 있었지만, 죄가 하와의 마음속에 '너 저것 먹으면 하나님처럼 된다' 하며 유혹할 때 그것이 죄임을 깨닫지 못했다. 그녀의 마음속에 죄의 유혹과 충동이 일어나 탐심이 가득할 때, 율법이 '아하! 이것이 죄이구나'라고 깨닫게 하지 못했다. 오히려 죄가 금지 명령을 기회로 삼아 하와의 마음속에 그것을 보암직하고 먹음직스럽고 탐스러워 보이게 하여 탐심을 유발했다. 율법은 그렇게 이용당하여 오히려 죄를 이루게 한다.

율법은 죄가 살아나서 활동하게 한다

바울은 "이는 율법이 없으면 죄가 죽은 것임이라"(롬 7:8하)고 말한다. 이 말은 율법이 없으면 죄가 없다는 의미가 아니다. 아담이 선악과를 먹기 전에도 죄는 존재했다. 죄의 배후에는 하나님께 거역한 마귀가 있다. 그러나 율법이 오기 전에 죄는 숨은 채로 존재했다. 존 스토트의 표현을 빌리면,

죄가 비활성화 상태에 있었다. 죄가 언제부터 살아나서 활동하기 시작하느냐면 내가 율법을 깨달을 때이다. "전에 율법을 깨닫지 못했을 때에는 내가 살았더니 계명이 이르매 죄는 살아나고 나는 죽었도다"(롬 7:9).

율법은 무엇이 죄인지, 죄에 대한 지식을 알려 준다. 문제는 그때부터 죄가 활동하여 하나님의 계명을 어기도록 활동한다는 데 있다. 마치 아이들이 방바닥에 과자 부스러기를 흘리면 어느덧 바퀴벌레가 기어 나오는 것과 같다. 과자 부스러기는 바퀴벌레의 존재를 알게 한다. 그리고 그것들이 번성하게 한다. 이처럼 내 안에서 율법을 깨달을 때, '아, 이게 하나님이 하지 말라고 하신 것이구나' 하고 깨달을 때, 드디어 내 속에 죄가 활동하기 시작한다. 아담과 하와에게 속삭였던 것처럼 죄가 우리에게 속삭인다.

이처럼 율법이 이르면, 죄가 꿈틀거리기 시작한다. 죄는 본질적으로 하나님과 그 법에 불순종하는 것이기에 하나님의 율법, 계명이 인식되면 그것을 어기도록 부추긴다. 그것을 이용해 하나님께 반역하도록 만든다. 신기하게도, 그렇게 하면 안 된다는 설교를 들은 주간이면 그 일을 하도록 죄가 역사한다. 말씀을 깨달으면 죄가 움직이면서 갈등이 생기기 시작한다. 이렇게 율법은 죄가 살아나게 한다.

결국 계명이 이르자 죄가 살아나서 아담과 하와가 죽음에 이른다. 계명을 지키면 생명에 이르는데, 오히려 계명을 어겨 사망에 이른 것이다. "생명에 이르게 할 그 계명이 내게 대하여 도리어 사망에 이르게 하는 것이 되었도다"(롬 7:10). 하나님이 우리에게 계명을 주신 것은 순종하여 생명을 얻게 하시기 위해서였다. 그런데 죄는 그 계명을 이용하여 기회를

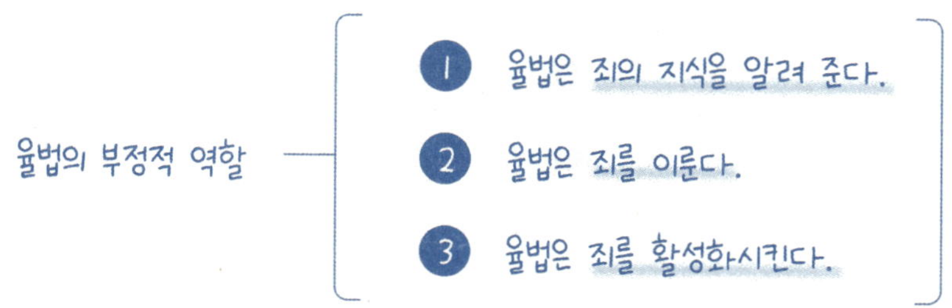

틈타 오히려 우리를 속이고 그 계명으로 우리를 죽인다. "죄가 기회를 타서 계명으로 말미암아 나를 속이고 그것으로 나를 죽였는지라"(롬 7:11). 결과적으로 율법이 하는 일이 무엇인가? 우리 안의 죄를 드러내고, 죄를 이루며, 그 죄를 지은 우리를 정죄할 뿐이다.

● 율법은 숨어 있는 죄의 실체를 드러낸다

그렇다고 율법이 악한 것은 아니다. 바울은 오히려 율법은 거룩하고 의롭고 선하다고 한다. "이로 보건대 율법은 거룩하고 계명도 거룩하고 의로우며 선하도다"(롬 7:12). 여기서 "이로 보건대"는 앞서 언급한 것을 뜻한다. 율법이 우리로 죄를 짓게 한 것은 단지 죄가 율법을 악용해서이지, 실상 율법은 우리에게 생명의 길을 알려 주고, 죄의 지식을 전해 주는 선한 것이었다는 것이다. 율법 자체는 하나님의 선하신 성품과 뜻을 반영한 것으로서 거룩하고 의롭고 선하다.

그런데 여기서 또 떠오르는 의문은 "율법이 선한데, 그것이 내게 사망이 되느냐?"는 것이다. 바울의 대답은 "그럴 수 없다"이다. "그런즉 선한 것이 내게 사망이 되었느냐 그럴 수 없느니라"(롬 7:13상). 즉 율법이 사망이 될 수 없다고 한다. 그러면 율법이 하는 역할은 무엇인가? 율법의 긍정적인 역할은 도대체 무엇이냐는 것이다. 그것은 바로 인간을 사망으로 이끄는 죄가 죄로 드러나게 하고, 죄로 심히 죄 되게 하는 것이다. 즉 죄의 정체를 밝혀 준다. "오직 **죄가 죄로 드러나기 위하여** 선한 그것으로 말미암아 나를 죽게 만들었으니 이는 계명으로 말미암아 **죄로 심히 죄 되게 하려 함**이라"(롬 7:13하). 죄가 죄로 드러나도록 한다는 것은 우리 안에 숨어서 내주하는 죄의 정체를 분명히 알게 한다는 것이다. 또 죄로 죄 되게 한다는 것은 그 죄가 얼마나 악한 속성을 가졌는지를 드러낸다는 것이다.

마치 코로나19 바이러스에 감염되었는지 알려 주는 진단 키트처럼, 율법은 우리 안에 죄를 활성화시켜서 우리 안에 죄가 있다는 사실을 알게 해 주는 시약과 같다. 이처럼 율법이 죄의 정체와 본질을 알게 하는 일은 정말 중요한 역할이다.

진정 위험한 존재는 자신의 정체를 숨기고 내부에 잠입해 있는 스파이이다. 그가 위험을 가하는데도 알지 못할 때 조직이나 나라는 큰 위험에 처한다. 이처럼 죄가 우리 안에서 우리를 속여 사망으로 이끌고 가는데, 정작 죄의 존재를 모르고 그 정체를 파악하지도 못할 때 우리는 큰 위험에 빠진다. 죄는 우리 안에서 자신이 죄가 아닌 것처럼 속이고 숨어서 존재한다.

어디가 아플 때 그 원인을 알면 치료하기가 쉽다. 열이 나고 기침이 나는데, 왜 그런지 이유를 알 수 없다면 큰 문제이다. 얼마 전 코로나19 바이러스가 유행했을 때, 처음엔 다들 단순한 감기인 줄 알았다. 그래서 해열제와 항생제를 처방했지만 열이 떨어지지 않아 많은 사람이 목숨을 잃었다. 결국 그 바이러스의 치명적 정체가 밝혀지고 무력화할 백신을 만들어 처방하고 나서야 그 위험에서 벗어날 수 있었다.

이처럼 정체를 알아야 한다. 왜 인간들이 온갖 악을 행하고, 서로 싸우고, 전쟁하고, 자연을 파괴하고, 욕심을 부리고, 속이고, 거짓을 행하며 음란하게 살아가는가? 성경은 그 주범이 바로 죄라고 말한다. 죄가 인간으로 죄를 짓고 영원한 사망으로 가게 하는 주범이다. 인간이 스스로의 힘으로 해결하지 못하는 이 죄를 위해서 하나님이 마련하신 소식이 곧 복음이다. 오직 복음, 그리스도만이 죄를 해결하는 백신이라는 것이다. 복음만이 이 세상의 문제에 대한 유일한 해답이고 치료제이다.

이 세상의 문제는 죄에 대한 무지에 빠져 있다는 것이다. 인간이 처한 문제의 원인을 모른 채 도덕적으로 착하게 살라고 가르치면 된다고 생각한다. 그러나 율법, 도덕, 계명을 가르친다고 착해지는가? 죄의 열은 내리지 않고 증상이 개선되지 않는다. 배울수록 법을 교묘히 피해 보이지 않는 은밀한 데서 악을 행한다.

무엇을 보여 주는가? '아, 율법과 도덕으로 바르게 할 수 없는 심각한 죄의 바이러스에 감염되었구나'라는 심각한 실상을 알려 주는 것이다. 율법은 개선책도, 치료제도 아니다. 그렇다면 율법이 하는 일은 무엇인가?

바로 죄의 실체를 알려 주는 것이다. 결국 인간이 율법을 깊이 공부하고, 도덕적으로 깊이 수양하고 도를 닦으면 성화되어 신의 경지에 이르는 것이 아니다. 우리는 율법을 통해 죄를 깨닫는다. 자신이 얼마나 큰 죄인이고 도둑놈인지를 알게 되는 것이다.

불교계가 존경하는 성철 스님은 누워서 자는 법 없이 좌선만을 계속하는 수행(장좌불와)을 약 8년간 실천한 분이다. 음식을 입에 넣을 때조차 묵상하며, 말 한마디도 신중히 했다고 한다. 말년에는 사람 만나는 것조차 줄이며 묵언 수행을 한 분이다. 불교계에서는 '자기 자신을 철저히 불법에 바쳐 산 사람', 말 그대로 '수행 그 자체가 된 인물'이라고 평가한다. 성철 스님의 열반송을 보면 오랜 세월의 수양 속에서 결국 자신의 죄가 얼마나 큰지 깨달았음을 본다.

생평기광남녀군(生平欺誑男女群): 평생 남녀 무리를 속였고

미천죄업과수미(彌天罪業過須彌): 그 죄업이 하늘에 가득하여 수미산을 넘는다.

활함아비한만단(活陷阿鼻恨萬端): 산 채로 아비지옥으로 떨어지니 한이 만 갈래

일륜토홍괘벽산(一輪吐紅掛碧山): 붉은 해가 푸른 산에 걸렸다.

성철 스님은 진정 솔직한 사람이다. 이것이 율법의 역할이다. 다만 율법은 우리가 죄인임을 알려 줄 뿐, 구원의 길을 알려 주지는 않는다. 오히려 율법은 인간 안에 있는 죄의 정체를 밝혀 결국 그 문제를 해결할 한 분에게로 인도한다.

토론과 적용을 위한 질문

» 율법의 역할을 정리해 봅시다. 내 신앙과 삶에서는 율법이 어떤 역할을 했는지 나누어 봅시다.

» 율법 진단 키트를 통해 내 안에 숨어 있던 죄를 발견한 적이 있나요? 함께 나누어 봅시다.

19

신자 안에
죄가 몰래 살고 있다고요?

롬 7:14-20

죄의 실체

그러면 율법이 알려 주는 죄의 실체는 무엇인가?

◆ 죄는 신자 안에 내주한다: 율법은 죄가 죄로 드러나게 함

바울은 먼저 율법이 죄가 죄로 드러나게 한다고 말한다. 즉 율법은 우리 안에 내주하는 죄의 정체를 드러낸다. 이를 위해서 바울은 자신의 경험을 통해서, 거듭났지만 아직 미성숙한 신자의 실존을 이야기한다.

거듭났지만 넘어지는 신자의 실존

바울은 먼저 자신이 분명 율법은 신령한 줄 알지만, 정작 자신은 육신에 속해 죄 아래 팔렸다고 말한다. "우리가 율법은 신령한 줄 알거니와 나는 육신에 속하여 죄 아래에 팔렸도다"(롬 7:14). '율법은 신령한 줄 알았다'는 말은 율법이 단지 문자가 아니라 영적으로 하나님의 성품을 계시하는 것임을 알았다는 것이다. 22절에서 "내 속사람으로는 하나님의 법을 즐거워하되"라고 말하는 것으로 보아, 그가 거듭난 사람으로서 율법을 인식하기 시작했을 때의 이야기임을 알 수 있다. 우리가 거듭나면 하나님의 법을 사모하게 되지 않는가.

그러나 그러한 인식과는 별개로 바울은 율법이 신령한 줄 깨달았을 때 오히려 자신이 육신에 속하여 죄 아래 팔렸다고 말한다. 언제 죄가 가장 강력하게 우리 안에서 역사할까? 하나님의 말씀을 깨달을 때, 은혜받기 시작할 때, 도덕 의식을 갖기 시작할 때, 죄가 공격한다. 우리가 거듭나서 율법을 사랑하고 주의 선한 뜻을 좋아하는 때일수록 죄가 역사한다.

물론 신자는 이런 순간에 죄를 이길 비법을 갖고 있다. 그러나 그는 아직 그것을 모른다. (바울은 8장으로 가면, 신자 안에 내주하시는 성령을 거듭 언급한다. 그분을 통해서 죄를 이기는 삶에 대해서 이야기한다. 그것이 바로 성숙한 신자의 모습이라는 것이다. 하지만 7장에서는 성령에 대한 언급이 일체 없다. 7장에서의 "나"는 거듭나서 마음으로 하나님의 법을 사모하기는 하지만 아직 성령의 능력으로 살아가는 법은 모른다. 죄를 이기는 법은 아직 모른다. 그래서 그는 육신, 즉 죄에 물든 육체의 본성에 속해서 죄의 노예로 살아간다고 한다. 여기서 바울은 자신이 거듭났지만 아직 성령을 의지할 줄 모르는 존재로서 "나"를 표현한다.) 그러므로 바울은 자신이 (성령이 아닌) 육신에 속해서 죄 아래 팔렸다고 고백한다.

원치 않는 것을 행하는 나

그런데 육신에 속하여 죄 아래 팔린 그의 실상이 어떠한가? 그는 자신의 내면을 깊이 탐색하면서 자신은 자기의 행동을 이해할 수 없다고 말한다. 왜냐하면 원하는 것을 행하지 못하며, 미워하는 것을 행하기 때문이다. "내가 행하는 것을 내가 알지 못하노니 곧 내가 원하는 것은 행하지 아니하고 도리어 미워하는 것을 행함이라"(롬 7:15). 마음은 분명히 '이러면 안 되는데' 하면서 실제로는 반대로 행동하는 것이다. 더 나아가 거듭난 자기 마음의 열망과 소원이 있는데도 실제로는 자신이 미워하는 것을 행하더라는 것이다. '내가 왜 이러지?' 하면서 자신의 행동을 이해할 수 없어 한다. 결국 바울은 내면의 깊은 성찰을 통해 중요한 사실을 깨닫는다.

첫째, 나는 율법이 선한 것을 시인하는 존재이다. "만일 내가 원하지 아니하는 그것을 행하면 내가 이로써 율법이 선한 것을 시인하노니"(롬 7:16). 악한 일에 대해서 '이것을 하면 안 돼'라고 생각하니까 나는 그것을 규정하는 율법이 선함을 시인하는 것이다. 비록 죄를 행하지만, '내 마음은 그것을 원치 않고 그것은 잘못된 행동이야. 나는 그런 행동이 미워'라고 생각한다. 그러므로 나는 율법을 선하게 생각하고 율법에 동의하는 사람이라는 것이다. 그런데 왜 나는 나 자신과 다르게 행동할까?

악을 행하는 자는 내가 아니라 내 안의 죄

둘째로 아주 중요한 사실을 깨닫는다. 바로 그 원치 않는 악을 행하는 자는 내가 아니라 "내 속에 거하는 죄"라는 것이다. "이제는 그것을 행하는 자가 내가 아니요 내 속에 거하는 죄니라"(롬 7:17). 분명 나는 원하지 않는데, 내가 그 일을 행하게 하는 자가 누구냐면, 내가 아니라 내 속에 거하는 죄라고 한다. 바울은 20절에서도 반복해서 말한다. "만일 내가 원하지 아니하는 그것을 하면 이를 행하는 자는 내가 아니요 내 속에 거하는 죄니라"(롬 7:20). 두 번씩이나 반복하여 내가 아니라 "내 속에 거하는 죄"라고 말한다. 이 말은, '나는 책임이 없다'는 의미가 아니다. '내가 죄에 사로잡혀서 죄의 노예가 되어 행동하고 있다'는 의미이다.

바울은 '나'와 '죄'를 대조하면서 죄를 의인화하고 있다. 그가 죄를 인격적인 존재로 표현하는 데는 이유가 있다. 죄의 배후에 마귀가 있기 때문이다. 태초에도 뱀, 즉 옛 뱀이 하와를 부추겼다. 성경은 그 옛 뱀을 곧 마귀라고 말한다. 또한 이 죄가 우리의 인격 안에 뿌리 깊게 기생하고 있기 때문이다. 우리는 아담 안에서 죄에 오염되어 부패한 채 태어난다. 이렇게 죄가 내가 되고, 내가 죄가 된다. 죄가 우리의 인격 안에 침투하여 우리의 의지를 거스르고 우리의 인격을 거슬러 하나님께 반역하게 한다. 그렇게 죄는 하나의 인격적 특성이 되어 우리 안에서 활동한다. 그래서 우리는 죄와 나를 분리하기 어렵다.

죄를 나와 분리하여 객관화하라

하지만 신자가 거듭날 때, 새사람이 되어 하나님의 법을 사모하는 심령을 가지면 드디어 나와 죄의 분리가 가능해진다. 내가 하나님의 법을 사모할수록, 내 마음과 다르게 원치 않는 이상한 방향으로 끌고 가는 그 존재를 인식하게 되는 것이다. 이처럼 율법은 죄를 나와 분리하여, 죄의 존재를 인식할 수 있는 분별력을 준다. '내 안에 죄란 놈이 이렇게 나를 사

로잡아 가는구나' 하고 죄를 객관화하게 된다.

나와 죄의 분리, 죄의 객관화가 중요하다. 우리 속에 거하는 죄를 명확히 분리해야 우리는 그 죄를 처리할 수 있다. 우리는 죄를 나라고 생각하면 안 된다. '나는 원래 그래. 나는 악해'라고 생각하면 분별력이 흐려진다. 오히려 '나는 주님의 말씀으로 거듭난 의로운 사람이고, 마음으로 하나님의 법을 즐거워하는 사람이야'라고 생각해야 한다. 그리고 이렇게 원치 않는 것을 행하는 것은 죄라고 인식해야 한다. 이렇게 죄와 나를 분리해야 한다. 그때 그 죄를 대적하고 이길 수 있다.

● 신자 안에 내주하는 죄는 악한 존재이다: 율법은 죄로 죄 되게 함

그러면 내 안에 있는 죄는 도대체 어떤 존재이기에 이렇게 나로 원치 않는 죄를 짓게 하는 것일까? 바울은 율법이 그 죄로 죄 되게 한다고 말한 바 있다. 바울은 자신 안의 경험 속에서 죄의 정체만이 아니라, 죄의 악한 본성을 이야기한다.

죄의 악함 1. 죄의 사기성(속임)

먼저 바울은 죄가 우리를 속인다고 말한다. "죄가 기회를 타서 계명으로 말미암아 나를 속이고 그것으로 나를 죽였는지라"(롬 7:11). 죄는 아담과 하와를 속였다. 그들은 결국 속아 넘어가서 다 빼앗기고 나서야 깨닫는다. 이렇게 죄는 기가 막히게 우리를 속인다. 속이는 데 얼마나 탁월한지 모른다. 죄는 그것을 합리화하고, 변명하고, 숨기고, 위장해서 우리로 그것이 죄라는 사실을 모르게 한다.

다윗이 범죄한 후 어느 날, 나단 선지자가 와서 한 사람의 이야기를 한다. 그는 양과 소가 많은 부자였지만, 손님이 오자 가난한 이웃집에서 딸처럼 애지중지하며 키우는 암양 한 마리를 빼앗아 잡았다. 다윗은 그런 놈은 당장 죽여야 한다고 분노한다. 그러자 나단 선지자는 당신이 바로 그 사람이라고 한다(삼하 12:1-7). 다윗은 자신 안에 그보다 더 중한 죄가 있음에도 불구하고 깨닫지 못했다. 왜냐하면 죄가 속이기 때문이다. 죄가 그로 하여금 변명하고 타당화하기에 그렇다. 그래서 죄가 죄인 줄 모르는 것이다. 더 나아가 죄는 그것이 파멸의 길이 아니라, 행복의 길이라고 착각하게 만든다. 그렇게 우리는 죄에 속는다. 이것이 죄의 속임, 사기성의 속성이다.

죄의 악함 2. 죄의 강압성

둘째로, 바울의 고백 속에서 우리는 죄의 강압성을 발견한다. 나는 율법대로 행하기를 원하고, 악을 행하는 것을 미워한다. 그런데 죄가 우리로 원하는 것이 아니라 미워하는 것을 행하게 한다. "내가 행하는 것을 내가 알지 못하노니 곧 내가 원하는 것은 행하지 아니하고 도리어 미워하는 것을 행함이라"(롬 7:15). 죄가 얼마나 강력한지 온갖 유혹, 회유, 협박을 다 동원하여 결국 우리를 자신에게 굴복시킨다. 죄는 자신이 원하는 것을 어떻게 해서라도 이루어 내는 폭군과 같다. 회유하고 권유하다가, 안 되면 협박한다. 죄의 강압성 앞에 인간이 도덕, 체면, 양심, 종교 등으로 무장해 보지만 결국 넘어진다.

여기서 우리는 죄의 강압성과 더불어 그 앞에 무력한 인간의 우유부단함을 발견한다. 정치 철학자 한나 아렌트(Hannah Arendt)는 인간의 문제가 우유부단함에 있다고 보았다. 감옥에 있는 죄수들의 이야기를 들어 보면, 다 그렇게 살려던 게 아니었다고 말한다. 어쩌다 보니 그렇게 됐다고 한다. 우유부단한 것이다. 집에서 늘 술로 자녀와 아내를 힘들게 하는 남편도 술에서 깨어나면 후회하고 아내와 자녀 앞에 무릎까지 꿇고 빈다. 하지만 다시 유혹이 찾아오면 또 넘어진다. 인간은 죄의 강압성 앞에 넘어질 수밖에 없는 우유부단한 존재이다. 여기에 인간의 절망이 있다.

죄의 악함 3. 죄의 반역성

셋째로, 바울의 고백 속에서 죄의 반역성을 발견한다. 죄가 우리 안에서 강압하는 내용은 결국 율법을 어기라는 것이다. 죄의 본질이 무엇인가? 바로 하나님의 말씀에 거역하는 것이다. 그래서 죄는 가만히 있다가 율법이 올 때 그 본성을 드러낸다.

어거스틴은 《고백록》에서 어린 시절의 경험을 통해 죄의 정체를 밝혀낸다. 어느 날 그는 친구들과 동네에 있는 배나무를 흔들어 도둑질을 했다. 사실 그는 집에 더 좋은 배가 있어서 서리를 할 이유가 없었다. 배가 고프지도 않았다. 그런데 배 서리를 한 이유는 단지 금지된 것을 어길 때 느끼는 '짜릿한 흥분' 때문이었다.

그가 나중에 자신이 왜 하지 말라는 짓을 하면서 짜릿한 흥분을 느끼는지 그 내면을 들여다보았더니, 자기 안에 반항 기질이 있다는 것을 깨달았다. 누가 자기더러 하지 말라고 하면 하고, 하라 하면 하기 싫은 반역하는 마음을 발견한 것이다. 이런 반항 기질이 왜 있는지 들여다보니까 내가 주인이라는 의식, 내가 하나님이라는 의식이 있더라는 것이다. 그래서 하지 말라는 것을 범함으로써 내가 주인이라는 것을, 나는 누구의 지배 아래에 사는 존재가 아니라는 것을 나타내려는 것이었다. 결국 이 반역성, 거역성이 뿌리 깊은 죄의 속성이다.

죄가 역사하는 세상을 보라. 모두 하나님이 정하신 질서를 거역한다. 하나님을 마음에 두기를 싫어한다. 순리를 거스른다. 전통, 질서, 도덕을 거스른다. 우리의 정욕을 부추겨 하나님의 율법을 거스른다. 아이들도 부모가 말하면 거역한다. 남편도 아내가 "저기에다 주차해" 하면 가까운 곳을 놔두고 굳이 다른 곳으로 간다. '네가 뭔데 나에게 명령해.' 이런 마음이 드는 것이다. 모두 죄의 반역성 때문이다.

죄의 악함 4. 죄의 불의성

넷째로, 죄는 결국 악을 행하게 한다. "내가 원하는 바 선은 행하지 아니하고 도리어 원하지 아니하는 바 악을 행하는도다"(롬 7:19). 죄는 말씀에 반역하고, 나를 강압하고 유혹하여, 결국 악을 행하게 한다. 우리는 이

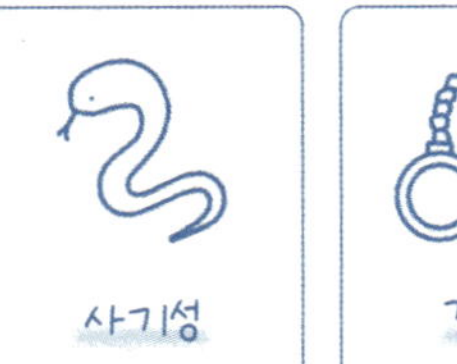

미 그 악함을 앞서 1장에서 살펴보았다. 하나님을 거역하고 우상을 숭배할 때 얼마나 불의가 가득한지 보았다. 이 세상의 모든 악함은 다 죄로 인한 것이다.

죄는 이렇게 강력하다. 그 앞에 율법은 너무나 연약하다. 그저 율법은 우리로 죄를 짓게 하고, 우리로 사망에 이르게 하여 죄의 실체를 나타내고 그 악함을 드러낼 뿐이다. 이 연약한 율법은 우리를 선하게 만들지 못한다.

토론과 적용을 위한 질문

» 바울은 "내가 원하는 것은 행하지 아니하고 도리어 미워하는 것을 행함이라"(롬 7:15)라고 고백합니다. 나의 삶에도 비슷한 내적 갈등이 있나요?

» 죄의 강압성에 밀려 넘어지거나 죄의 사기성에 속았던 경험을 나누어 봅시다. 나를 넘어지게 하는 주범은 무엇인가요?

20

왜 거듭났어도
넘어지나요?

롬 7:18-25

죄가 활동하는 곳, 육신

● 죄의 터전, 육신의 정체를 파악하라

육신, '죄에 물든 육체의 본성'

바울은 신자 안에 내주하는 죄에 대해서 이야기했다. 그렇다면 그 죄는 어디에 내주하고 있을까? 바울은 죄가 내주하고 활동하는 곳을 '육신'이라고 말한다. 바울은 내주하는 죄를 이야기하는 동시에, 그 죄가 내주하는 육신에 대해서 언급한다. 우리는 그 부분을 살펴보기 전에, 먼저 육신이 무엇인지 알아야 한다.

육신을 이해하려면 먼저 '옛사람'을 알아야 한다. 옛사람은 바로 아담 아래 속한 자아를 의미한다. 아담은 사탄의 꾐에 빠져 하나님께 거역하고 자신이 주인이 되고자 했다. 결과적으로 죄의 노예가 된 것이다. 그러므로 옛사람은 아담으로부터 원죄를 물려받고 자신의 정욕대로 행하여 죄의 노예로 살아가는 자아를 말한다.

그렇다면 육신은 무엇일까? 우리의 몸은 이 옛사람에 의해서 길들여진 몸의 본성을 가진다. 예를 든다면, 일제 강점기에 일제의 지배력은 조선에 영향을 미쳤다. 그들의 지배는 우리의 문화를 왜곡하고, 우리말 대신 일본어를 가르치고, 모든 것을 일본의 식민화하고자 했다. 인간의 육체는 이처럼 옛사람 아래서 죄의 식민지가 된 것과 같다. 죄의 지배를 받고, 죄와 코드를 같이하는 속성을 갖게 되었다. 바로 이렇게 죄에 물들어 버린 육체의 본성을 육신이라고 한다.

육체와 육신의 차이

‘육체’와 ‘육신’은 ‘세상’과 ‘세속’의 차이와 같다. ‘세상’은 하나님이 창조하신 창조물로서 하나님이 사랑하시는 피조물들이다. 이처럼 육체는 하나님이 창조하신 몸이다. 하지만 ‘세속’으로서의 세상은 죄에 물들어 하나님께 반역하는 세상이요, 사탄이 왕 노릇 하는 세상이다. 이처럼 육신은 죄에 오염되어 죄가 활동하는 터전이 된다. 그 육신 안에서 죄가 왕 노릇 하는 것이다.

세상 속에 세속이 있듯이, 육체 안에 육신이 있다. 세속이 세상을 지배하는 정신이듯이, 육신은 육체를 지배하는 정신이다. 그래서 하나님은 세상을 사랑하시지만 세속을 미워하시는 것처럼, 우리의 몸(육체)은 사랑하시지만 육신은 미워하신다. 이 육신이 죄의 온상이요, 홈그라운드이다. 육신 안에서 죄가 왕 노릇 하고 우리를 사로잡는다.

육신은 육체의 정욕과 욕심이다

그러나 육신을 '죄 된 본성'(sinful nature)이라고만 정의하면 너무나 추상적이어서 그 의미가 쉽게 와닿지 않는다. 육신을 보다 실제적으로 와닿게 표현하자면, 바로 '육체의 정욕과 욕심'이다. 에덴동산에서 마귀가 하와를 유혹할 때, 금지된 선악과가 보암직하고 먹음직하고 지혜롭게 할 만큼 탐스럽게 보였다. 이처럼 육체의 정욕과 욕심이 사로잡은 상태가 바로 육신이다. 인간은 육신의 정욕에 사로잡힐 때 죄를 행하게 된다.

성경은 육신의 모습을 이렇게 열거한다. "육체의 일은 분명하니 곧 음행과 더러운 것과 호색과 우상 숭배와 주술과 원수 맺는 것과 분쟁과 시기와 분 냄과 당 짓는 것과 분열함과 이단과 투기와 술 취함과 방탕함과 또 그와 같은 것들이라 전에 너희에게 경계한 것같이 경계하노니 이런 일을 하는 자들은 하나님의 나라를 유업으로 받지 못할 것이요"(갈 5:19-21). 이 목록 자체가 법을 위반하는 죄를 나열한 것은 아니다. 여기에 누구를 죽였다거나 도둑질을 하는 등 범죄 행위가 있는가? 그러나 이런 마음은 죄의 온상으로, 죄가 활동하기에 좋은 최고의 환경이다. 이런 상태에 있는 사람들은 반드시 죄를 짓는다. 음란한 생각에 사로잡힐 때 결국 음란한 행동을 하게 된다. 분노, 질투에 사로잡히면 남을 해치고 악을 행하게 된다.

육신에 속하면 죄의 노예가 된다

육신 안에서 죄가 왕 노릇 하여 그를 지배한다. 예를 들어, 어떤 일로 불같이 화가 났다. 욱하는 마음에 욕을 하고 폭행을 넘어 살인을 했다고 해 보자. 제정신이 들고 나니 내가 무슨 짓을 했냐며 후회한다. 바로 불같이 화가 난 상태, 그 분노의 상태가 곧 육신이다. 내가 분노에 사로잡히는 그 순간, 나는 육신의 지배 아래 처한 것이다. 그리고 그 육신(분노의 상태) 안에 죄가 웅크리고 거하며 그를 사로잡는다.

가인이 아벨에 대해서 미움과 분노에 사로잡혔을 때 하나님이 그에게 하신 경고가 무엇인가? 죄가 문에 엎드려 있다고 말씀하셨다(창 4:7). 이처럼 육신 안에 죄가 거한다. 죄가 왕이 되어 지배하는 것이다. 그러므로 성경에서 신자가 분을 내어도 해가 지도록 분을 품지 말라고 하는 이유는 죄에 사로잡힐 수 있기 때문이다(엡 4:26). 결국 육신에 속하면 죄의 노예가 된다.

바울은 자신이 바로 육신에 속하여 죄 아래 팔렸다고 말한다. "우리가 율법은 신령한 줄 알거니와 나는 **육신에 속하여** 죄 아래에 팔렸도다"(롬 7:14). 그는 거듭나서 율법이 신령한 줄 안다. 즉 하나님의 선하신 성품인 줄 안다. 하지만 육신이 된 몸 안에서 살아가는 그는 자신의 이해와는 다르게 죄의 노예로 살더라는 것이다. 그래서 바울은 육신이 된 자신의 몸 안에 선한 것이 없다고 말한다(롬 7:18). 도리어 자신이 원하는 선은 행하지 않고 도리어 원하지 않는 악을 행하는 것을 보면서(롬 7:19), 그것을 행하는 자가 내가 아니고 내 안에 거하는 죄라고 한다. "만일 내가 원하지 아니하는 그것을 하면 이를 행하는 자는 내가 아니요 내 속에 거하는 죄

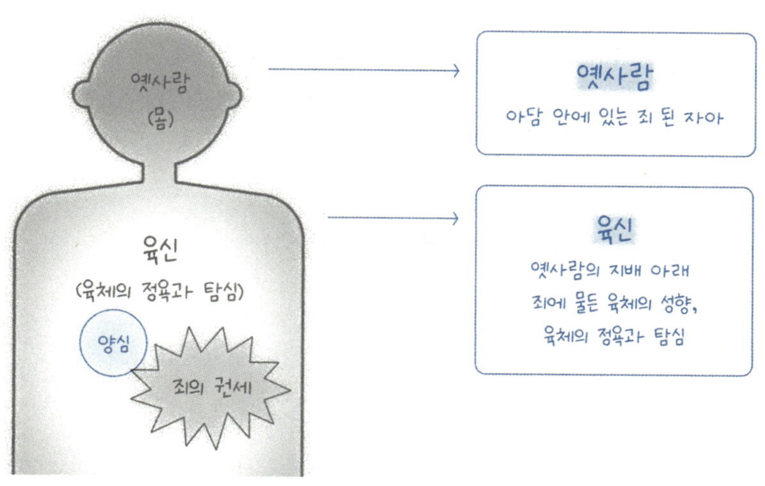

니라"(롬 7:20). 무슨 말인가? 자신의 육신 안에 죄가 거하고 있더라는 것이다. 그래서 그는 자신의 실존을 이렇게 말한다. "그러므로 내가 한 법을 깨달았노니 곧 선을 행하기 원하는 나에게 악이 함께 있는 것이로다"(롬 7:21). 육신이 바로 우리 몸 안에 있는 죄의 처소요, 활동 터전이라는 것이다. 육신 안에서 죄가 왕 노릇 하여 나를 이끌어 가더라는 것이다.

왜 건실하던 가장이 외도로 행복한 가정을 깨고 후회하게 되는 것일까? 그 시작은 바로 육신에 있다. 음욕을 품음으로써 그 속에서 죄가 활동하고, 죄의 지배 아래로 끌려갔기 때문이다. 그래서 그를 간음이란 악한 행동에 이르게 한 것이다. 결국 그가 원치 않는 바, 해서는 안 된다고 생각하는 그 악을 행하게 한다. 이처럼 육신에 속하면 죄의 노예가 되는 것이다.

신자에게 남아 있는 싸움

거듭난 신자의 싸움

바울은 신자가 거듭났어도 육신 때문에 내면의 갈등, 싸움이 있음을 말한다. "내 속사람으로는 하나님의 법을 즐거워하되 내 지체 속에서 한 다른 법이 내 마음의 법과 싸워 내 지체 속에 있는 죄의 법으로 나를 사로잡는 것을 보는도다"(롬 7:22-23).

우리는 속사람으로는 하나님의 법을 즐거워한다. 즉 거듭난 속사람 안에는 하나님의 법이 새겨져 있다. 거듭난 속사람에게 하나님의 말씀은 법이다. 즉 하나님이 왕이시다. 그런데 속사람과 대비되는 "지체"는 몸을 가리키는 단어이지만, 죄의 법이 그 안에 있다고 말한다. 그러므로 여기서는 단지 인간의 몸, 육체가 아니라 죄의 법 아래 있는 육신을 가리킨다. 그 육신 안에서는 죄가 법이다. 즉 죄가 왕이다. 이 둘이 싸우고 있다. 이것이 신자의 실존이다. 그러므로 거듭난 신자 안에는 육신 안에 있는 죄와의 치열한 싸움이 남아 있다.

거듭났어도 넘어지는 이유

그런데 바울은 죄의 법이 마음의 법을 이긴다고 말한다. 왜 거듭났는데도 죄에게 질까? 그 이유는 우리가 거듭나서 새사람이 되었지만, 우리의 몸은 과거의 몸 그대로이기 때문이다. 과거 거듭나기 전, 옛사람 아래서 죄의 지배 아래 있던 그 몸 그대로이기 때문이다. 마치 어느 망해 가는 회사에 신임 사장이 임명되었는데, 그 회사에 타성에 젖어 있는 오래된

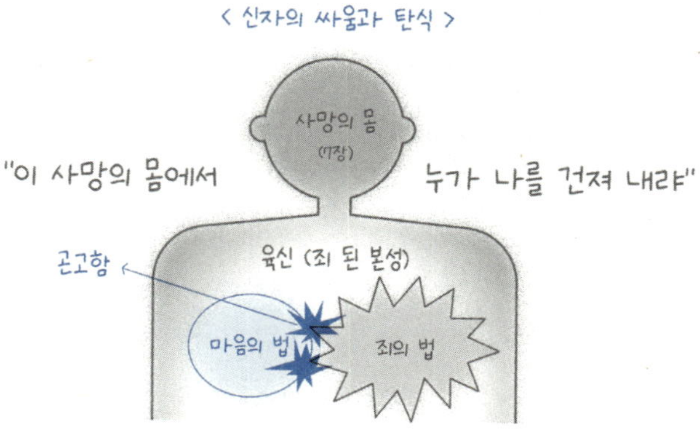

직원들이 있어서 신임 사장의 말을 잘 듣지 않아 뜻대로 안 되는 상황과 같다. 아무리 새사람으로 거듭났어도 오랫동안 죄에 길들여진 육신의 습성은 우리의 말을 안 듣는다.

그래서 그는 탄식한다. "오호라 나는 곤고한 사람이로다 이 사망의 몸에서 누가 나를 건져 내랴"(롬 7:24). 이 탄식의 핵심이 무엇인가? 원치 않는 악을 행하는 사망의 몸 안에 갇힌 실존에 대한 탄식이다. 핵심은 몸의 문제이다. 이 몸을 죄가 육신을 통해 장악하고 있는 것이다.

로마서 7장의 사람은 거듭났지만 이 몸에 대한 지배력이 없는 상태이다. 즉 아직 성령의 도움을 받을 줄 모르는 어린 신자의 모습이다. 그래서 그리스도와 연합하여 분명 몸의 주인은 하나님이 되셨지만, 몸 안의 싸움에서 져서 그 몸이 죄의 도구로 팔려 가는 상태이다. 원리적인 면에서 신자의 몸은 의의 도구인데, 실제적인 면에서 보면 죄의 도구로 쓰이고 있다. 아직 육신 아래 있기 때문이다. 이런 일이 일어날 수 있다.

C. S. 루이스의 《스크루테이프의 편지》(홍성사, 2018)를 보면, 초보 마귀

웜우드가 돌보던 사람이 막 그리스도인이 되자 고참 마귀 스크루테이프가 아직 희망이 있다며 이런 조언을 한다. "물론 네가 환자를 교회로부터 떼어 놓지 못했다는 것은 안타깝다. 그러나 아직 절망할 필요는 없다. … 그가 종교적 각성을 경험하긴 했지만, 그 경험이 일상의 삶으로 흘러들어가지 않게만 한다면, 우리는 여전히 승산이 있다. … 그가 신자로서의 삶을 의식하고 믿음과 실제 삶이 연결되지 않도록 주의하라. 그것이 핵심이다." 결국 신앙이 실제 삶을 바꾸지 못할 때, 그는 아직도 마귀의 손안에 있는 것이다. 이 지점에서 신자에게는 치열한 싸움이 남아 있다.

디데이(D-day)와 브이데이(V-day)

신자는 이미 원리적으로 싸움에서 승리했다. 하지만 아직 남은 싸움이 있다. 그것은 몸의 실제적인 지배권을 회복하는 것이다. 전쟁으로 치면, 디데이(이미 결정된 승리)와 브이데이(완전한 승리)의 차이와 같다. 노르망디 상륙 작전으로 제2차 세계대전은 연합군이 승기를 잡았다. 그날이 디데이였다. 하지만 완전한 승리를 위해서 엄청난 격전이 벌어졌다. 패색이 짙어져도 최후까지 저항하는 적군과 싸우면서 많은 사상자가 나왔다.

우리의 구원도 이와 같다. 그리스도를 믿을 때 이미 우리는 구원받았다. 하지만 몸까지 구원받아야 한다. 거듭난 신자에게는 이 땅에서 몸의 지배권을 하나님께 드리는 싸움이 남아 있다. 마치 이스라엘 백성이 여호수아를 통해 가나안 땅의 모든 왕을 멸하였지만(디데이), 여전히 골짜기나 산성에 가나안 족속들이 웅크리며 살고 있는 것과 같다. 지파별로 땅을 분배받은 이스라엘이 그들을 다 몰아내고 그곳들을 정복해야 약속은 완성된다(브이데이).

마찬가지이다. 그리스도의 승리로 죄의 지배, 율법의 지배에서 벗어나서 이제 우리는 하나님의 소유가 되었다. 그런 면에서 우리 몸은 우리가 분배받은 땅이다. 육신에 물든 육체가 우리가 정복해야 할 땅이다. 예수님을 믿고 거듭났지만 그 속사람이 거하는 육체의 상태는 모두 다르다. 육체가 엄청난 정욕, 음란에 길들여진 본성을 가진 사람도 있고, 우상 숭배, 미신에 사로잡힌 사람, 질투, 미움이 습성화된 사람, 걱정, 두려움에 사로잡힌 사람, 술, 중독, 방탕이 체질화된 사람, 교만, 냉소, 비웃음에 익숙해진 사람 등 다 다르다. 각양의 철 병거가 각 사람 안에 있다. 그러나 이제 그것을 정복해야 한다.

사사기를 보면, 유다 지파처럼 가나안 족속을 다 쫓아낸 지파가 있지만, 단 지파처럼 가나안 족속에게 쫓겨나서 살아가는 지파도 있다. 어느 지파는 가나안 족속에게 쫓겨서 굴을 파고 산다. 이처럼 어떤 사람은 유다 지파처럼 자신 안의 육신을 몰아내고 죄를 이기며 순종하는 삶을 살아간다. 반면에 어떤 사람은 육신에게 거의 정복당한 채 살아간다. 분명히 말하지만, 이런 상태가 신자의 정상적인 상태는 아니다.

복음이 해답이다

복음은 바로 이 문제에 대한 해답이다. "우리 주 예수 그리스도로 말미암아 하나님께 감사하리로다"(롬 7:25). 바울은 건져 내실 분이 바로 예수님이시라는 사실에 하나님께 감사드린다. 인간이 처한 이 엄청난 실존에서 우리를 건져 주시는 분이 바로 예수님이시다. 예수님은 우리를 그 상태로 내버려두시는 것이 아니라, 결국 우리를 사망의 몸에서 건져 내신다. 복음은 실제적으로 사망의 몸 가운데 있는 우리가 죄를 이기게 하는 것이다. 그런 면에서 로마서 8장은 바로 몸을 위한 복음이다. "이 사망의 몸에서 누가 나를 건져 내랴"(롬 7:24)라는 탄식에 대한 응답이다. 우리 주님이 능히 그 일을 행하셨다.

기독교의 복음은 말로만, 영적으로만 의롭다고 하는 복음이 아니다. 기독교의 복음은 실제 우리 몸으로 죄를 이기고, 의의 병기로 살아가면서 내 가정과 직장, 사회, 환경, 정치를 변화시키는 복음이다. 또한 궁극적으로 주의 나라가 임할 때 새 하늘과 새 땅이 임해서 온 세계가 새로워지게 만드는 복음이다.

» 바울은 신자의 싸움을 '디데이'(D-day, 이미 결정된 승리)와 '브이데이'(V-day, 완전한 승리)의 비유로 설명합니다. 내가 거듭났지만 계속 넘어지는 죄가 있나요? 이미 결정되었지만, 아직 완전히 얻지 못한 승리를 위해 나는 그 죄와 어떻게 싸우고 있는지 이야기해 봅시다.

» 여전히 나를 짓누르는 죄와 육신의 무게 속에서 예수님이 주신 실제적인 승리와 자유를 경험한 적이 있나요? 있다면 나누어 봅시다.

PART **6**

내주하는 죄를
이기는 복음

롬 8:1-17

21

신자가 실제로
죄를 이길 수 있나요?

롬 8:1-3

죄를 이기는 복음

신라 시대 김유신 장군이 화랑 시절에, 이제 정신을 차리고 절대 기생집에 가지 않겠다고 결심했다. 어느 날 그는 말 위에서 잠이 들었다. 말은 늘 가던 습성을 따라 기생 천관녀의 집으로 그를 데리고 갔다. 김유신은 새사람이 되었지만, 말이 옛 습성 그대로 기생집으로 간 것이다. 마찬가지이다. 우리는 영적으로 변화되어서 주님의 뜻대로 살아야겠다고 대오각성한다. 하지만 분명히 하나님의 은혜로 변화되었는데, 몸은 예전의 습성대로 죄에게 달려간다. 우리가 거듭나서 마음으로는 하나님의 법을 즐거워하고 주의 법대로 살기를 원하지만, 우리 몸 안에 있는 육신과 죄의 세력이 너무나 커서 원하지 않는 일을 하는 것이다. 그래서 "오호라 나는 곤고한 사람이로다 이 사망의 몸에서 누가 나를 건져 내랴"(롬 7:24)라는 탄식이 있다.

"과연 이 사망의 몸의 문제에서 누가 우리를 건져 낼까?" 이 질문에 대한 대답이 진정 복음 안에 있는가? 복음은 단지 우리 영혼만이 아니라 우리 몸도 구원하기 위해 하나님이 주신 소식이다. 그것을 알려 주는 것이 8장이다. 로마서 8장이 얼마나 중요한지에 대해 누군가 말하길, 성경 전체에서 가장 빛나는 성경이 로마서라면, 로마서에서 가장 빛나는 보석은 8장이라고 했다. 그 이유는 바로 8장에 신자가 죄를 이기는 복음의 진리가 담겨 있기 때문이다.

● 죄를 이기는 복음 1: 더 이상 정죄는 없다

그리스도의 복음은 믿음으로 우리를 의롭다고 선언할 뿐 아니라, 죄를 이기게 해 준다. 실제로 의롭게 해 준다. 그러므로 로마서 3장 21절의 이신칭의 선포만큼 중요한 구절이 여기에도 등장한다. "그러므로 이제 그리스도 예수 안에 있는 자에게는 결코 정죄함이 없나니"(롬 8:1). 우리가 여기에서 '정죄함이 없다'는 말을 이신칭의의 여겨 주심처럼 법적인 선언으로 오해하면 안 된다. 여기서는 정죄함이 없는 이유에 대해서 성령이 우리를 죄의 세력에서 해방해 주셨기 때문이라고 말한다. "이는 그리스도 예수 안에 있는 생명의 성령의 법이 죄와 사망의 법에서 너를 해방하였음이라"(롬 8:2).

예수님이 죄에 넘어지는 우리의 육신 안에 성령을 보내 주셨다. 그래서 생명의 성령의 법(능력)이 내주하는 죄의 법(능력)과 싸워 이겨서 우리로 하나님의 법을 성취하게 하신다. 더 이상 우리의 몸으로 죄를 짓는 불순종의 삶을 사는 것이 아니라, 말씀에 순종하는 의로운 삶을 살게 하신다. 이렇게 죄를 이김으로 성령은 우리를 실제로 정죄함을 받지 않는 인생으로 이끌어 주시는 것이다.

● 죄를 이기는 복음 2: 율법이 못한 것을 하나님이 하신다

그러면 복음은 어떻게 우리로 죄를 이기게 하는 것일까? 먼저 율법이 할 수 없는 것을 하나님이 하신다고 말한다. "율법이 육신으로 말미암아 연약하여 할 수 없는 그것을 하나님은 하시나니"(롬 8:3상). 이 구절에서 누가 연약하다고 말하는지 주의해야 한다. 바울은 육신이 연약하다고 하지 않고, 육신 때문에 율법이 연약하다고 말했다. 예를 들어 보자. 담임목사인 내가 가장 힘들어하는 부서는 무서운 사춘기를 지나는 중등부이다. 그리고 천진난만하게 뛰노는 미취학 부서이다. 중등부 아이들 앞에 서면 그들의 언어와 코드를 모르니 정말 난감하다. 또한 유아부에 가면 어른들에게는 통하던 내 언어를 이해하지 못하는 아이들로 인해서 진땀을 흘린다. 얼마나 무력한지 모른다. 그런데 담임목사인 내가 어린아이들로 인해서 할 수 없는 그것을 유아부 전도사님은 하신다. 바로 그런 맥락이다.

율법 자체는 아주 선하고 고상하다. 그런데 천방지축 육신 때문에 몸을 순종하게 만드는 일에는 무력하다. 그래서 율법이 할 수 없는 그 일을 하나님은 하신다는 것이다. 그것이 바로 복음이다. 복음은 인간에게 이렇게 저렇게 하라는 가르침이 아니다. 복음은 하나님이 하신 일이다. 칭의만 아니라 성화도 하나님이 이루신다. 복음은 하나님이 예수님을 통해 우리를 법적으로 의롭다 하실 뿐만 아니라 실제로도 거룩하게 하신다는 소식이다.

● 죄를 이기는 복음 3: 십자가에서 죄와 육신을 심판하셨다

그러면 하나님은 어떻게 하셨는가? 하나님은 우리 몸을 거룩하게 하시기 위해서 무엇을 하셨는가? 이제 바울은 예수님의 십자가 사역을 다른 각도에서 조명한다. 이전에 소개한 주님의 십자가 사역은 무엇인가? 먼저 주님은 십자가의 속량의 은혜로 죄인인 우리 죄를 용서하고 덮어 주셨다. 그리스도의 피로 우리 죄를 씻기고 덮어 주사 의롭게 하셨다. 그다음에 주님은 우리를 그리스도의 죽으심과 연합하여 죄의 지배에서 벗어나게 하셨다. 또한 주님은 십자가의 은혜로 우리를 율법에서 자유케 하셨다. 그리고 그 절정으로 나아간다.

이제 그리스도의 사역은 모든 비극의 원흉인 죄를 향한다. 그리스도는 죄를 심판하고자 하신다. 그래서 이 장 본문은 주님의 십자가를 새롭게 조명한다. 하나님은 십자가의 제물이 되실 예수님을 죄 있는 육신의 모양으로 보내셨다. "곧 죄로 말미암아 자기 아들을 죄 있는 육신의 모양으로 보내어 육신에 죄를 정하사"(롬 8:3하). 이 말씀은 어렵지만, 여기에 아주 중요한 보물 같은 소식이 묻혀 있다. 깊은 광산에 숨겨진 금을 캐듯 우리는 이 말씀 안에 담긴 진리를 캐내야 한다.

죄로 말미암아

먼저 "죄로 말미암아"라고 한다. 우리가 여태껏 살펴본 이야기의 핵심이 무엇인가? 바로 죄 문제이다. 거듭났는데도 여전히 신자 안에 내주하는 죄의 문제이다. 율법은 죄 문제를 해결하지 못하고, 단지 죄의 정체를 드러낼 뿐이다. 죄가 얼마나 강력하고 악한지, 어떻게 죄가 육신 안에서 왕 노릇 하는지를 보았다. 이 죄의 세력 앞에서 윤리도, 도덕도, 종교도, 착한 행위도 다 소용이 없다. 죄에 물들어 육신이 되어 버린 몸 안의 죄 바이러스가 너무나 강력해서 그 무엇으로도 악의 증상이 개선되지 않는다. 바로 죄가 문제이다. 이 죄를 해결하기 위해서 하나님이 무엇을 하셨는가?

죄 있는 육신의 모양으로 보내심

하나님은 예수님을 죄 있는 육신의 모양으로 보내셨다. 앞에서는 예수님을 '속죄 제물로 보내셨다'고 했다. 그런데 여기서는 예수님을 "죄 있는 육신의 모양"으로 보내셨다고 한다. 죄가 없으면 이 몸은 어떤 모양일까?

하나님이 태초에 아담을 창조하셨을 때, 그는 죄가 없었다. 의와 거룩과 진리의 옷을 입고 하나님과 동산에서 교제하며 모든 피조물을 다스리는 만물의 영장으로서 권위와 빛남이 있었다. 죄 없는 몸은 이처럼 하나님의 영광을 옷으로 입었다. 그런데 아담과 하와는 죄를 짓고 나서 서로 벌거벗은 모습을 보고 부끄러워했다. 죄를 짓는 순간, 하나님의 영광의 옷을 빼앗긴 것이다.

이 세상에 오직 인간만 벗고 태어난다. 다른 동물들은 모두 가죽옷을 입고 태어나지만 인간만 그렇지 않다. 나중에 옷을 지어 입어야 한다. 이 것은 원래 인간이 하나님의 거룩과 영광의 옷을 입었던 고귀한 존재임을 반증한다. 타락한 인간은 이처럼 벌거벗은 채 태어나는 것이다. 그 모습 이 부끄러워 나뭇잎으로 가리고, 세상 영광으로 옷 입으려 하지만, 잃어 버린 주님의 아름다운 영광을 회복할 수는 없다. 인간은 그렇게 부끄럽고 초라한 모습으로 태어난다. 그렇게 태어난 인간은 이 몸으로 죄의 노예가 되어 살아간다. 그리고 돈, 권력, 쾌락에 의해 점점 추해진다. 이것이 바 로 죄 있는 육신의 모양이다. 우리 몸이 이렇게 속되고 추한 모양인 이유 는 옛사람 안에서 역사하는 죄에 오염되었기 때문이다.

예수님은 죄가 없으시기에 완전하고 영광스러운 몸으로 오실 수 있었 다. 하지만 우리 주님은 죄 있는 육신의 모양으로 오셨다. 죄가 없으신 주 님이 죄로 인해 오염된 모양으로, 그래서 죄가 있는 육신의 모양으로 오 셨다는 것이다. 우리와 똑같은 육체로 오셨다는 말이다. 주님은 우리와 똑같은 육체를 가지고 십자가에서 죽임을 당하셨다.

육신에 죄를 정하사(죄를 심판하심)

그래서 어떤 일이 일어났다고 하는가? 로마서 8장 3절 하반 절의 "육신 에 죄를 정하사"라는 말은 원문대로 보면, '육신 안에 있는 죄를 심판하사' 라는 의미이다.

κατέκρινε τὴν ἁμαρτίαν ἐν τῇ σαρκί

(심판하다) (죄를)　　　　(육신 안에 있는)

he condemned sin in flesh(NIV)

　주님이 육신의 모양으로 오셔서 십자가에서 죽으실 때, 하나님은 우리의 육신 안에 있는 죄를 심판하셨다. 우리는 믿을 때에 예수님과 연합했다. 그분의 죽으심과 연합한 것이요, 그분의 죽으심의 모양과도 연합한 것이다. 따라서 예수님이 죄 있는 육신의 모양으로 십자가에서 죽으실 때, 그분과 연합하여 죄 된 우리의 육신도 죽었다. 예수님은 죄에 오염되어 육신이 된 사망의 몸에서 우리를 구원해 주시려고, 죄 있는 육신의 모양으로 오셔서 십자가에서 죽으셨다. 그 결과 그 십자가와 연합하여 우리의 몸 안에 있는 육신이 십자가에 못 박힌 것이다. 그렇게 함으로써 육신 안에 있는 죄를 심판하셨다.

　육신은 죄의 작품이다. 만약 누군가의 작품을 부정한다면 그는 그것을 만든 사람을 부정한 것이다. 이처럼 죄가 있는 육신은 곧 죄의 작품이다. 죄로 인해서 자극된 본성이 육신이다. 그런데 하나님은 예수님을 통해 그 육신을 십자가에서 못 박으신다. 이것은 곧 인간의 거룩한 몸을 육신으로 만든 주범, 즉 육신 안에 있는 죄를 심판하시는 것이다. 즉 육신을 못 박는 사건은 결국 죄의 죄 됨을 선언하시는 사건이다. 죄가 '하나님 앞에서 유죄'임을 법정적으로 선포하신 것이다. 더 이상 신자 안에서 죄는 지배권이 없다.

　동시에 이 육신은 죄의 터전이다. 육신 안에 죄가 거한다고 했다. 죄

274

는 육신 안에서 활동하며 육신 안에서 힘을 얻는다. 그런데 그 육신을 십자가에 못 박았으니, 죄는 그 터전을 잃어버렸다. 그 결과 죄는 이제 우리 몸 안에서 실제적인 영향력을 상실한 것이다.

육신을 못 박으면 죄가 죽는다

이렇게 육신이 못 박힘으로 죄가 심판받고 지배력을 상실했다. 그런 면에서 신자가 죄를 죽이는 방법은 바로 날마다 육신을 못 박는 것이다. 바울은 "그리스도 예수의 사람들은 육체와 함께 그 정욕과 탐심을 십자가에 못 박았느니라"(갈 5:24)고 한다. "정욕과 탐심"이 바로 우리의 육신을 가리키는 말이다. 신자는 이렇게 우리 육신의 정욕과 욕심이 십자가에 못 박힌 것을 믿고, 날마다 정욕과 욕심의 습성들을 못 박아야 한다. 이미 못 박힌 존재이기에, 우리는 육신의 습성을 못 박을 수 있다. 그렇게 하여 우리의 몸 안에 육신이 약해지면 죄는 점점 그 활동 터전을 잃는다. 몸이 없는 영혼이 죽는 것처럼, 육신이란 터전이 없는 죄는 신자의 몸 안에서 죽은 것처럼 힘을 잃는 것이다. 그러나 신자가 육신의 습성을 따르면, 죄는 다시 우리 안에서 부활하게 된다. 그 세력이 살아난다.

결국 우리의 싸움은 육신을 못 박는 싸움이다. 문제는 육신을 못 박는 일이 만만치 않다는 것이다. 육신은 오랜 시간 몸을 지배하던 텃세가 있어서 그 잔재와 습성이 여전히 위력을 가진다. 비록 세력을 잃었어도 오랫동안 죄가 지배하던 육신의 흔적은 남아 있다. 일본이 항복했지만, 일제 강점기 35년 동안 전국 방방곡곡을 다스리던 사상, 언어, 문화 등 일제의 잔재들이 아직도 남아 있는 것처럼, 오랜 시간 육신이 활동하던 몸 안에는 여전히 죄의 세력이 남아 있는 것이다. 그리고 그 육신에 굴복하면 다시 죄가 우리를 지배하게 된다.

● 죄를 이기는 복음 4: 성령을 따르면 율법의 요구를 이루게 하신다

성령이 신자의 몸 안에 내주하신다

바로 이 싸움을 위해서 하나님은 우리에게 성령님을 보내 주셨다. 신자의 몸 안에 성령이 오셔서 내주하게 하셨다. 드디어 신자 안에서 "육신을 따르지 않고 그 영을 따라 행하는"(롬 8:4상) 일이 가능해졌다. 우리가 성령을 통해 승리를 쟁취하려면 어떻게 해야 하는가? 더 이상 육신을 따르지 않고, 성령을 따라 행해야 한다. 그러면 성령은 율법의 요구를 이루게 하신다. "육신을 따르지 않고 그 영을 따라 행하는 우리에게 율법의 요구가 이루어지게 하려 하심이니라"(롬 8:4).

육신이 아니라 성령을 따르라

육신은 더 이상 우리의 지배자가 아니다. 육신은 십자가에 못 박혔다. 그러므로 이제 육신을 좇을 이유가 없다. 과거엔 무조건 육신을 좇아야 했다. 마치 일제 강점기 때 일본 순사의 말을 듣지 않을 수 없던 것처럼 말이다. 그러나 일본이 항복한 이후에는 순사 말을 듣지 않고 무시하는 것이 가능해졌다. 그들은 패잔병이고 권세와 능력을 잃었기 때문이다. 이처럼 육신은 못 박혔기에 우리가 더 이상 육신의 소욕을 따를 이유가 없다.

반면 성경은 성령을 따르라고 한다. 이제 성령이 합법적인 권세를 가진 해방군이시다. 일제 강점기에 일본이 항복하고 연합군이 승리한 것이 사실이기에, 연합군이 들어와 점령지에서 일본군을 몰아냈다. 이처럼 그리스도가 십자가에서 죄를 심판하시고 육신을 멸하신 것도 사실이다. 이에 따라 하나님은 우리에게 해방군을 보내 주신다. 그분이 바로 성령이시다. "이는 그리스도 예수 안에 있는 생명의 성령의 법이 죄와 사망의 법에서 너를 해방하였음이라"(롬 8:2). 성령이 우리를 죄와 사망의 법에서 해방시켜 주신다.

여기서 성령의 능력을 "생명의 성령의 법"이라고 표현한 것에 주목해야 한다. 여기서 "법"은 합법적인 권세를 의미한다. 그동안 우리 안에서 죄와 사망의 법이 지배해 왔다. 그런데 십자가의 승리로 하나님이 우리에게 보내신 성령이 우리의 합법적인 지배자가 되셨다. 마치 일제가 다스리던 조선에 일본군이 억지 조약으로 자칭 합법적 주둔군이었으나, 일본이 패배한 순간 그들이 법적 권세를 잃은 것과 같다. 그리고 연합군이 승리함으로써 합법적 주둔군이 되었다. 이처럼 성령은 이제 우리를 돕기 위해서 합법적인 권세를 가진 해방군으로 우리 안에 오신 것이다. 그러므로 우리는 육신이 아니라 성령을 따라야 한다.

여기에서 우리가 주의할 것이 있다. 성령이 우리 안에 오셨다고 저절로 해방되지 않는다는 사실이다. 우리가 친히 성령을 따라 행해야 한다. 육신 따르기를 그치고 성령을 따라서 행하기 시작할 때 성령이 일하신다. 갈라디아서 말씀을 보자. "내가 이르노니 너희는 성령을 따라 행하라 그리하면 육체의 욕심을 이루지 아니하리라"(갈 5:16). "너희가 만일 성령의 인도

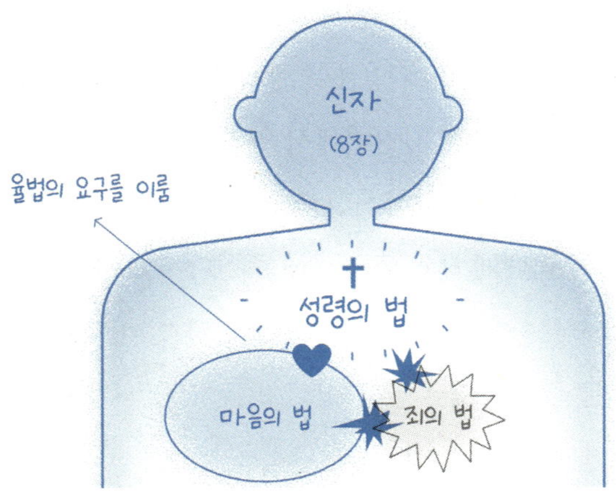

하시는 바가 되면 율법 아래에 있지 아니하리라"(갈 5:18). 성령이 계셔도 우리가 성령을 따르지 않고 육신을 따르면, 성령의 존재감은 완전히 사라진다. 우리가 성령을 인식하고 그분을 의지하고 따르며 인도함을 구해야 율법의 요구를 이룰 수 있다. 결국 신자가 성령을 따라 걸어갈 때 드디어 율법의 요구가 이루어진다. 말씀대로 순종하는 삶을 살아갈 수 있다.

신자의 삶은 육신을 따르든지, 성령을 따르든지, 둘 중 하나이다. 제3의 길은 없다. 이미 언급한 것처럼, 우리가 율법과 도덕의 교훈을 따르며 고상하게 살아갈 길은 없다. 율법은 죄와 육신의 세력을 이길 힘이 없다. 도리어 율법은 죄의 도구가 되어 우리를 속여 죄를 활성화시킨다.

율법으로 가는 길은 사실상 육신을 따르는 길이다. 아무리 성숙한 신자라 할지라도 성령을 따르기를 멈추면, 죄와 육신의 습성에 굴복하게 된다. 성령을 따르기를 그치면 그의 도덕성과 윤리 의식에도 불구하고 결국 죄 아래 팔려 가고 육신 아래 있게 된다. 그러므로 늘 성령으로 충만해야 한다. 그래서 그리스도께로 가야 한다. 그리스도 안에서만 우리는 열매를 맺는다. 성령을 따를 때 우리는 진정 율법의 요구를 이루게 된다. 로마서 8장에는 성령에 대한 언급이 20회 이상 나온다. 그래서 이 장을 '성령장'이라고 부르기도 한다. 성령이 신자의 승리의 키인 것이다.

» 성령을 따르지 않고 육신을 따르는 불순종의 모습을 보일 때마다 어떤 내용 (핑계/변명)으로 자기 자신을 합리화했나요?

» 성령을 통해 승리를 쟁취하기 위해 취해야 하는 모습은 무엇인가요?

성령님은 왜
생각을 먼저 바꾸시나요?

롬 8:4-8

많은 성도가 아직도 '성령' 하면 순복음교회에서만 일하시는 분이라고 생각한다. 장로교 교인들 중 상당수는 성령에 대해 지식적으로는 알지만, 매 순간 성령을 의지하는 신앙생활을 등한시하는 경우가 많다. 그러나 우리가 성령에 대해서 무지하여 성령을 의지하고 사모하지 않으면, 결코 죄를 이기는 신앙생활을 할 수 없고, 우리 몸은 죄에서 해방될 수 없다. 왜냐하면 오직 성령만이 우리의 몸을 죄에서 해방시켜 주는 해방군이시기 때문이다.

우리는 성령이 오신 목적과 하시는 사역을 잘 알아야 한다. 아무리 성령을 사모하고 열정적으로 능력을 구한다고 할지라도, 성령이 오신 목적과 다른 이유로 구한다면 참 곤란하다. 성경이 말하는 성령의 사역에 대해서 분명히 알고, 그분을 신뢰하며 나아가야 한다. 그때 우리는 성령을 경험하고, 그분이 우리의 몸을 죄에서 해방시켜 거룩하게 하시는 놀라운 승리를 맛보게 될 것이다.

과연 우리의 몸을 죄와 육신에서 해방시키기 위해서 성령이 하시는 일은 무엇인가? 성령은 어떻게 우리로 죄를 이기게 하시는가?

성령은 생각을 변화시키신다

◆ 생각이 운명을 결정한다

생각이 행동을 낳고, 행동이 습관을 낳고, 습관이 인격을 형성한다

결국 생각이 운명을 결정한다. 옥한흠 목사님의 《로마서》(국제제자훈련원, 2019)를 보면 생각이 한 사람에게 어느 정도까지 영향을 끼치는지 잘 보여 주는 예화가 나온다.

아멜라라는 여인이 있었다. 어려운 형편에 외롭게 지내는 여인은 고양이 한 마리를 애지중지 키우는 기쁨으로 생활했다. 어느 날 고양이가 죽자, 경제적으로 넉넉지 않았던 아멜라는 예비로 사 둔 고양이 밥을 식사 때마다 먹기 시작했다. 그렇게 20년의 세월을 보냈다. 그녀는 자신이 점차 고양이가 되어 간다고 생각했다. 급기야 진짜 고양이 행세를 하기 시작하더니, 고양이처럼 "야옹 야옹", "그르렁 그르렁" 하고 소리를 냈다. 더 놀라운 사실은, 얼굴도 점점 고양이처럼 변해 갔다는 것이다.

이처럼 우리가 생각하는 바에 따라 삶이 변하고 운명이 결정된다. 우리 안에 있는 육신도 우리의 생각을 사로잡아서 우리를 사망으로 이끌고 간다. 반면 성령은 우리의 생각을 변화시켜 주심으로써 우리를 생명과 평안으로 인도하신다. "육신을 따르는 자는 육신의 일을, 영을 따르는 자는 영의 일을 생각하나니 육신의 생각은 사망이요 영의 생각은 생명과 평안이니라"(롬 8:5-6).

● 육신의 생각

육신을 따르면 육신의 일을 생각한다

육신을 따르는 자는 육신의 일을 생각한다. 엉겅퀴가 가시를 내듯이, 우리가 육신에 속하게 되면 마음에서 육신의 생각들을 낳는다. 로마서 8장 5절에서 "생각하나니"의 헬라어 시제는 현재 시제이다. 단회성이 아니라 지속적, 반복적 상태라는 의미이다. 즉 육신에 속한 사람은 육신적인 일을 반복적으로 생각하는 사람이다. 어떤 종교적인 행위냐가 아니라, 어떤 생각을 하느냐가 그 사람의 소속을 말해 준다.

바울은 고린도 성도들이 은사, 지혜, 열심도 많았으나 바울파니 게바파니 아볼로파니 하며 편을 가르며 시기하고 분쟁하자, 그들이 육신에 속한 자라고 말한다(고전 3:1-4). 어떤 이의 사람됨은 결국 그 마음의 생각이 결정한다. "대저 그 마음의 생각이 어떠하면 그 위인도 그러한즉"(잠 23:7상).

결국 생각을 통해서 육신은 우리를 지배하여 사망에 이르게 한다. "육신의 생각은 사망이요"(롬 8:6상). 아담과 하와가 사망에 이르게 된 것은 바로 육신의 생각에서 시작되었다. 그들의 생각이 욕망을 자극하고 탐심을 자극하여 죄의 부추김에 넘어가게 된 것이다. 인류를 사망으로 몰아넣은 전투는 바로 아담과 하와의 생각에서 시작되었다. 결국 마음의 생각의 싸움에서 져서 사망이 임한 것이다.

그러면 왜 육신의 생각이 사망에 이르게 하는가? 본질적으로 육신의 생각들은 다 하나님과 원수가 되는 생각들이기 때문이다. "육신의 생각은 하나님과 원수가 되나니"(롬 8:7상). 하나님과 원수가 된다는 것은 그 생각들이 하나님을 거역하고 하나님을 대적하는 데에서 나왔다는 말이다. 육신의 생각들은 내 마음, 욕심, 탐심대로 하는 생각들이다.

갈라디아서를 보면 육신의 생각들을 나열하고 있다(갈 5:19-21). 그것들은 육체적인 욕망에 대한 생각들(음행, 더러운 것, 호색), 우상과 미신에 대한 생각들(우상 숭배, 주술), 미워하는 생각들(원수 맺는 것, 분쟁, 시기, 분 냄), 분열의 생각들(당 짓는 것, 분열, 이단), 방탕한 삶에 대한 생각들(투기, 술 취함, 방탕)이라는 것을 알게 된다. 이러한 생각들은 마음으로 하나님의 법을 무시하고, 하나님의 통치를 거부하고 내가 주인이 되려는 본성에서 나온다. 결국 이 생각들은 내가 하나님과 적대적인 관계에 있다는 표출로, 결국 하나님과 원수가 되는 데 이른다.

그래서 육신의 생각에 사로잡혀 있으면 하나님의 법에 굴복하지 않게 된다. "이는 하나님의 법에 굴복하지 아니할 뿐 아니라 할 수도 없음이라"(롬 8:7하). 근본적으로 하나님을 거부하고 자신의 욕심대로 살려는 생각이기 때문에, 육신의 생각을 따르는 사람들은 하나님의 법에 굴복하지 않고, 굴복할 수도 없다. 하나님께 불순종하여 죄의 노예로 살아가게 되는 것이다. 결국 하나님의 진노 아래서 영원한 사망으로 나아가게 된다.

육신의 생각은 죄를 활성화한다

문제는 신자 역시 육신을 따라 육신의 생각을 하면 죄에 사로잡힌다는 데 있다. 육신은 죄의 터전이고 몸이다. 육신이 못 박히는 순간 죄는 몸을 잃었다. 터전이 없어져서 우리의 몸 안에서 아무런 지배권을 행사할 수 없다. 하지만 우리가 다시 육신을 따르고, 정욕과 탐심을 따르면 우리 몸은 다시 육신의 습성에 사로잡힌다. 그래서 죄가 다시 몸을 얻는다.

《해리 포터》를 보면, 절대 악인 볼드모트는 죽지만, 자신의 영혼 조각을 나누어 숨겨 둔다. 그것을 다시 모으면 악은 몸을 얻어서 부활할 수 있다. 그래서 영혼 조각을 하나씩 모을 때마다 볼드모트는 점점 힘이 강해진다. 그가 마지막 영혼의 조각을 맞추면 완전한 몸으로 악이 부활하는 무시무시한 일이 생기는 것이다. 마치 육신도 이와 같다. 자꾸 육신의 생각을 따르면 내 안에 잠재되어 있던 오랜 습성이 다시 살아난다. 죄가 다시 육신을 얻는다. 그래서 우리는 육신을 따르지 말고 성령을 따라야 한다.

● 성령의 생각

성령을 따르면 성령의 일을 생각한다

우리가 성령을 따라가면, 성령은 우리에게 성령의 일을 생각하게 하심으로 우리가 성령의 일을 하게 하신다. 그러면 성령의 일이란 무엇인가?

첫째, 성령의 일은 우리 영혼에 십자가로 말미암아 일어난 일이다. 성령은 십자가에서 일어난 일을 우리에게 적용해 주신다. 우리에게 복음이 들리게 하시고, 믿음을 주시고, 우리로 거듭나게 하신다. 우리를 그리스도의 십자가와 연합시켜 주신다.

내가 스무 살 때 말씀 묵상을 하는데 성령이 나를 십자가와 부활의 현장으로 데리고 가셨다. 이처럼 성령은 시간과 공간을 초월하여 십자가에서 일어난 일을 내게 연결시켜 주신다. 십자가에서 주님이 나를 위하여 이루신 그 일이 나의 일이 되게 연합시켜 주신다. 그래서 내가 믿음으로 의롭게 되었고, 용서받았고, 하나님의 자녀가 되었고, 상속자가 되었다는 사실을 알게 하신다. 이 땅의 썩어질 것이 아니라 하늘의 신령한 것을 생각하게 하신다.

둘째, 성령의 일은 성령의 열매를 맺어 그리스도를 닮는 일이다. 성령을 따라가면, 갈라디아서 5장 22-23절에 나오는 아홉 가지 열매를 맺는다. "오직 성령의 열매는 사랑과 희락과 화평과 오래 참음과 자비와 양선과 충성과 온유와 절제니 이 같은 것을 금지할 법이 없느니라" 성령의 아홉 가지 열매는 성령의 성품과 인격인 동시에 예수 그리스도의 아름다운 인격이다.

성령은 우리가 말씀을 묵상할 때 우리에게 예수 그리스도가 어떤 분이신지 알려 주시고 그분의 아름다움을 경험하게 하신다. 그리스도를 알며 그분을 사랑하고 흠모하여 결국 예수님을 닮아 가게 하신다. 이러한 열매를 맺으면 그 어떤 법도 금하지 않는다. 이 말은 그 삶이 모든 율법의 요구를 이루게 된다는 의미이다. 성령을 따라가면, 성령이 우리의 생각을 변화시키셔서 결국 율법의 핵심인 사랑을 이루는 삶을 살게 된다.

율법은 눈에 보이는 행동을 교정하고 바꾸려고 하지만, 성령은 먼저 우리 마음의 생각을 바꾸기 시작하신다. 당장에 행동의 변화는 조금 느려 보여도 속에서부터 생각과 마음이 변하게 해 주신다. 유대인들은 외적인 종교 행위는 있었으나 마음의 할례를 받지 못했다. 그래서 교회 문을 나서면 세상 사람으로 바뀐다. 하지만 성령은 삶의 모든 영역에서 '이럴 때 예수님이라면 어떻게 하실까?'를 생각하며 갈등하고 고민하며, 그 생각이 변화되도록 이끄신다. 이렇게 마음의 생각이 변화되어 가는 사람이 성령을 따르는 사람이요, 그리스도를 닮아 가는 사람이다.

» 성령이 우리 몸의 해방을 위해 우리 내면의 생각을 바꿔 주시는데, 이것이 중요한 이유는 무엇인가요? 성령을 경험하기 전과 후의 생각의 변화들을 이야기해 봅시다.

» 성령은 우리의 생각을 바꾸어 생명과 평안으로 인도하십니다. 성령의 생각을 따라 살아가며 경험한 구체적인 변화나 열매에 대해 나누어 봅시다.

23

성령님이 정말 신자의 몸 안에
거하시나요?

롬 8:9-13

성령이 우리 몸 안에 오셨다

정말 놀라운 진실은 성령이 신자 안에 잠깐 오셨다 떠나지 않으시고, 우리가 이 땅에서 살아가는 동안 이 초라한 몸 안에 계속 내주해서 함께 사신다는 사실이다. 상품의 가치는 그 속에 무엇이 들어 있는가에 있지, 포장에 있지 않다. 인간의 가치도 마찬가지이다. 성령의 내주하심 자체로 신자가 얼마나 위대한 존재인지 가늠할 수 있다.

창세기에 보면, 하나님의 영이 사람을 떠나시는 사건이 나온다. 하나님의 아들들이 사람의 딸들과 결혼하여 육신이 되었고, 더 이상 하나님의 영이 사람과 함께하지 않는다고 하나님은 말씀하신다. "여호와께서 이르시되 나의 영이 영원히 사람과 함께하지 아니하리니 이는 그들이 육신이 됨이라"(창 6:3).

아담 이후 비록 인간이 타락했어도, 그때까지는 경건한 하나님의 백성들(셋의 후손들) 가운데 하나님의 영이 거하셨던 것 같다. 그런데 인간이 사람의 딸들(가인의 후손들, 우상 숭배자들)과 몸을 섞어 결혼을 했다(하나님의 아들과 사람의 딸들에 대해서는 여러 다른 해석이 있음을 참고하라). 거룩해야 할 하나님의 아들들이 우상 숭배와 음행의 죄에 이르렀다는 말이다. '육신이 되었다'는 것은 그들의 육체가 완전히 지배당하게 되었다는 의미이다. 즉 그들이 타락해서 결국 하나님의 영이 떠나신 것이다. 그 결과 그들은 브레이크 없는 기차처럼 죄악으로 달려가게 되었고, 끝내 120년 만에 심판에 이르게 될 것이라는 예언이 주어진다. 점점 그 죄악이 번성하여 홍수 심판으로 모든 사람이 멸망에 이르게 된다.

오늘날 육신이 된 인간의 모습을 잘 보여 주는 것이 로마서 1장의 불경건과 불의에 빠진 인간들의 모습이다. 그들은 우상을 숭배하여 마음의 정욕대로, 부끄러운 욕심대로, 하나님을 상실한 마음대로 내버려두신 바 된다. 즉 그들 안에 정욕을 제어할 그 어떤 성령의 작용도 없었다. 그냥 내버려두신 것이다. 결과적으로 그들은 성적 타락과 사회적 불의의 타락에 빠져 심판을 향해 달려가고 있다.

그때 하나님의 영이 떠나신 이후로, 이제 그리스도 안에서 인간의 육체 안에 성령이 거하시는 사건이 일어나게 되었다. 실로 역사적인 사건이 아닐 수 없다. 어떻게 신자의 몸에 성령이 거하실 수 있는가? 예수를 믿는 사람에게 어떤 변화가 나타나는가? 우리가 이미 살펴본 것처럼, 옛사람이 죽고 새사람이 되었고, 죄의 지배 아래에서 하나님의 지배 아래로 옮겨 간다. 그래서 몸의 주인, 소속이 달라진 것이다. 그리스도가 육신을 십자가에 못 박고 그 안에 있는 죄를 심판하심으로써 이제 거듭난 신자의 몸 안에서 육신의 세력과 죄의 세력을 심판하셨다. 더 이상 몸은 죄의 식민지가 아니다. 우리의 몸은 거룩해졌다.

성경은 이제 우리 몸이 그리스도의 피로 깨끗하게 씻겼다고 말한다. "우리가 마음에 뿌림을 받아 악한 양심으로부터 벗어나고 몸은 맑은 물로 씻음을 받았으니"(히 10:22). 맑은 물로 씻긴 몸이 예수님을 믿은 우리 몸의 상태이다. 바로 이 몸 안에 드디어 성령이 오신 것이다.

누구든지 예수님을 믿으면 성령이 임하신다. 이것은 보통 일이 아니다. 성령이 신자 안에 내주하시는 이 놀라운 사건으로부터 신자가 드디어 죄를 이기고 율법의 요구를 이루는 구원이 시작되는 일이다. 성령의 내주가 죄를 이기는 복음의 핵심이다. 그렇다면 성령은 내주하셔서 무엇을 하실까?

내주하신 성령이 하시는 일

● 몸의 귀중함을 알려 주신다

성령이 내주하셔서 우리의 주인이 되어 주신다

성령의 내주하심은 그분이 주인이심을 말한다. "만일 너희 속에 하나님의 영이 거하시면 너희가 육신에 있지 아니하고 영에 있나니"(롬 8:9상).

"육신에 있지 아니하고"는 육신의 지배 아래 있지 않다는 말이다. 성령이 주인으로 내주하시기에 우리는 이제 성령의 지배 아래 거한다. 성령의 내주하심은 주인이 바뀌었음을 나타낸다. 이제 육신은 주인이 아니다. 우리는 성령을 주인으로 모시고 산다.

이렇게 성령이 신자 안에 내주하심이 우리가 그리스도의 사람이라는 증거이다. "누구든지 그리스도의 영이 없으면 그리스도의 사람이 아니라"(롬 8:9하). 실제로 그 안에 하나님의 영이 거하시어 성령이 삶의 주인이 되신 사람, 그분의 지배 아래 살아가는 사람이 바로 그리스도가 주인이신 사람이다.

내주하시는 성령은 영적 새 생명을 주신다

성령으로 말미암아 그리스도가 그 안에 거하시는 사람은 영적으로 살아난 사람이다. 즉 새사람이 된 것이다. "또 그리스도께서 너희 안에 계시면 몸은 죄로 말미암아 죽은 것이나 영은 의로 말미암아 살아 있는 것이니라"(롬 8:10). 여기서는 '성령이 거하시는 것'을 '그리스도가 거하시는 것'으로 바꿔 쓴다. 이는 하나님이 삼위일체이심을 보여 준다. 그러므로 성령이 거하실 때, 그분 안에서 그리스도가 거하신다. 주님이 그 안에 거하시는 사람은 영적으로 새사람이 된 사람이다.

물론 몸은 죄로 말미암아 죽었고, 아직 구원받지 못했다. 몸은 이 땅에서 거룩하게 주의 도구로 사용되다가 죽으면 부활할 것이다. 그때 구원이 완성된다. 그런데 영은 살아 있다고 한다. 성령이 거하시는 사람은 거듭난 사람이요, 중생의 생명을 얻은 자이다. 영적으로 옛사람은 죽고 새사람을 입은 것이다. 이처럼 지금은 우리가 영혼만 구원받았다. 우리의 변화는 바로 이 영적인 변화에서부터 시작된다. 비록 우리의 겉사람은 죄로 말미암아 날로 후패해 가지만, 성령은 우리 안에 거하셔서서 우리 속사람을 날로 새롭게 하신다. 성령은 우리의 새 생명이 몸 안에서 육신의 세력을 이기고 장성하도록 도와주신다. 우리가 하나님 나라의 시민으로 살아가도록 도와주신다.

내주하시는 성령은 결국 우리 몸을 부활시키신다

최종적으로 성령은 우리의 몸을 부활시키신다. 비록 지금은 죄로 말미암아 죽어 가지만, 결국 이 몸은 구원받을 소중한 몸이다. "예수를 죽은 자 가운데서 살리신 이의 영이 너희 안에 거하시면 그리스도 예수를 죽은 자 가운데서 살리신 이가 너희 안에 거하시는 그의 영으로 말미암아 너희 죽을 몸도 살리시리라"(롬 8:11).

우리 안에 거하시는 성령은 예수 그리스도를 부활시키신 하나님의 영이시다. 그러므로 성령은 장차 우리 죽을 몸도 부활시켜 주실 것이다. 우리의 몸은 죄로 죽었지만, 그렇다고 죄 덩어리로 썩어 없어질 몸이 아니다. 이 몸은 장차 부활할 몸이다. 우리의 최종 구원은 바로 몸이 구원받는 날에 완성되는 것이다. 성령의 내주하심은 우리 몸에 대한 놀라운 인식의 변화를 가져다준다. 비록 우리 몸이 초라하고 욕되어 보이지만, 이 몸은 장차 부활할 아주 소중한 몸이다.

마치 우리 몸은 재개발을 앞둔 노후 아파트와 같다. 재개발을 앞둔 아파트는 오래되고 허름하지만, 정말 비싸다. 새 아파트로 지어질 예정이기 때문이다. 우리의 몸도 마찬가지이다. 초라하고 죄 된 몸이지만, 장차 영광스럽게 될 아주 소중한 몸이다. 예수 그리스도는 우리의 영혼만 구원하려고 이 땅에 오신 것이 아니다. 예수님은 우리의 몸도 구원하신다. 예수님은 성육신하여 이 땅에 오셔서 사신 33년만 잠깐 육체를 입으셨던 것이 아니다. 예수님은 몸으로 부활하셔서 지금도 영원히 몸을 입고 계신다. 이처럼 우리의 몸은 죽고 썩어서 사라질 몸이 아니다. 신자의 몸은 천국 갈 몸이다. 부활할 몸이다. 성령이 거하시는 성전이다.

● 몸의 행실을 제어하신다

육신대로 살면 죽는다

우리 몸이 장차 부활할 몸이기에, 우리는 몸을 소중히 여겨야 한다. 그런 면에서 신자는 결코 육신대로 살면 안 된다. 그래서 신자는 당연히 주인이신 성령께 순종해야 할 의무를 가진다. 이것을 바울은 "우리가 빚진 자"라고 말한다. "그러므로 형제들아 우리가 빚진 자로되"(롬 8:12상). 문맥으로 볼 때 이것은 우리가 육신이 아니라 성령께 빚진 존재라는 말이다. 즉 우리는 성령의 지배를 따라야 할 존재이다. 그러므로 육신대로 살면 안 된다. "육신에게 져서 육신대로 살 것이 아니니라"(롬 8:12하). 이 말씀은 우리가 육신에게 져서는 안 된다고 말한다.

이미 육신은 십자가에 못 박혔다. 육신은 그 지배력을 잃어버렸다. 그러므로 우리는 육신의 요구에 대해서 단호하게 "노!"라고 대답해야 한다. 이것이 우리에게 일어난 일에 대한 올바른 반응이다. 그럼에도 불구하고 육신대로 살면 그는 반드시 죽게 된다. "너희가 육신대로 살면 반드시 죽을 것이로되"(롬 8:13).

이 말씀은 우리가 거듭났어도 어쩌다가 육신과의 싸움에서 한 번이라도 지면 구원받지 못한다는 의미가 아니다. 어떤 사람이 감기에 걸렸다고 병원에 갔는데 의사가 "당신은 죽습니다"라고 말할 수 없다. 그런데 어떤 사람의 온몸에 암이 번졌다면 의사는 "당신은 이대로 계속 가면 죽습니다"라고 말할 수 있다. 여전히 육신을 주인으로 삼아 그 소욕대로 살아가는 것이 일상이라면, 그는 반드시 죽는다. 즉 구원받지 못한다는 것이다. "전에 너희에게 경계한 것같이 경계하노니 이런 일을 하는 자들은 하나님의 나라를 유업으로 받지 못할 것이요"(갈 5:21).

성령의 지배 아래 살아가는 사람이 어떻게 육신의 열매를 주렁주렁 맺는 일이 가능하단 말인가. 육신을 따라 살아가는 것이 아직도 그의 습성이라면, 그는 결코 하나님 나라에 들어가지 못한다.

영으로써 몸의 행실을 죽이면 산다

그렇다면 신자는 어떻게 해야 살까? 바울은 "**영으로써** 몸의 행실을 죽이면 살리니"(롬 8:13하)라고 한다. 몸의 행실은 죄 된 육신의 행위를 말한다. 우리가 할 일은 궁극적으로 우리 몸의 행실, 즉 죄 된 몸의 행실, 악한 행실을 죽이는 것이다. 오래된 집으로 이사하면 그전 사람이 살던 흔적이 있다. 이처럼 거듭난 새사람이 몸이라는 헌 집에 입주를 하면, 그전에 살던 사람, 바로 옛사람이 살던 흔적이 있다. 그 흔적이 바로 육신의 습성이다. 거듭났어도 여전히 몸 안에는 육신의 습성이 남아 있다. 그 습성을 따라 살아가는 것이 바로 몸의 행실이다. 신자는 이제 몸의 행실을 죽여야 한다.

어떻게 신자가 몸의 행실을 죽일 수 있을까? 바울은 "영으로써" 몸의 행실을 죽이라고 말한다. 우리가 성령을 따라가면 몸의 행실을 죽일 수 있다는 것이다. 손톱의 때는 머리를 감거나 손빨래를 하면 싹 빠진다. 우리가 성령을 따라 살면 거룩한 물결이 내 안에 넘친다. 육신의 욕망의 불을 끄려면 거룩한 소욕, 거룩한 성령의 불로 타올라야 한다. 우리는 죄의 소욕을 억지로 거부하는 것이 아니라, 성령으로 이기는 것이다.

스타벅스 커피 브랜드 로고에는 그리스 신화에 나오는 여신 사이렌 (Siren)이 그려져 있다. 사이렌은 깊은 바다 가운데서 감미로운 음악을 들려주는데 그 음악으로 사람들을 홀렸다. 그녀의 음악은 사람들을 물속에 빠져 죽게 하거나 배를 난파시키는 등 치명적인 유혹이었다.

그리스 고전 《오디세이아》에도 사이렌이 등장한다. 어느 날 영웅인 오디세우스가 배를 타고 항해 중이었다. 그는 사이렌의 음악을 듣고 싶었지만, 그 유혹을 이길 자신이 없었다. 그래서 선원들에게 귀를 막고 노를 저으라고 하고, 자신은 귀를 막지 않은 채 돛대에 묶어 달라고 했다. 그는 사이렌의 음악을 듣고 유혹을 받았지만 묶어 있었기 때문에 유혹을 견딜 수 있었다. 신화의 이야기처럼 이런 방식으로 죄의 유혹을 이기는 데는 한계가 있다. 또한 복음적인 방법도 아니다. 이것은 그저 억누른 것이지, 이기는 방법이 아니다.

그런데 다른 이야기가 있다. 이아손을 비롯한 아르고호 원정대도 사이렌의 섬을 지나가게 되었다. 그런데 그들은 아름다운 사이렌의 음악 소리가 들릴 때 그 배에 동승한 당대 그리스 최고의 음악가 오르페우스에게 연주를 하게 했다. 오르페우스의 연주는 사이렌의 음악보다 더 아름다웠다. 그래서 선원들은 사이렌의 유혹을 이길 수가 있었다. 이 이야기에서 중요한 원리가 나온다. 우리는 자신의 힘이 아니라, 더 큰 능력을 가지신 하나님의 도우심으로, 그리고 아름답고 거룩하신 성령으로 죄를 죽이는 것이다.

● 복음은 몸을 거룩하게 변화시키는 능력이다

주님의 십자가 복음은 몸을 위한 복음이다. 복음은 단지 믿고 천국 가는 것이 아니다. 복음은 이 땅에서 몸을 거룩하게 하고, 순종하게 하며, 장차 이 몸이 부활하여, 하나님의 상속자로 나타나는 것을 의미한다.

에스겔 37장에 보면, 마지막 날에 일어날 환상을 보여 준다. 바벨론에 포로로 끌려간 이스라엘이 마른 뼈다귀처럼 다 죽어 버린 죽음의 골짜기 환상이다. 그런데 거기에 장차 일어날 다른 놀라운 환상이 나타난다. 에스겔이 하나님의 말씀을 대언하니까 뼈가 연결되고, 힘줄이 생기고, 살이 오르고, 가죽이 덮인다. 그리고 성령이 임하시니까 그들이 큰 군대가 된다. 완전히 새로운 존재로 변한다.

결국 이 말씀은 무엇을 보여 주는가? 예수님이 우리를 통해서 이루실 복음의 예표이다. 우리는 말씀으로 뼈가 연결되고, 힘줄이 붙고, 살이 붙고, 가죽이 덮여 성령의 능력으로 변화된 존재이다. 성령의 능력이 함께하니 하나님의 군대, 의의 병기가 된 존재들이다. 그리스도의 복음이 장

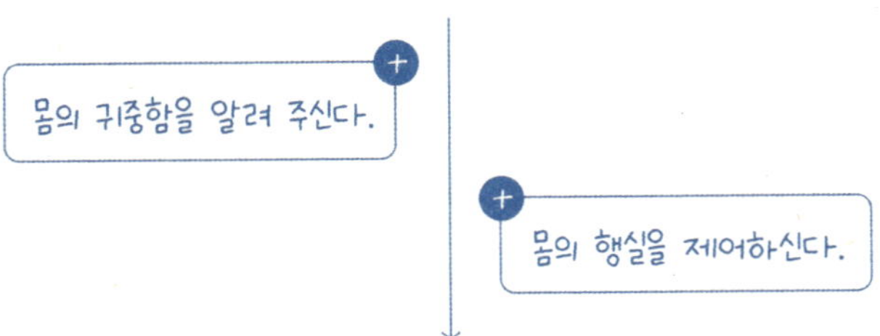

차 우리 가운데 할 일을 이렇게 환상으로 보여 주신 것이다.

왜 교회가 약한가? 복음에서 멀어졌기 때문이다. 예수님에게서 멀어졌기 때문이다. 우리는 복음 안에서 말씀으로 지어진 의의 병기요, 영적인 군사임을 기억하자.

토론과 적용을 위한 질문

» 우리 몸은 성령이 내주하시는 귀중한 성전입니다. 이것이 현재 우리가 몸을 대하는 태도(예: 건강 관리, 쾌락 추구, 거룩한 삶)와 신앙 실천에 어떤 변화를 주어야 한다고 생각하나요?

» 성령의 인도하심으로 몸의 행실을 죽이고 죄에서 승리했던 경험이 있다면 나누어 봅시다.

24

우리가 하나님 나라의 상속자라는 증거가 있나요?

롬 8:14-17

하나님을 아버지라 부를 수 있는 이유

● 신자를 하나님 나라의 상속자로 준비해 주신다

성령은 하나님의 자녀를 인도하신다

신자는 하나님의 상속을 받을 아들이다. 성령은 우리에게 오셔서 우리가 그날에 하나님 나라를 유업으로 상속받을 준비를 하게 하신다. 그래서 몸의 행실을 죽이고 거룩하게 하시는 것이다. 그런 면에서 그가 과연 장차 하늘의 상속받을 아들이란 증거가 무엇일까? 성령이 그 안에 내주하셔서 그를 인도하시는지 여부이다. "무릇 하나님의 영으로 인도함을 받는 사람은 곧 하나님의 아들이라"(롬 8:14). 주님은 아무에게나 성령을 보내 주시지 않는다. 우리가 하나님의 아들이기에 우리를 준비시켜 주시려고 성령을 보내 주신 것이다. 신자는 이신칭의를 통해서 하나님 나라의 세자로 책봉을 받았으나 아직은 연약하여 육신에게 져서 넘어진다. 그러므로 하나님은 성령을 보내셔서 우리를 거룩하게 보호하시고 인도하셔서 하나님 나라를 유업으로 이어받을 상속자로 준비시키시는 것이다.

그래서 성령은 우리 안에 양자의 영으로 오셔서 우리로 하여금 하나님을 아빠라고 친밀히 부르게 하시어 우리가 아들임을 증거해 주신다. "너희는 다시 무서워하는 종의 영을 받지 아니하고 양자의 영을 받았으므로 우리가 아빠 아버지라고 부르짖느니라 성령이 친히 우리의 영과 더불어 우리가 하나님의 자녀인 것을 증언하시나니"(롬 8:15-16).

당신이 구원받은 하나님의 자녀임을 누가 가르쳐 주실까? 바로 성령이시다. 성령은 무섭기만 하던 하나님을 아빠라고 부르게 해 주신다. 나는 모태신앙이었지만 늘 하나님이 무서웠다. 그런데 어느 날 하나님을 아버지라고 부르며 엉엉 울었던 기억이 난다. 누가 하나님을 아버지라고 부르짖게 하시는가? 성령이시다. 그래서 성령은 비천한 우리가 사실은 하나님의 상속자라는 사실을 알려 주신다.

성령은 우리가 상속자임을 알게 하신다

우리가 자녀라는 사실은 결국 상속자라는 의미이다. "자녀이면 또한 상속자 곧 하나님의 상속자요 그리스도와 함께한 상속자니"(롬 8:17상). 자녀 됨의 중요한 초점은 여기에 있다. 특히 로마 시대에 입양된 아들은 아버지가 자신의 이름을 영원히 보존하고, 자기 재산을 유산으로 물려주기 위해 의도적으로 선택한 아들이었다. 그래서 로마서에서 양자는 법적으로도 상속권을 받은 아들을 의미한다. 드라마를 보면 가끔 자신이 어느 대기업 회장의 아들이라고 주장하며 친자 확인 소송을 하는 경우가 있다. 만약 친자라고 밝혀지면 그는 엄청난 유산을 상속받는다. 우리가 하나님의 아들이라는 사실은 그냥 말만의 문제, 감정만의 문제가 아니다. 아들 됨에는 상속권이 달려 있다. 그리스도와 함께 그분이 가지신 영광의 그 나라에 같이 참여하는 것이다.

성령은 바로 우리가 그 엄청난 지위를 가진 상속자라는 사실을 알려 주신다. 그리고 우리가 이 땅에서 엄청난 신분에 걸맞게 잘 준비되도록 도와주려고 오셨다. 다윗을 보라. 하나님은 그를 왕으로 기름 부으시고 왕자 학교에 보내지 않으셨다. 대신 그를 어려서부터 성령으로 감동하게 하셨다. 성령 안에서 그는 수금도 타고, 시도 썼다. 용맹해져서 사자와 곰도 잡았다. 물매 돌로 골리앗을 물리쳤다. 군대 장관이 되고, 결국 왕이 되었다. 누가 다윗을 훈련하셨는가? 성령이시다. 이처럼 성령은 우리가 하나님의 자녀요, 상속자임을 알게 하시며 그 상속자로 준비시켜 주신다.

● 성령을 따르라

성령을 늘 의지하라

성령은 어머니와 같은 분이시다. 아이가 태어나서 어른으로 자라려면 당연히 어머니로부터 젖을 먹고 보살핌을 받아야 한다. 아이는 자라면서 늘 엄마를 불러야 하고 엄마를 의지해야 한다. 그래야만 아이가 잘 자랄 수 있고 건강하게 자랄 수 있다. 마찬가지로 신자는 성령으로 거듭났기 때문에 늘 성령을 불러야 하고 성령의 도우심을 구해야 한다. 그래야만 죄를 이기고, 세상을 이기며, 결국 하늘나라 상속자가 될 수 있다. 우리는 우리 주인이신 성령을 인격적으로 존중하고 마땅한 대우를 해 드려야 한다.

성령을 무시하지 말고 인정하라

우리는 항상 성령의 존재를 기억하고 인식해야 한다. 중요한 분을 모시고 식사하는데 그분에게는 눈길도 안 주고 다른 사람하고만 눈을 맞추고 이야기를 한다면 그분이 얼마나 기분 나쁘시겠는가. 성령은 하나님이시다. 성령이 왜 오셨는지, 무엇 때문에 내 안에 거하시는지 명확하게 알고 그분을 인정하고 존중해야 한다. 우리가 성령을 인정하고 인식하는 만큼 성령은 우리 안에서 지배력을 가지신다. 성령은 인격적이고 온유한 영이시다. 우리를 강제로 협박해서 인도하지 않으신다. ‘영으로 인도하신다’라는 단어의 특성에는 강제성이 없다. 우리가 인정하고 내어 드리는 만큼 성령이 우리 안에서 역사하신다. ‘성령 충만하라’는 단어는 현재 명령형이다. 계속 성령으로 충만하라는 것이다. 그분을 계속 의식하라는 명령이다.

성령을 근심하게 하지 말라

우리가 불순종하면 성령은 근심하신다. 우리 안에 계시기 때문에, 성령이 근심하시면 우리에게 느껴진다. 성령 충만한 사람일수록 예민하게 느낀다. ‘내가 다른 사람들의 뒷담화를 하는 것을 성령이 기뻐하지 않으시는구나. 내가 지금 친구들하고 안 좋은 곳에 놀러 가는 것을 성령이 근심하시는구나.' 이런 생각이 들면 바로 돌아서야 한다. 앞에서도 언급했듯, 성령은 우리를 강제하지 않으신다. 우리가 불순종의 길을 가면 근심하신다. 계속 무시하면 결국 성령의 감동은 소멸해 버린다. 성령의 감동이 마음에 느껴지지 않고 거룩한 불이 꺼져 버린다. 냉랭해지고, 은사도 잃어버리며, 말씀을 읽어도 깨달음이 없고, 설교를 들어도 들리지 않게 된다. 이것이 소멸이다. 그렇게 되면 불신자와 다름이 없다. 7장의 신자의 상태로 돌아간다. 그러므로 성령의 감동, 설득이 있을 때에는 항상 순종해야 한다. 그분은 우리의 주인이시기 때문이다.

성령을 날마다 사모하라

주님은 구하는 자에게 성령을 주겠다고 하셨다. 간절히 성령을 구하라. 우리 안에 내주하는 죄를 이기고, 거룩해지기 위해서, 몸의 행실을 죽이기 위해서 날마다 성령을 구하라. 특별히 성령이 오신 가장 중요한 목적을 기억하라. 그 목적은 몸의 거룩과 순종이다. 죄를 이기고 순종하는 것이다. 성령은 우리를 하나님의 상속자답게 거룩하게 하시고 하나님께 순종하는 아들로 준비시키려고 오셨다. 그 목적에 맞게 구해야 한다. 그때 성령이 우리에게 가장 충만하게 역사하신다.

주님은 오병이어의 기적 이후에 물 위를 걸으실 때 당신의 신성을 충만하게 드러내셨다. 그때가 언제인가? 사람들이 왕으로 삼으려는 유혹을 이기려고 산에 홀로 올라가 밤새워 기도하신 후였다. 성공과 인기의 때에 유혹을 이기고, 사명의 길을 가고자 기도하시자 성령이 가장 강력하게 예수님 안에서 역사하신 것이다. 이처럼 성령이 오신 목적에 맞게 구할 때 성령은 가장 충만하시다. 성령이 우리 안에 계시는 이유는 성령을 이용해 은사를 드러내고자 하심이지, 나를 내세우기 위한 것이 아니다. 그분이 오신 목적을 이해하고 날마다 성령의 충만함을 구하라.

지금까지의 성령의 사역을 요약하면 다음과 같다

첫째, 성령은 우리 안에 있는 육신의 세력을 몰아내는 해방군으로 오신 분이다. 둘째, 성령을 따를 때 우리의 생각을 변화시켜서 영의 일을 생각하며 주님을 닮아 생명과 평안에 이르게 하신다. 셋째, 성령이 우리 안에 내주하셔서 우리 몸의 소중함을 알게 하신다. 우리가 새 생명을 받은 몸이요, 비록 여기서 죽지만 장차 부활할 몸이라는 사실을 알려 주신다. 넷째, 성령은 우리 안에서 몸의 행실을 죽이게 하신다. 육신을 제어하게 하신다. 적극적으로 성령을 따르게 하심으로써 우리 몸에서 악한 모든 행실을 죽이신다. 우리가 의의 도구로 살아가게 하심으로써 몸의 행실을 죽이신다. 다섯째, 성령은 우리를 하나님의 자녀로서, 하늘나라의 상속자로 준비해 주신다. 그러므로 우리는 늘 성령을 따라야 한다.

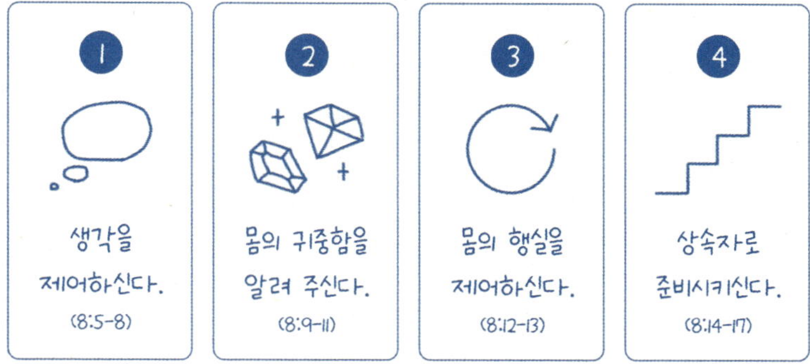

토론과 적용을 위한 질문

» 성령은 우리 안에 양자의 영으로 오셔서 하나님을 '아빠 아버지'라고 부르게 하십니다. 나에게 아빠 아버지 하나님은 어떤 의미인가요?

» 성령은 우리를 '하나님의 상속자답게 거룩하게 하시고 순종하는 아들로 준비시키려고 오셨다'고 합니다. 나의 삶에서 성령이 나를 상속자로서 어떻게 훈련하고 준비시키고 계시는지 구체적인 경험을 나누어 봅시다.

고난을 이기는 복음

롬 8:17-39

25

하나님의 자녀인데
왜 고난을 받나요?

롬 8:17-25

우리가 하나님의 자녀요, 상속자인데, 그 영광을 위해서는 지금 이 땅에서 감당해야 하는 고난이 있다고 바울은 말한다. "자녀이면 또한 상속자 곧 하나님의 상속자요 그리스도와 함께한 상속자니 우리가 그와 함께 영광을 받기 위하여 고난도 함께 받아야 할 것이니라"(롬 8:17). 하나님의 자녀라면서 왜 이 땅에서 고난을 겪는가? 앞으로 영광스러운 하나님의 아들들로 나타날 존재라면, 지금부터 자녀 대우를 받아야 하지 않을까? 남들에게는 어려움이 와도 나만은 피해 가야 할 것 같다. 그런데 현실은 고난이 전제된다. 우리의 영광은 이 땅의 고난이 전제되어 있다. 왜 이 땅에서의 고난이 필수적일까?

신자의 고난과 영광

● 고난: 왜 신자도 고난을 받는가?

그리스도인이기에 받는 고난이 있다

첫째로, 우리는 예수님을 믿고 따르는 그리스도인이기에 고난을 받는다. 과거에 예수님을 십자가에 못 박던 세상은 지금 우리가 살아가는 세상과 본질적으로 다르지 않다. 그러므로 과거 그리스도를 핍박한 세상은 오늘 그리스도와 연합한 성도들을 핍박한다. "내가 너희에게 종이 주인보다 더 크지 못하다 한 말을 기억하라 사람들이 나를 박해하였은즉 너희도 박해할 것이요 내 말을 지켰은즉 너희 말도 지킬 것이라"(요 15:20). 하나님을 싫어하는 세상은 그분의 아들 예수님도 싫어하고, 예수님을 미워하는 세상은 그분과 연합한 성도들도 미워한다.

그런데 그리스도는 이 땅에서 고난을 받으심으로 영광에 이르셨다. 그러므로 우리가 진정 그분과 함께 영광을 받으려면 그분과 함께 고난도 받아야 한다. "우리가 그와 함께 영광을 받기 위하여 고난도 함께 받아야 할 것이니라"(롬 8:17하). 그 영광은 이 땅에서 잠시 당하는 고난과 비교할 수조차 없다. "생각하건대 현재의 고난은 장차 우리에게 나타날 영광과 비교할 수 없도다"(롬 8:18). 현재의 고난은 장차 나타날 영광의 씨앗이다.

시들어 가는 피조물로서의 고난이 있다

둘째는 실존적인 이유이다. 그것은 장차 영광스럽게 변화될 세상과 대조되는 현재 피조 세계의 실존 양식으로 말미암는 고난이다.

허무함: 몸을 입고 사는 우리의 삶은 죄로 말미암아 허무함에 굴복한다. "피조물이 허무한 데 굴복하는 것은 자기 뜻이 아니요 오직 굴복하게 하시는 이로 말미암음이라"(롬 8:20). 하나님은 아담과 하와의 타락으로 인하여 인간을 저주하셨다. 그래서 인간에게뿐 아니라 피조물에게도 죽음이 찾아온다. 우리 강아지가 태어나서 주인한테 너무 예쁜 짓을 하다가 몇 년 뒤에 가 버리니 얼마나 허무하던가. 피조물도 저주받은 피조계에서 허무하게 났다가 덧없이 사라진다.

단지 자연 만물만 그러한가? 우리 인간도 피조계의 한 부분이다. 아담을 향한 저주로 땅은 가시덤불과 엉겅퀴를 내도록 명령받았고, 인간은 땅의 소산을 먹기 위해서 죽을 때까지 그것들과 싸우며 땀을 흘려야 한다(창 3:17-19). 이것이 남편이자 아버지의 의무요, 일생이다. 가족을 부양하고 먹고살려면, 가시덤불 같은 세상 일터에서 이리저리 찔리고 상처 입고 비난받는 고통을 견뎌야 한다. 엉겅퀴처럼 여기저기 꼬인 일들을 푸느라 온갖 스트레스, 근심, 갈등으로 밤을 지새우기를 밥 먹듯이 해야 한다. 그래야 가족들의 필요를 채워 줄 수 있고 세상에서 살아남을 수 있다.

반면 여인의 일생은 남자의 다스림을 받으며 자녀를 임신하는 고통의 삶이다(창 3:16). 아내는 가족을 위해 남편을 대할 때 참고 인내한다. 자녀를 해산한 고통은 자녀를 기르면서 흘리는 눈물과 집에 돌아올 때까지 염려하며 기다리는 삶으로 이어진다. 시집가고 장가가도 염려는 끝나지 않는다. 그렇게 수고하다가 살 만하다 싶으면 늙고 병들어 인생을 마감할 시간이 쓸쓸히 다가온다. 인생의 결국은 수고와 허무뿐이다. 전도서 기

그리스도인으로서의 고난   피조물로서의 고난

자의 말처럼 헛되고 헛되니 모든 것이 헛된 세상이요, 삶이다. 모든 피조물은 몸을 입고 있는 한, 아무도 허무에 굴복하는 삶을 면제받을 수 없다.

썩어짐: 그렇게 살다가 결국 인생은 흙으로 돌아가야 한다. "너는 흙이니 흙으로 돌아갈 것이니라"(창 3:19하). 우리의 삶이 흙으로 돌아가려면 썩어야 한다. 그런 면에서 인생은 태어나면서부터 썩어져 가는 과정이다. 늙지 않으려고 애를 쓰지만, 애를 쓸수록 안쓰러울 뿐이다. 모든 인생은 풀과 같고 그 영광은 풀의 꽃과 같아서 잠시 있으면 다 시들고 썩어 버린다. 그렇게 "썩어짐의 종노릇"(롬 8:21상)하게 된다. 생로병사의 과정을 피해 갈 피조물은 아무도 없다. 거듭난 하나님의 아들이라고 해서 썩어짐을 피해 가지는 못한다. 부활의 몸을 입을 때까지는 허무와 썩어짐이라는 현재의 고난에서 면제되지 않는다.

● 영광: 고난에는 장차 나타날 영광이 있다

그런데 고난 속에서 피조물이 절망하고 낙심하는가? 아니다. 그들에게는 바라보는 소망, 바라보는 영광이 있다. 이제 바울은 장차 나타날 영광에 대해서 입체적으로 말한다.

모든 자연 만물이 하나님의 아들들의 나타남을 기다린다

피조물들, 모든 자연 만물이 하나님의 아들들의 나타남을 기다린다. "피조물이 고대하는 바는 하나님의 아들들이 나타나는 것이니"(롬 8:19). 피조물들은 그날 우리가 상속자로서 모든 만물의 주인으로 나타나길 기다린다. 원래 이 세상의 상속자는 누구였는가? 하나님이 아담을 상속자로 세우셨으나 그는 죄에 넘어졌다. 아담과 함께 모든 세상은 저주받아 썩어짐의 종이 되었다. 죄의 배후에 있는 마귀에게 모든 세상을 빼앗기고 그의 지배 아래에서 세상이 망가져 버렸다. 허무가 찾아오고, 죄가 찾아오고, 고통이 찾아왔다. 모든 것이 회복되려면 추방된 하나님의 아들들이 다시 상속자로 나타나야 한다. 이것이 피조물들의 소망이다. 피조물들은 하나님의 아들들의 나타남을 기다린다.

피조물도 함께 영광의 자유에 이르기를 기다린다

하나님의 아들들이 나타날 때는 무슨 영광이 있는가? "그 바라는 것은 피조물도 썩어짐의 종노릇한 데서 해방되어 하나님의 자녀들의 영광의 자유에 이르는 것이니라"(롬 8:21). 먼저 하나님의 아들들인 우리가 영광의 자유에 이른다. 여기서의 "자유"는 바로 허무와 썩어짐에서의 자유이다. 그날이 오면 우리는 부활하여 영광스러운 몸으로 바뀌어 더 이상 아프지도 않고, 늙지도 않고, 죽지도 않고, 슬픔도 없다. "모든 눈물을 그 눈에서 닦아 주시니 다시는 사망이 없고 애통하는 것이나 곡하는 것이나 아픈 것이 다시 있지 아니하리니 처음 것들이 다 지나갔음이러라"(계 21:4). 그리고 온 세상이 새 하늘과 새 땅으로 변화된다.

우리만 그런 것이 아니다. 피조물들도 "하나님의 자녀들의 영광의 자유"에 동참하게 된다. 그날이 되면 자연 만물도 썩지 않고 죽지 않는다. 약육강식의 두려움도 사라진다. 더 이상 사슴이 물 한 모금도 좌우를 경계하며 먹어야 하는 두려운 세상이 아니다. 그래서 성경은 그날을 이렇게 노래한다. "그때에 이리가 어린양과 함께 살며 표범이 어린 염소와 함께 누우며 송아지와 어린 사자와 살진 짐승이 함께 있어 어린아이에게 끌리며 암소와 곰이 함께 먹으며 그것들의 새끼가 함께 엎드리며 사자가 소처럼 풀을 먹을 것이며 젖 먹는 아이가 독사의 구멍에서 장난하며 젖 뗀 어린아이가 독사의 굴에 손을 넣을 것이라 내 거룩한 산 모든 곳에서 해 됨도 없고 상함도 없을 것이니 이는 물이 바다를 덮음같이 여호와를 아는 지식이 세상에 충만할 것임이니라"(사 11:6-9).

모든 피조물이 그날을 기다린다. 왕비가 추방되면 시녀들도 같이 추방된다. 시녀들은 왕비가 복권되는 날을 기다릴 것이다. 그들도 같이 복권될 수 있기 때문이다. 이처럼 우리의 타락으로 피조물들도 같이 고난을 받고 있다. 그들이 기다리는 것은 바로 우리의 복권이다. 그들은 우리가 빨리 하나님의 아들들로 나타나기를 바라고 있다. 아담이 빼앗긴 상속자의 지위를 우리가 다시 찾길 바란다. 우리가 이 땅의 고난을 잘 이겨 내고 그날에 하나님의 아들들이자 상속자로 나타나길 자연 만물도 고대한다.

우리가 고난 때문에 좌절하고 잘못 가면 만물이 상심한다. 우리가 고난을 이겨 내기를 자연 만물도 응원한다. 우리는 고난 뒤에 이러한 영광이 있다는 사실을 기억하고 고난을 이겨 내야 한다. 요한계시록 제일 마지막 장에 보면 새 하늘과 새 땅이 나타난다. 그날에 하나님이 모든 것을 새롭게 하신다. 마지막 절에서 무엇이라고 말씀하시는지 보라. "이기는 자는 이것들을 상속으로 받으리라 나는 그의 하나님이 되고 그는 내 아들이 되리라"(계 21:7).

그날을 위해 고난을 이겨야 한다. 유혹을 이기고 죄와 육신을 이겨야 한다. 고난 뒤에 이기는 우리는 상속자로 나타날 것이다. 복음은 이처럼 만물을 변화시키고, 결국 우리로 영광에 이르게 할 것이다.

● 탄식: 우리는 탄식하며 기다린다

그러나 아직 그날은 오지 않았다. 여전히 우리는 이 고난의 땅에서 살아간다. 그러므로 피조물이 다 탄식하고, 우리도 탄식한다.

피조물의 탄식

"피조물이 다 이제까지 함께 탄식하며 함께 고통을 겪고 있는 것을 우리가 아느니라"(롬 8:22). "탄식"은 아프거나 힘들 때 내는 신음 소리이다. 먼저 피조물이 탄식한다. 우리가 바라보는 세상이 생각처럼 평화롭고 아름답지만은 않다. 비록 자연 만물이 노래하는 순간도 있겠으나, 그보다 더 많은 시간을 신음하고 있다. 끊임없는 추위, 더위, 태풍, 홍수, 눈보라, 병충해 등 수많은 공격으로 상처받고 시들고 썩어 가면서 신음한다. 동물들도 끝없는 약육강식의 법칙 아래에서 신음하며 탄식한다. 약한 짐승은 강한 짐승을 끊임없이 두려워해야 하고, 강한 짐승도 전심으로 뛰지 않으면 새끼들을 못 먹이는 세상이다. 어떤 고래가 죽은 새끼를 등에 지고 다닌다는 뉴스를 보았다. 이처럼 모두가 다 탄식한다.

하지만 이 탄식은 결코 절망의 탄식은 아니다. 기다림의 탄식이다. 앞에서 피조물들이 다 기다리고 있다고 이야기했다. 피조물들은 고통 속에서 탄식하면서도 고난을 견디고 인내하면서 살아간다. '피조물들이 탄식하다가 우울증에 걸렸다. 그래서 내년 봄에는 개나리가 안 필 예정이다.' 이런 일이 없잖은가! 거듭해서 꽃은 겨울을 나고, 다시 꽃을 피운다. 동물들도 실의에 빠져 번식을 포기하거나 자살하지 않고, 주어진 삶을 살아 낸다. 피조물들도 그날을 고대하고 있기 때문이다.

신자의 탄식

피조물들뿐 아니라 거듭난 성도들도 탄식한다. 몸이 부활의 영광을 입기 전까지는 신음 없이는 살아가기 힘든 세상을 살아 내야 한다. 그런데 우리의 탄식 역시 기다림의 탄식이다. "그뿐 아니라 또한 우리 곧 성령의 처음 익은 열매를 받은 우리까지도 속으로 탄식하여 양자 될 것 곧 우리 몸의 속량을 기다리느니라"(롬 8:23). 하나님의 아들로 나타나는 그날, 몸의 속량, 즉 부활의 그날을 기다린다는 것이다. 그러면서 탄식하는 것이다. 우리가 여기서 하늘 영광의 약속을 받았고, 그 나라를 기다리지만 그래도 어쩔 수 없이 우리는 이 고난 속에서 탄식하는 것이다. 그러므로 그 탄식은 절망의 탄식이 아니라 소망의 탄식이요, 기다림의 탄식이다.

"참으로 이 장막에 있는 우리가 짐 진 것같이 탄식하는 것은 벗고자 함이 아니요 오히려 덧입고자 함이니 죽을 것이 생명에 삼킨 바 되게 하려 함이라"(고후 5:4). 우리는 이 땅에서 '몸'이라는 장막 안에서 산다. 점점 허물어지는 육신의 장막으로 인하여 우리는 짐을 진 자처럼 탄식하고 있다. 그러나 이 탄식은 절망의 탄식이 아니다. 육신의 장막이 무너지고 새로운 부활의 몸을 입는 과정에서 거치는 탄식일 뿐이다.

● 소망과 인내

소망의 노래를 부르며 바라고 또 바라라

피조물의 탄식은 물론 우리 신자의 탄식도 절망의 탄식이 아니다. 모든 만물은 영광스러운, 쇠하지 않는, 병들지 않는, 아름다운, 빛나는 몸을 입게 될 부활의 그날을 기다린다. 우리도 하나님의 나라를 상속하는 아들들로 나타날 영광의 그날을 기다린다. 그러므로 우리는 소망으로 구원을 얻었다. "우리가 소망으로 구원을 얻었으매 보이는 소망이 소망이 아니니 보는 것을 누가 바라리요"(롬 8:24).

우리가 예수님을 믿고 구원받았다면 보이는 것만이 전부가 아니다. 우리의 구원은 눈에 보이지 않는 것들, 장차 나타날 영광이 약속된 구원이다. 아브라함이 보이지 않는 것을 믿고 소망함으로 구원을 받았듯, 우리는 보이지 않는 것을 바라보고 있다. 피조물도 바라보는데, 왜 우리가 바라보지 못하는가? 그날을 바라보아야 한다. 우리는 이 소망으로 산다. 지금의 고난은 장차 나타날 영광에 비하면 아무것도 아니다.

언젠가 이스라엘 성지 순례를 갔을 때 일이다. 버스 안에서 창밖으로 끝없이 펼쳐지는 사막과 광야를 바라보는데 울컥 눈물이 났다. '이 척박한 땅에서 그들이 이사야의 소망의 노래를 불렀구나'라는 생각이 들었기 때문이다. 저 멀리서 그들의 노래가 들리는 것 같았다.

사막에 샘이 넘쳐흐르리라. 사막에 예쁜 새들 노래하리라.

주님이 다스리는 그 나라가 되면은 사막이 꽃동산 되리.

사자들이 어린양과 뛰놀고 어린이들 함께 뒹구는

참사랑과 기쁨의 그 나라가 이제 속히 오리라.

사막에 숲이 우거지리라. 사막에 꽃이 피어 향내 내리라.

주님이 다스리는 그 나라가 되면은 사막이 낙원 되리라.

독사 굴에 어린이가 손 넣고 장난쳐도 물지 않는

참사랑과 기쁨의 그 나라가 이제 속히 오리라.

우리는 이러한 소망 가운데 구원을 받은 것이다.

끝까지 인내하는 것이 믿음이다

그날을 바라보는 소망을 가진 우리가 할 일이 무엇인가? 바로 인내이다. 지금 눈에 보이지 않지만, 언젠가 나타날 소망을 기다리는 우리가 지금 이 땅에서 할 일은 인내뿐이다. "만일 우리가 보지 못하는 것을 바라면 참음으로 기다릴지니라"(롬 8:25). 우리는 보지 못하는 것을 바라고 소망한다. 그러므로 그것이 이루어질 때까지 참고 인내해야 한다. 잘 달려가다가 멈춰 서면 안 된다. 밤이 늦어서 주인이 안 온다고 생각하고 잠자는 자들처럼 되어서도 안 된다. 낙심하지 말고 소망하며 기다려야 한다. 인내하는 삶이 신자의 삶이다.

아브라함은 오래 참아 약속을 받았다고 성경은 말한다(히 6:15). 그때 아브라함이 받은 약속은 이삭을 낳는 것이 아니다. 이미 이삭을 얻은 아브라함이 모리아산에 이삭을 드릴 때 하나님이 그에게 주신 약속을 말한다. 그는 평생에 걸쳐 인내했다. 죽는 순간까지 그의 전 생애는 그 나라를 기다리는 삶이었다. 그 결과, 그는 후손을 번성하게 하리라는 맹세의 약속을 받았다.

우리도 마찬가지이다. 이 땅의 삶은 예선을 치르는 곳이다. 천국에 들어가기 위한 시험장이고 무대이다. 조금 있으면 철거될 무대이다. 우리는 이곳에서 준비해서 영광스러운 본선으로 들어간다. 내가 할 일은 전 인생을 드려 그 나라를 사는 것이다. 그것은 인내, 오래 참음, 나의 전 생애를 요구한다. 그저 지나가는 다리 위에다 자기 집을 짓는 어리석은 사람이 어디 있는가. 이 세상이 전부인 것처럼 살아가는 사람은 세상의 세트장이 철거될 때 아무것도 남지 않는다. 보이지 않아도 견디는 것이 믿음이다. 소망 가운데 우리는 끝까지 인내해야 한다.

» 예수님을 믿는다는 이유로 겪은 고난과 불이익이 있다면 나누어 봅시다. 그때 하나님의 자녀로서 어떻게 반응했나요?

» 지금의 고난은 장차 나타날 영광에 비하면 아무것도 아니라는 말씀이 나의 현재 고난을 이겨 내는 데 어떤 힘과 소망을 주나요?

26

왜 고난의 때에
기도를 도우시나요?

롬 8:26-27

고난 속에서 기도를 도우시는 성령

● 어떻게 고난을 인내할 수 있을까?

우리가 고난의 세상에서 탄식하고 인내하며 걸어갈 때, 결코 이 일을 홀로 감당하지 않는다. 우리 곁에서 돕는 분이 계시는데, 그분은 바로 우리 안에 거하시는 성령이시다. 성령이 우리의 연약함을 도와주신다. "이와 같이 성령도 우리의 연약함을 도우시나니"(롬 8:26상). 어떤 연약함을 도우시는가? 바로 기도할 줄 모르는 연약함이다. "우리는 마땅히 기도할 바를 알지 못하나"(롬 8:26중). 성령은 기도에 무력한 우리를 아시고 고난을 잘 견디도록 우리의 기도를 도와주신다. 왜 성령은 고난의 때에 다른 무엇보다 기도를 도와주실까?

● 왜 하필 기도를 도와주실까?

다윗이 선택받아 기름 부음을 받았지만, 현실에서 달라진 것은 없었다. 단 한 가지, 하나님이 그의 편이 되시고 그의 기도를 들으셨다. 다윗이 기도하면 하나님은 기가 막힌 타이밍에 천사를 보내시고, 기적을 보이시고, 때로는 지혜를 주셔서 그가 왕이 되기까지 도우셨다. 다윗은 기도로 모든 어려움을 이겼다.

우리도 마찬가지이다. 우리가 예수님을 믿을 때 신분은 달라지지만, 삶의 현실이 달라지지는 않는다. 단 한 가지 주어진 것이 기도의 특권이다. 부모가 자녀를 돌보듯, 하나님 아버지는 자신의 자녀들을 돌보고 책임져 주신다. 자녀들이 필요할 때 부모를 부르면 달려오듯이, 신자는 하나님 아버지께 기도함으로써 도움을 받을 수 있다. 기도는 비천한 인간이 높으신 하나님과 소통할 수 있는 특권이다. 다다를 수 없는 그분의 보좌에 우리의 간구가 올려질 수 있다는 사실처럼 놀라운 일이 어디 있는가? 한 나라의 대통령에게 아무나 자신의 개인적인 문제를 이야기할 수 있는가? 대통령의 자녀들은 그럴 수 있다.

이처럼 하나님 아버지는 그의 아들들에게 기도라는 놀라운 특권을 주셨다. 그들이 기도하면 언제나 응답하고 달려와서 도와주겠다고 약속하셨다. 예수님은 이 땅에 오셔서 '오직 기도'를 통해 모든 어려움을 이기고 사명을 완수하셨다. 이처럼 자녀들이 이 땅에서 겪는 모든 고난을 이기는 방법은 오직 한 가지, 기도뿐이다.

우리는 기도에 무력하다

문제는 우리가 기도하는 데 무력하다는 것이다. 몸을 입고 있는 인간의 또 다른 연약함은 기도의 무릎을 꿇지 못하는 데 있다. 주님은 제자들에게 마음에는 원이로되 육신이 약하다고 말씀하셨다. 마음에서는 기도해야 한다는 것을 아는데, 육신이 약하여 기도하기 어렵다. 기도는 영적인 일이기에, 육신은 기도하기를 가장 싫어한다. 친구가 골프 치러 가자고 하거나 영화 보러 가자고 하면 몸은 흔쾌히 따라나선다. 그러나 기도하러 가자고 하면 "아, 피곤해. 오늘은 기도할 컨디션이 아니야"라고 핑계를 댄다. 육신은 절대 기도할 수 없다. 육신은 기도를 방해한다. 우리가 고난의 때에는 기도해야 하는데, 이토록 소중한 기도의 연약함, 이것이 우리의 치명적 문제이다.

성령은 바로 이러한 기도의 연약함을 돕는 분이시다. 성령이 오셔서 우리에게 하나님을 아버지라고 부르짖게 하실 뿐 아니라 기도하는 법을 가르쳐 주신다. 기도는 기도문을 써서 연습한다고 되는 것이 아니다. 외운다고 되지 않는다. 기도는 성령이 도와주시고 가르쳐 주셔야 한다. 성령이 도와주시면, 우리가 기도할 것이 생각난다. 우리의 마음을 온전히 하나님께 드려 부르짖게 된다. 성령이 도와주실 때 우리는 기도할 수 있다. 성령은 어떻게 도우시는가?

● 성령은 탄식으로 우리 기도를 도와주신다

성령은 말할 수 없는 탄식으로 우리를 위해서 친히 간구하신다. "오직 성령이 말할 수 없는 탄식으로 우리를 위하여 친히 간구하시느니라"(롬 8:26하). 말할 수 없는 탄식으로 하시는 간구가 실제로 무엇인지 꼭 집어 말하기는 쉽지 않다. 예수님이 하나님의 보좌 우편에서 우리를 위해서 중보하시듯, 성령도 기도에 무력한 우리를 위해서 친히 중보하시는 것은 분명하다. 그러나 천상에서 중보 기도하시는 예수님과 달리, 성령은 우리 안에 내주하면서 기도하시기에, 우리는 기도하시는 성령을 우리 속에서 경험할 수 있으며 그분의 기도에 참여할 수도 있다. 그래서 성령이 탄식하면서 드리시는 기도는 성령의 중보 기도인 동시에 성령과 연합한 우리의 기도가 된다. 그러면 성령이 탄식하시면서 드리는 기도는 무엇일까?

동정하시며 아픔을 함께 느끼시는 탄식

첫째로, 우리를 동정하시고 우리의 아픔을 함께 느끼시는 탄식이다. 성령의 탄식은 앞에서 언급한 피조물의 탄식, 그리고 성도의 탄식과 연관이 있다. 피조물과 성도의 탄식은 첫 창조의 몸을 입고 허무와 썩어짐의 종노릇하는 데서 흘러나오는 탄식이다. 즉 고통의 탄식인 셈이다. 더 나아가 성도들에게는 그리스도인으로서 악한 세상에서 당하는 고난으로 인한 탄식이 더해진다. 성도들 안에 거하시는 성령은 성도들이 겪는 고통에 공감하신다. 우리가 속으로 느끼는 고통과 한숨, 두려움을 다 아신다.

성령의 탄식은 바로 여기에서 비롯된다. 우리가 세상에서 힘들고 어렵지만, 기도하러 나아갈 때 성령이 함께 울어 주신다. 함께 아파하신다. 친구에게 가서 울면 잠시 나아질 뿐 마음에 평강이 없다. 하지만 기도하면서 성령 안에서 울고 신음하고 나면 마음이 평안해진다. 하나님의 위로가 함께한다. 이처럼 성령은 고난의 때에 우리 심령 속에서 말할 수 없는 탄식으로 기도하시며 하늘의 위로와 긍휼로 우리를 격려해 주신다.

신음이 아니라 소망의 탄식

둘째로, 성령의 탄식은 그냥 슬퍼하는 신음이 아니라 소망의 탄식이다. 피조물과 성도들의 탄식이 고난 속에서 해방의 날을 바라보는 소망의 탄식인 것처럼, 성령의 탄식도 우리의 슬픔을 기도와 소망으로 승화시키는 탄식이다.

한나는 브닌나 때문에 마음에 슬픔과 격동함이 있을 때 성소에서 통곡했다. 그녀는 기도로 자신의 모든 아픔을 하나님께 토해 낸다. 그리고 기도 속에서 고난 중에 있는 하나님의 뜻을 깨닫는다. 그리하여 사무엘을 드리는 서원 기도를 하고 하나님의 뜻을 이루는 삶을 산다. 그녀의 슬픔이 변하여 기도가 되고 서원이 되었다. 그리고 한나는 평안함으로 자리에서 일어난다. 그냥 슬퍼서 우는 것과 성령의 탄식으로 우는 기도는 그 결과가 다르다. 슬픔은 그냥 슬픔으로 끝난다. 하지만 성령의 탄식은 우리의 눈물을 기도로 승화시켜서 기도를 들으시는 하나님을 향한 믿음으로 소망과 평안 가운데 일어나게 한다.

간절한 기도의 탄식

셋째로, 성령의 탄식은 간절한 기도를 의미한다. 하나님은 우리가 온 마음으로, 즉 전심으로 구할 때 주를 만나리라고 하셨다(렘 29:13). 히스기야는 죽을병 앞에서 낯을 벽으로 향하고 전심으로 기도할 때 응답을 경험했다. 우리는 전심으로 간절하게 주님께 기도해야 한다. 우리의 심령은 탄식하며, "나를 불쌍히 여기소서"라고 부르짖어야 한다. 이것이 하나님 앞에서 우리의 본질과 존재에 맞는 마음의 태도요, 자세이다.

그러나 우리는 고난의 때에 잠시 간절해지다가도, 조금만 평안이 오면 연약한 본질을 잊고 간절함을 잊어버린다. 우리는 자신이 전심으로 하나님을 찾아야 할 비천한 존재임을 망각한다. 자주 기도가 형식적으로 변하고 우아한 종교 활동이 되어 버린다. 어떻게 우리가 항상 전심으로 주 앞에 나아갈 수 있을까? 성령이 우리를 도와주셔야 한다. 우리가 성령으로 충만하면, 성령은 언제나 전심으로 간절하게 아버지께 구하도록 우리를 이끌어 주신다. 우리가 탄식함으로 간절하게 간구하도록 도와주신다.

때로 우리는 너무나 힘들고 두려워서 간절하게 기도하지 못한다. 예수님의 제자들이 겟세마네 동산에서 기도하지 못한 여러 가지 이유가 있다. 그들은 슬픔으로 인하여 기도하지 못했다. 또 눈이 피곤해서 기도하지 못했다. 그러나 정작 기도하지 못할 가장 많은 조건을 갖춘 분은 예수님이셨다. 예수님은 두렵고 배신당하여 마음이 심히 고민하여 죽게 되었다고 말씀하셨다. 그래도 끝까지 기도하셨다. 모든 것을 이기시고 제자들을 위하여 기도하셨다. 승천하신 후에도 하나님의 보좌 우편에 앉아서 지금도 기도하고 계신다.

그 예수님이 우리를 돕도록 성령을 보내 주셨다. 성령은 모든 아픔을 경험하신 예수님의 영이시기에, 그리고 지금 우리 안에 거하시기에 우리의 모든 슬픔과 두려움을 아신다. 그리고 모든 두려움과 슬픔을 이기고 기도하신 예수님의 영이시기에, 성령은 우리가 그 어떤 어려움 속에서도 기도할 수 있도록 도와주신다. 성령이 함께하시면 슬퍼도 기도할 수 있게 된다. 낙망해도 기도할 수 있다. 한나처럼 브닌나로 인해 마음이 격동해도 기도할 수 있는 능력이 생긴다.

성령은 무엇을 기도해야 할지를 가르쳐 주신다

또한 성령은 우리가 뭐라고 기도해야 할지를 가르쳐 주신다. 성령은 하나님의 뜻을 아는 분이시다. 그래서 성령은 성도가 하나님의 뜻대로 기도하도록 도와주신다. "마음을 살피시는 이가 성령의 생각을 아시나니 이는 성령이 하나님의 뜻대로 성도를 위하여 간구하심이니라"(롬 8:27).

고난이 다가오면 도대체 왜 이런 일이 우리에게 일어났는지, 하나님의 뜻은 무엇인지 알 수 없다. 우리의 연약한 지혜로 높으신 하나님의 섭리를 이해할 수 없다. 그런데 우리 안에 계시는 성령은 하나님의 영이시기에 지금 우리가 경험하는 어려움에 대한 하나님의 뜻을 아신다. 이 어려움을 통해서 하나님이 이루고자 하시는 목적이 무엇인지 아신다. 고난 뒤에 있는 하나님의 선하신 계획을 아신다. 그래서 성령은 우리 안에서 우리가 하나님의 뜻대로 구하도록 이끌어 주신다.

내가 어떤 기도를 하려고 무릎을 꿇지만, 성령은 다른 기도에 감동을 주셔서 내 마음을 이끄실 때가 많다. 막상 기도의 자리에 앉으면 기도의

| 기도의 특권을 주심 | 기도의 연약함을 도우심 | 탄식으로 간구하심 |

주권이 철저히 성령께 있음을 알게 된다. 하나님 아버지는 우리에게 무엇이 있어야 할지를 우리보다 더 잘 아신다. 우리보다 우리의 미래를 더 잘 아신다. 그러므로 우리는 성령께 무엇을 기도해야 할지 묻고 가르침을 받아야 한다. 그래서 아버지의 뜻대로 구하면, 하나님은 우리의 기도를 반드시 응답해 주신다. "그를 향하여 우리가 가진 바 담대함이 이것이니 그의 뜻대로 무엇을 구하면 들으심이라"(요일 5:14). 기도는 하나님 아버지의 뜻이 우리 삶에 이루어지게 하는 도구이다.

이렇게 기도할 때 하나님은 모든 것을 합력하여 선을 이루신다. "우리가 알거니와 하나님을 사랑하는 자 곧 그의 뜻대로 부르심을 입은 자들에게는 모든 것이 합력하여 선을 이루느니라"(롬 8:28). 하나님은 우리의 삶에 아름다운 계획과 목적을 가지고 계신다. 고난 속에는 하나님의 숨겨 놓은 계획이 있다. 하나님의 목적과 계획이 언제 드러나는가? 바로 기도할 때이다. 기도로 인내하며 주님을 소망할 때 결국 합력하여 선을 이룬다.

그러므로 우리는 기도해야 한다. 신자가 고난을 당할 때 해야 할 일은 기도이다. 예수님이 기도를 통해서 모든 어려움을 이겨 내셨듯이, 우리에게도 오직 기도 하나면 충분하다. 우리가 기도할 힘이 없어도 성령이 우리가 기도할 수 있도록 도와주신다. 날마다 성령의 도움을 구하며 기도하라. 하나님이 우리에게 허락하신 기도의 비밀병기 하나면 우리는 언제나

하나님의 도우심을 얻을 수 있다. 고난을 이길 수 있다. 이것이 하나님의
자녀들이 승리하는 비결이다.

» 성령이 우리의 '기도의 연약함'을 도우신다는 설명에 대해 얼마나 공감하나
요? 기도에 무력함을 느꼈을 때 성령의 도우심을 경험한 적이 있다면 나누어
봅시다.

» 어려움 중에 기도할 때는 아무 일도 일어나지 않은 듯했지만, 나중에 모든 것
이 합력하여 선으로 돌아왔던 경험이 있나요? 함께 나누어 봅시다.

27

하나님은 택한 사람을
정말 버리지 않으실까요?

롬 8:28-39

기도 속에 하나님의 섭리가 이루어진다

고난 속에서 성령의 도우심으로 하늘과 소통하는 인생은 어떻게 될까? 모든 고난이 다 합력하여 우리가 기도할 때 선을 이룬다. "우리가 알거니와 하나님을 사랑하는 자 곧 그의 뜻대로 부르심을 입은 자들에게는 모든 것이 합력하여 선을 이루느니라"(롬 8:28). 하나님은 사랑하는 성도들의 삶에 모든 것이 합력하여 선을 이루게 하신다.

야곱의 인생에 얼마나 많은 아픔과 상처, 고난이 있었는가? 그는 험한 세월을 살았다. 하지만 그 모든 것이 합력하여 선을 이루었다. 요셉도 삶에 여러 고난이 있었지만 모든 것이 합력하여 선을 이루었다. 다윗의 삶에는 얼마나 어려움이 많았나? 그러나 하나님은 모든 것이 합력하게 하서서 그를 성군 다윗으로 만드셨다.

어떤 고난과 핍박도 하나님의 목적과 계획을 방해하지 못한다. 하나님은 성도의 삶 속에 선한 계획을 가지고 계신다. 이 땅을 살아가는 성도들에게는 피조물로서 경험하는 고통이 있다. 또한 그리스도인으로서 그를 넘어뜨리려는 많은 공격을 당한다. 하지만 성도의 삶에 일어나는 모든 일에 결코 우연은 없다. 하나님은 모든 것을 합력하게 하셔서 결국 하나님의 뜻을 이루는 도구로 사용하신다.

하나님의 자녀는 성령의 도우심 속에서 항상 기도하는 사람이다. 그 어떤 이해할 수 없는 고난과 상황 속에서도 성령 안에서 낙심하지 않고 늘 기도할 때, 하나님이 사랑하는 성도들의 삶에 당신의 선하신 뜻을 이루어 주실 것이다.

하나님의 선하신 섭리는 확고하다

● 모든 것이 합력하여 이루시는 선은 무엇인가?

모든 것이 합력하여 이루시는 선의 최종적인 방향은 무엇인가? 로마서 8장 29-30절에는 다섯 가지 주목할 단어가 나온다. '미리 아심-미리 정하심-부르심-의롭다 하심-영화롭게 하심'이다. "하나님이 미리 아신 자들을 또한 그 아들의 형상을 본받게 하기 위하여 미리 정하셨으니 이는 그로 많은 형제 중에서 맏아들이 되게 하려 하심이니라 또 미리 정하신 그들을 또한 부르시고 부르신 그들을 또한 의롭다 하시고 의롭다 하신 그들을 또한 영화롭게 하셨느니라"(롬 8:29-30).

하나님이 만세전에 우리를 **'미리 아셨다.'** 하나님이 우리가 어떻게 살지 알고 우리를 정하셨다는 것이 아니다. '미리 아셨다'는 것은 우리가 만들어지기 전부터 우리를 사랑하셨다는 의미이다. 왜 사랑하셨는가? 이유가 없다. 그냥 하나님의 뜻대로 사랑하셨다. 그래서 우리를 **'미리 정하셨다.'** 즉 하나님은 우리를 먼저 사랑하셔서 선택하셨다. 미리 아시고 정하신 하나님은 우리를 **'부르셨다.'** 우리는 태어나기 전부터 하나님의 사랑속에서 선택받아서 이 땅에 나왔는데, 어느 날 하나님이 우리를 부르신 것이다. 하나님이 부르셨기 때문에 우리는 죽음에서 깨어나 예수님께로나아와 그분을 믿었다. 죽음에서 불러 주시지 않았다면 우리는 못 믿는다. 하나님이 부르셨기에 우리가 믿고 **'의롭다 하심'**을 받았다. 마지막으로, 의롭게 된 우리를 **'영화롭게'** 하셨다. 그리스도인은 이렇게 다섯 개의정해진 계획 속에서 이 땅에 태어난다.

신자는 태어나기 전부터 준비된 목적이 있다

우리는 우연히 태어난 것이 아니라 목적을 가지고 태어났다. 하나님이우리 인생에 계획과 목적을 품으신 것이다. 그 목적의 핵심이 무엇일까?로마서 8장 29절을 보자. "하나님이 미리 아신 자들을 또한 **그 아들의 형상을 본받게 하기 위하여** 미리 정하셨으니 이는 그로 많은 형제 중에서맏아들이 되게 하려 하심이니라"(롬 8:29). 우리로 맏아들, 즉 예수님의 형상을 본받아 닮아 가게 하시기 위해서이다. 예수님을 맏아들로 삼으셨다는 것은 우리를 둘째 아들, 셋째 아들 등 아들들로 삼으려는 하나님의 계획이었다는 말이다. 앞서도 언급한 것처럼, 우리를 아들로 삼으신다는 것은 상속자로 삼으신다는 말이다.

이렇게 우리는 태어나기 전부터 하나님의 자녀가 되어, 맏아들이신 예수님을 닮아, 그리스도와 함께 하나님 나라의 상속자가 되도록 선택되었다. 이것이 우리가 이 땅에 태어나기 전 태초부터 이미 하나님이 가지신 놀라운 계획이다. 결국 합력하여 선을 이루시는 방향은 예수님을 닮은 아들들이 되어 그 나라의 상속자로 준비되는 데 있다.

신자를 향해 계획된 선을 확고하게 이루신다

영화롭게 되는 일은 미래인데, 이미 이루어진 것처럼 과거형으로 "영화롭게 하셨느니라"(롬 8:30하)라고 쓴 이유가 있다. 그것은 하나님이 반드시 그렇게 하시리라는 확실함의 표현이다. 미리 아신 자를 미리 정하시고, 미리 정하신 자를 부르시고, 부르신 자를 의롭다 하시며, 의롭다 하신 자를 영화롭게 하시는 것은 하나님의 확고한 계획이요, 견고한 섭리이다.

요셉의 삶을 보면 고난이 결국 지름길인 것을 본다. 요셉이 형들에 의해 노예로 팔렸지만 그래서 가게 된 곳이 애굽 바로 왕의 시위 대장 보디발의 집이었다. 바로에게 가까워진 것이다. 보디발의 아내의 유혹과 모함으로 감옥에 갔지만, 그 감옥은 왕의 최측근 관원들이 들어오는 곳이었다. 바로에게 더 가까워졌다. 그곳에서 바로의 술 관원을 만나 그의 꿈을 해몽하게 된다. 때가 차매, 요셉은 바로 앞에 서게 된다. 결국 요셉에게 닥친 고난은 하나님의 뜻대로 바로에게 가는 지름길이 된다.

신자는 힘든 일 때문에 폐인이 되는 것이 아니라, 주님을 닮아 가게 된다. 고난으로 인해 주님의 뜻을 이루는 지름길로 가게 된다. 사극 드라마의 영웅 같은 주인공에게 정해진 결말이 있는 것처럼, 우리에게도 정해진 결말이 있다. 신자에게 여러 고난이 있지만, 하나님은 그 모든 것이 합력하여 우리가 예수님처럼 영화롭게 되어 하나님 나라의 상속자가 되는 확고한 목적을 향해 가게 하신다.

신자에게는 끊을 수 없는 사랑이 있다

하나님의 사랑은 정말로 변함이 없을까?

'나를 영광스러운 하나님의 자녀로 만드시는 하나님의 확고한 목적이 혹시라도 좌절되거나 변하는 일은 없을까? 혹시 누군가 나를 향한 목적이 이루어지지 못하게 방해하고 대적하면 어찌할까? 내가 실수해서 넘어지면 자격을 박탈당하는 것은 아닐까? 혹시 내가 연약해서 비난받을 만한 실수를 하면 어쩌나? 혹시 엄청난 박해와 핍박이 오면 내가 주님을 배반하지는 않을까? 나는 과연 무서운 박해를 감당할 수 있을까?' 이런 의문들이 떠오른다.

● **누가 대적하리요**

첫째 의문은 이것이다. "그런즉 이 일에 대하여 우리가 무슨 말 하리요 만일 하나님이 우리를 위하시면 누가 우리를 대적하리요"(롬 8:31). 우리를 대적하는 자가 있다는 말이다. 하나님이 요셉을 애굽의 총리로 삼으시려는 계획을 형들이 대적했듯이, 하나님이 다윗을 왕으로 삼으시려는 계획을 사울이 대적했듯이, 우리가 하나님의 선택을 받는 순간 세상과 마귀는 우리를 대적한다. 우리를 거룩하게 빚으셔서 하나님의 상속자로 삼으시려는 계획을 훼방하려고 우리를 유혹한다. 우리를 까닭 없이 미워한다.

이러한 대적에 대한 하나님의 대책은 무엇인가? 말씀은 "하나님이 우리를 위하시면"이라고 한다. 즉 하나님이 우리 편이 되어 우리를 위해 주신다는 것이다. 어느 정도로 우리를 위해 주실까? "자기 아들을 아끼지 아니하시고 우리 모든 사람을 위하여 내주신 이가 어찌 그 아들과 함께 모든 것을 우리에게 주시지 아니하겠느냐"(롬 8:32). 하나님은 아들까지 우리를 위해 내어 주셨다. 그냥 우리 편이신 정도가 아니다. 하나님이 우리 아버지이신데, 무슨 걱정이냐는 것이다. 아들을 아끼지 않으시는 하나님이 무엇을 안 주시겠는가? 우리 인생에 어떤 대적이 있어도 걱정하지 말고 기도로 간구하면, 하나님은 우리 편이 되시고, 우리 아버지가 되어 도와주신다.

두 번째 의문은 이것이다. '내가 부족해서 죄를 지으면, 그래서 마귀가 고소하고 사람들이 비난하면 어떻게 될까?' 우리는 육신을 입고 있는 연약한 존재이기에 넘어질 수 있다. 마귀는 언제나 고소할 틈을 노리고 있다가 우리가 넘어지면 비난과 정죄를 쏟아낸다. 그때 우리의 양심이 우리 자신을 비난하며 스스로 자격 없고 쓸모없는 존재라고 여기게 된다. '하나님이 실망하셔서 계획을 철회하시지 않을까?' 하는 의문이 든다. 이에 대한 주님의 대답은 무엇인가? "누가 능히 하나님께서 택하신 자들을 고발하리요 의롭다 하신 이는 하나님이시니 누가 정죄하리요 죽으실 뿐 아니라 다시 살아나신 이는 그리스도 예수시니 그는 하나님 우편에 계신 자요 우리를 위하여 간구하시는 자시니라"(롬 8:33-34).

첫째, 하나님은 우리를 의롭다고 선언하신 분이라는 것이다. 때로 우리가 연약하여 넘어져도 하나님의 칭의의 선언은 무효화되지 않는다. 둘째, 부활하셔서 하나님 우편에 계신 예수님이 우리를 위해서 변호하신다는 것이다. 우리가 비록 넘어지고 연약하지만, 우리를 위해서 십자가에서 죽으신 예수님은 지금도 우리를 위해서 하나님께 간구하시며 우리를 변호해 주신다. 예수님은 궁극적으로 심판대 앞에서 변호해 주실 테지만, 지금도 우리를 위해 중보 기도하신다. 넘어지지 않고 다시 일어나게 하신다.

마귀가 베드로를 밀 까부르듯 하려고 하였지만 예수님은 베드로를 위해 기도하셨다. 그래서 베드로가 다시 일어나 회복되지 않았는가?(눅 22:31-32) 예수님은 겟세마네 동산에서 엄청난 십자가 사건을 앞두고 땀이

핏방울이 되도록 기도하시면서도 육신이 연약하여 기도하지 못하는 제자들, 내일이면 넘어질 제자들을 위해서 기도하셨다. 주님은 십자가상에서도 연약한 우리를 위해서 기도하셨다. 부활 승천하셔서 하나님의 보좌 우편에 계신 주님은 지금도 우리를 위해 기도하고 계신다.

종종 고난 속에서 혼자인 것처럼 느껴지고, 나를 위해 기도하는 이가 아무도 없는 것처럼 생각될 때가 있다. 하지만 그 순간에도 나를 위해 기도하시는 분이 계시다. 그분이 예수님이시다. 우리가 지난날 힘들고 어려운 골짜기를 잘 지나고, 때로는 넘어져도 다시 일어나 걸을 수 있었던 것은 주님이 우리를 위해서 기도하셨기 때문이다.

● 누가 끊으리요

초대교회는 예수님을 믿는다는 이유로 엄청난 박해를 받았다. 로마의 10대 박해 동안 수많은 그리스도인이 원형 경기장에 끌려가서 조롱당하며 사자에게 물려 죽임을 당했다. '과연 나는 이러한 박해와 핍박을 견딜 수 있을까? 그 박해 속에서 주님을 부인하지 않을까? 믿음을 지킬 수 있을까?' 하는 걱정이 생긴다.

신자를 위협하는 일곱 가지 핍박을 감당할 수 있을까?

"누가 우리를 그리스도의 사랑에서 끊으리요 환난이나 곤고나 박해나 기근이나 적신이나 위험이나 칼이랴 기록된 바 우리가 종일 주를 위하여 죽임을 당하게 되며 도살당할 양같이 여김을 받았나이다 함과 같으

니라"(롬 8:35-36). 초대교회 성도들은 환난, 곤고, 박해, 기근(굶주림), 적신(헐
벗음), 위험, 칼이라는 일곱 가지 핍박을 당할 위협에 늘 놓여 있었다. 7은
완전수이므로, 절대적인 고난을 말한다. 그것이 얼마나 큰 박해인지 그
처지가 "종일 주를 위하여 죽임을 당하게 되며 도살할 양같이 여김을 받
았나이다"(시 44:22)라는 시인의 말과 같다.

신자라면 한 번쯤은 내가 과연 이런 위협을 받아도 믿음을 지켜 낼 수
있을지 염려해 보았을 것이다. 혹시 북한군이 쳐들어와서 목에 총을 대고
"너 예수 부인하고 살래, 아니면 죽을래?" 하면 어떻게 할까? 펄펄 끓는 가
마솥 앞에서 나에게 예수님을 부인하라고 하면 어떻게 할까? 생각만 해
도 겁이 난다. 이런 상황에서 내가 견딜 수 있을까?

사랑하시는 이로 말미암아 넉넉히 이긴다

이에 대한 대답은 무엇일까? "그러나 이 모든 일에 우리를 사랑하시는
이로 말미암아 우리가 넉넉히 이기느니라"(롬 8:37). 이 구절의 초점은 "사
랑"이 아니라 "사랑하시는 이"이다. 그분은 바로 우리를 위해 고난을 당하
시고 죽으신 그리스도이시다. 우리 앞서 이 땅의 모든 풀무불을 통과하신
주님은 우리가 고난 한가운데를 지나갈 때 우리와 함께하신다. 다니엘의
세 친구들이 풀무불에 던져졌을 때, 인자 같은 이가 그곳에 함께하셨다.
이처럼 고통의 때에는 그 어느 때보다 주님이 함께하신다. 하나님이 바로
그처럼 불이 우리를 사르지 못하게 하고, 물이 우리를 삼키지 못하게 하
실 것이다.

우리가 고난을 겪을 수는 있지만, 사랑하는 주님이 우리 영혼을 절대

지켜 주실 것이다. 믿음을 지켜 주실 것이다. 목적을 향해 가는 길에서 넘어지지 않도록 붙잡아 주실 것이다. 장작더미에서도 부인하지 않고 오히려 예수님을 찬송하는 힘, 자기 다리가 불에 타들어 가는 것을 보면서도 자기를 죽이는 자를 위해서 기도하는 힘, 스데반처럼 돌에 맞아 죽어 가면서도 돌 던지는 사람을 위해서 기도하는 힘은 자신에게서 나오는 것이 아니다. 그리스도가 그들과 함께하시기 때문이다.

한 성도가 암에 걸렸다. 말기여서 집으로 심방을 갔다. 나는 어떻게 위로할까 하고 갔는데, 그분의 표정이 밝고 평안했다. 오히려 나를 위로하면서 말했다. "목사님, 저는 원래 겁이 많아요. 저는 이런 일이 저에게 닥치는 걸 생각만 해도 두려웠어요. 그런데 이상해요. 너무나 평안하고 하나도 걱정이 안 돼요. 저도 왜 그런지 모르겠어요. 하지만 제가 투병을 하는 긴 시간 동안 이상하게 마음이 평안하고, 주님이 함께 계심을 느껴요." 임종 예배, 말기 암 환자를 심방할 때마다 이런 말을 자주 듣는다.

나라면 그럴 수 있을지 생각해 보다가, 내가 내린 결론은, 이게 내 힘에서 나온 것이 아니라는 것이다. 나를 사랑하시는 그리스도가 함께하시기 때문이다. 누군가 D. L. 무디(D. L. Moody) 목사에게 물었다. "목사님은 순교할 믿음이 있습니까?" 그러자 무디 목사가 대답했다. "아니요. 순교할 믿음이 지금은 없습니다. 지금 저에게는 전도할 믿음이 있습니다. 하지만 순교할 때가 되면 하나님이 순교할 믿음을 주실 것입니다." 우리가 사망 앞에 설 때 하나님이 넉넉히 이길 믿음을 주신다. 미리 걱정할 필요가 없다. 그때 그리스도가 우리와 함께하실 것이다.

강한 권세들의 위협과 유혹에 흔들리지 않을 수 있을까?

이번에는 하나님의 사랑에서 우리를 끊으려는 열 가지 강한 권세들이 나온다. "내가 확신하노니 사망이나 생명이나 천사들이나 권세자들이나 현재 일이나 장래 일이나 능력이나 높음이나 깊음이나"(롬 8:38-39상).

"사망이나 생명", 사망이 얼마나 큰 위협인가. 또한 생명이 얼마나 큰 유혹인가. 그것들이 우리의 믿음을 흔든다. **"천사들이나 권세자들"**, 즉 악한 마귀가 천사의 탈을 쓰고 우리를 하나님의 사랑에서 끊으려고 유혹한다. **"현재 일이나 장래 일이나 능력"**, 현재의 일이나 장래의 일을 맞히는 예언, 또는 능력을 행하는 자를 말한다. 이들은 앞으로 나타날 적그리스도를 의미한다. **"높음이나 깊음"**은 영적으로 정말 높아 보이는 어떤 존재, 광명의 천사로 가장한 모습을 의미하는 것 같다. **"깊음"**은 정말 무서운 지옥에서 올라온 존재처럼 나타날 수도 있다. 그런 것들로 성도들을 협박한다. 무당이나 점쟁이 같은 사람들이 다가와서 집안에 굿을 안 하면 누가 화를 당한다거나, 액운이 끼었다거나, 앞으로 어려운 일이 생길 것이라든가 하면서 막 능력을 보여 주면 우리는 흔들린다. 덜컥 겁이 난다. 하나님의 사랑 안에 있던 우리인데도 믿음이 흔들린다. 하지만 그 순간에도 하나님의 사랑은 우리를 붙잡아 준다.

언젠가 잘 아는 목회자의 교회를 방문했다가 원치 않는 자리에 동석하여 소위 예언하는 분을 만났던 적이 있다. 원치도 않는 내게 예언한다면서 내가 가는 길이 마치 하나님의 뜻이 아닌 것처럼, 그리로 가면 망할 것처럼 이야기하며 겁을 주었다. 이것은 하나님의 음성이 아니란 생각을 하며 그 자리를 떠나 집으로 돌아왔지만, 마음속에 두려움이 몰려왔다. 그때 소위 예언이라는 것을 통해서 마귀가 얼마나 성도들을 겁나게 할 수 있는지 깨달았다.

두려움에 휩싸여 하나님 앞에 엎드려 기도하자 주님이 그 음성이 하나님의 음성이 아님을 분명히 깨닫게 하셨다. 그 음성은 지금까지 하나님이 내게 말씀하신 사랑의 음성과 너무 달랐기 때문이다. 나를 구원하시고 부족한 나를 사랑하셔서 지금까지 이끄신 하나님이 날마다 내게 들려주셨던 온유한 음성과 비교해 볼 때 그날 그 여자분의 목소리를 통해서 들렸던 목소리는 너무나 달랐다. 너무 조급했고 너무 무례했다. 자기 말을 신뢰하지 않는 듯한 내 모습을 보더니 저주를 서슴지 않았다. 내가 조용히 주님 앞에 엎드리자 마음속에서 그것은 나를 사랑하시는 아버지 하나님의 음성이 아니었다는 확신을 얻을 수 있었다.

과연 지금까지 우리에게 은혜를 베푸신 하나님이 내가 좀 연약하고, 조금 부족하다고 갑자기 안색을 바꾸어 저주하시는 분일까? 절대로 그렇지 않다. 종종 자기 뜻에 맞지 않는다고 성도를 함부로 저주하는 목회자들이 있다는 이야기를 들었다. 예수님이 성도를 위해서 저주를 받으셨는데, 누가 그를 감히 저주할 수 있단 말인가? 소위 신령하다는 이들이 자기 마음에 안 든다고 서슴없이 성도들을 겁주는 언행들은 십자가에 달리신 주님의 사역을 모욕하고 부정하는 중대한 죄악임을 알아야 한다.

바울이 이 모든 대적 앞에서 자신 있게 외치는 목소리가 무엇인가? "우리를 우리 주 그리스도 예수 안에 있는 하나님의 사랑에서 끊을 수 없으리라"(롬 8:39하). 그 무엇도 우리를 하나님의 사랑에서 끊을 수 없다고 한다. 앞에서는 우리를 사랑하시는 이, 즉 그리스도가 함께하셔서 핍박을

누가 대적하리요	누가 정죄하리요	누가 끊으리요

이길 수 있다고 했다. 그런데 여기서는 "하나님의 사랑"이라고 말한다. 물론 이 둘은 같은 내용이지만, 핍박 속에서는 우리를 위해 고난당하신 그분이 함께하시는 위로가 우리를 승리케 하는 힘이고, 사망과 권세자 같은 악한 영, 장래 일 같은 예언 앞에서는 하나님의 사랑이 이기게 하는 힘이자, 하나님의 계획을 확신하게 하는 분별의 척도라고 할 수 있다.

장래의 예언이나 악한 세력의 공격에는 **하나님의 언약적 사랑**이 승리의 담보가 된다. 미래의 두려움과 세상의 혼란 중에는 '그리스도 안에서 나를 붙드시는 하나님의 사랑은 절대 끊어지지 않는다'는 확신으로 굳게 서야 하는 것이다.

세 겹 줄의 사랑

결국 신자에게는 세 겹 줄의 도움이 함께한다. 신자에게 고난이 올 때 성령이 기도를 도우셔서 하나님의 선하신 뜻이 이루어지게 하신다. 또한 섭리의 영이신 성령은 하나님의 확고한 목적이 우리 삶에 펼쳐지게 하신다. 그리고 성령 안에서 하나님의 끊을 수 없는 사랑이 우리를 보호한다. 이렇게 세 겹 줄로 하나님은 우리를 돌보신다. 변함없는 하나님의 사랑을 의심하지 말자. 이 사랑은 그 어떤 경우에도 끊어지지 않고 우리가 하나

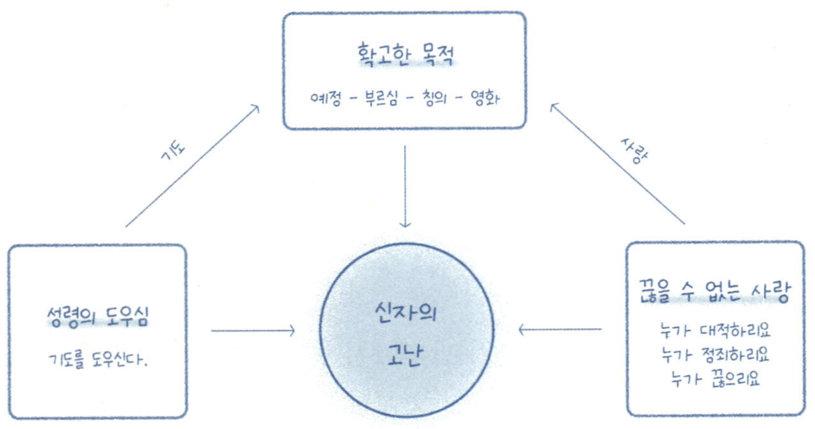

님의 나라를 상속할 때까지 우리와 함께할 것이다. 우리는 이 사랑을 믿고 걸어가야 한다.

토론과 적용을 위한 질문

» 누군가 우리를 대적하면 어떻게 할까? 비난받을 만한 실수를 하면 어떻게 해야 할까? 우리 힘으로 엄청난 핍박을 감당할 수 있을까? 자신에게 이러한 질문을 하며 고민했던 적이 있나요? 서로에게 묻고 답변해 봅시다.

» 실제로 하나님의 사랑에서 우리를 끊으려는 강한 권세와 유혹을 느껴본 적이 있나요? 그럴 때 우리를 도우시는 세 겹 줄의 도움이 무엇인지 설명하고, 어떻게 삶에 적용할 수 있는지 나누어 봅시다.

PART **8**

전도의 복음

롬 9-11장

선택받아야 믿을 수 있다는데 사실인가요?

롬 9:1-18

하나님의 선택

● 왜 내 형제는 그리스도에게서 멀어졌을까?

믿지 않는 형제에 대한 근심과 고통

여기서 한 가지 의문, 그리고 아픔이 떠오른다. '하나님은 선택한 백성들을 결코 포기하지 않으시는데, 왜 나의 형제, 나의 동족은 그리스도에게서 떠났는가? 하나님이 먼저 이스라엘을 선택하고 부르셨는데, 지금 그들 대부분은 그리스도에게서 떠나 있지 않은가? 그들은 구원에서 멀어지지 않았나? 왜 그럴까?'

이것은 또한 우리의 의문이요, 아픔이기도 하다. '몇 대째 이어져 온 기독교 집안인데 왜 우리 자녀들은 교회에 다니지 않을까? 모태신앙으로 유아세례까지 받았던 아이들이 왜 대학에 들어가면서 교회를 떠나는가? 교회 출석을 잘하던 남편이 한 번 상처받은 이후 교회를 떠났는데 돌아오지 않는다. 언젠가 돌아올 수 있겠지만, 혹시 완전히 구원에서 멀어진다면 어떻게 하나?' 하는 두려움이 있다.

바울은 자신 안에 동일한 아픔이 있음을 이야기한다. "내가 그리스도 안에서 참말을 하고 거짓말을 아니하노라 나에게 큰 근심이 있는 것과 마음에 그치지 않는 고통이 있는 것을 내 양심이 성령 안에서 나와 더불어 증언하노니"(롬 9:1-2). 그것은 바로 그의 형제, 골육의 친척에 대한 아픔이다. 그는 자신의 영혼을 주고라도 그들을 구원하고 싶다. "나의 형제 곧 골육의 친척을 위하여 내 자신이 저주를 받아 그리스도에게서 끊어질지라도 원하는 바로라"(롬 9:3).

진정 복음을 알고 믿는다면 우리는 이 마음을 안다. 믿지 않는 자녀, 믿지 않는 남편, 믿지 않는 부모님, 그들을 위해서 차라리 내가 그리스도에게서 끊어질지언정 그들을 구하고 싶은, 그치지 않는 고통이 있다.

왜 교회에 잘 나오던 가족이 안 나오는가?

바울은 원래 선택된 하나님의 백성들로서 그들이 가진 놀라운 지위와 특권을 말한다. "그들은 이스라엘 사람이라 그들에게는 양자 됨과 영광과 언약들과 율법을 세우신 것과 예배와 약속들이 있고 조상들도 그들의 것이요 육신으로 하면 그리스도가 그들에게서 나셨으니 그는 만물 위에 계셔서 세세에 찬양을 받으실 하나님이시니라 아멘"(롬 9:4-5).

이렇게 놀라운 약속을 받은 그들이 왜 그리스도에게서 떠났는가? 이 지점에서 의심이 찾아온다. '하나님은 선택된 백성을 버리지 않는다고 하셨는데 왜 내 형제 동족이 다 그리스도 밖에 있는가? 왜 진노와 저주 가운데 있는가? 과연 하나님의 말씀은 사실인가? 하나님의 약속이 폐하여진 것인가?' 우리에게도 이런 의문이 있다. '교회를 떠난 가족이 언젠가 돌아올 수 있겠지만, 혹시 완전히 구원에서 멀어진다면 어찌 그들이 하나님의 사랑에서 끊어지지 않았다고 할 수 있는가?'

● 누가 진정 선택된 백성인가?

이에 대한 대답이 무엇일까? 냉정하지만 바울은 그들이 정말 떠난 것이라면, 다시 돌아오지 않는다면, 그들은 진정으로 선택받은 자들, 진정한 하나님의 백성이 아니었다고 말한다. "그러나 하나님의 말씀이 폐하여진 것 같지 않도다 이스라엘에게서 난 그들이 다 이스라엘이 아니요"(롬 9:6). 아브라함의 후손이라고 해서, 즉 혈통적으로 아브라함을 따라 났다고 해서 다 이스라엘이 아니라는 것이다. 그러면 도대체 누가 '하나님의 택한 백성'인가? 과연 선택받은 하나님의 자녀들은 누구인가? 여기서 우리는 성경에 나타나는 하나님의 선택이 지닌 특성에 주목해야 한다.

믿음의 명문가 출신이라고 선택받은 것이 아니다(이스마엘과 이삭)

하나님의 자녀는 육신의 자손이 아니라 약속의 자손이다. 바울은 이스마엘과 이삭의 예를 들어 하나님의 자녀는 육신의 자손이 아니라 약속의 자손이어야 한다고 말한다. "곧 육신의 자녀가 하나님의 자녀가 아니요 오직 약속의 자녀가 씨로 여기심을 받느니라 약속의 말씀은 이것이니 명년 이때에 내가 이르리니 사라에게 아들이 있으리라 하심이라"(롬 9:8-9).

육신의 자녀는 아브라함이 하갈을 통해서 육신적인 방법으로 낳은 이스마엘이다. 아무리 아브라함의 혈통으로 태어났다고 해도, 육신적 혈통이 그가 하나님의 자녀라는 보장이 될 수 없다는 말이다. 그러면 하나님의 자녀가 누구인가? 아브라함과 사라가 늙어서 더 이상 육체적으로 출산이 불가능했지만, 하나님의 약속으로 태어난 아들 이삭이 바로 하나님의 자녀라는 것이다. 이 구절에서 "약속의 자녀"는 장차 오실 그리스도를 가리킨다. 그리스도 안에서 하나님은 당신의 큰 민족, 백성을 이루실 것이다. 결국 그리스도 안에서 하나님의 백성이 되는 것은 혈통으로 태어나는 것이 아니란 말이다. 예수님을 믿고 거듭난 사람들이 하나님의 자녀, 하나님의 백성이 된다. 아브라함의 육신적 혈통으로 난 이스라엘 민족이 아니라, 예수님을 믿고 거듭난 이방인들이 하나님의 백성이라는 말이다.

그런 면에서 오늘날 목회자 집안에서 태어나 5대째 모태신앙이며 유아세례를 받았다는 이유로 '그는 하나님의 자녀이다'라고 할 수 있을까? 그렇지 않다. 구원은 혈통과 상관이 없다. 믿음의 집안의 혈통, 종교적인 과거 경력, 도덕적인 고결함이 하나님의 백성 됨의 표지가 아니다. 오직 한 가지, 복음을 듣고 믿는 것만 구원의 길이다. 청소년 시절에 임원도 하고, 청년 시절에 회장도 했다고 아무리 이야기해 봐야 예수를 믿는 믿음이 없다면 그는 그저 문화적으로 잠시 교회 안에 머물렀을 뿐이다. 약속은 그리스도이시다. 오직 약속이신 그리스도를 믿는 믿음으로 거듭나야 한다. 그래야 '참 이스라엘'이라는 하나님의 백성에 속하게 된다.

도덕적이며 종교적으로 신실하다고 선택받은 것이 아니다(에서와 야곱)

바울은 이어 에서와 야곱에 대해 이야기하면서, 하나님의 자녀는 행위가 아니라 하나님의 선택으로 된다고 한다. 리브가가 에서와 야곱, 쌍둥이를 임신했을 때는 그들이 아직 모태에 있고 태어나지도 않아 선악 간의 어떤 행위가 있기도 전이었다. 그때에 하나님은 야곱을 선택하셨다. "그 자식들이 아직 나지도 아니하고 무슨 선이나 악을 행하지 아니한 때에 택하심을 따라 되는 하나님의 뜻이 행위로 말미암지 않고 오직 부르시는 이로 말미암아 서게 하려 하사 리브가에게 이르시되 큰 자가 어린 자를 섬기리라 하셨나니"(롬 9:11-12).

하나님의 선택에서 인간의 도덕적 행위가 전혀 고려되지 않았다는 말이다. 그러면 어떤 기준으로 선택했다는 말인가? "기록된 바 내가 야곱은 사랑하고 에서는 미워하였다 하심과 같으니라"(롬 9:13). 누가 착해서 구원받는 것이 아니고, 하나님이 사랑하셔서 선택하신 자가 자녀가 된다고 하셨다. 장자도 아니고, 율법을 잘 지키는 자도 아니고, 하나님이 선택하신 자가 자녀라는 말이다.

야곱이 이스라엘이 된 것은 하나님이 택하신 '결과'이지 택하신 '원인'이 아니다. 창세기가 기록된 순서를 보면, 먼저 하나님은 그들이 아무런 행위도 하기 전에 선택하셨다. 하나님은 야곱을 선택하시고 에서를 버리신다. 그다음에 그들이 장성하면서 변화된 모습이 나타난다. 야곱은 장막에 거하며 장자권을 사모하는 사람이 된다. 반면에 에서는 팥죽 한 그

룻에 장자권을 팔고, 함의 자손인 니므롯을 닮아 혈과 육에 익숙한 사냥꾼이 된다.

장성한 이후 그들의 모습은 '하나님이 그래서 야곱을 사랑하셨고, 에서를 미워하셨다'는 원인이 아니다. 이들의 모습은 선택의 원인이 아니라 결과이다. 하나님이 야곱을 선택하셨기에 그는 점차로 이스라엘로 변화되어 간다. 그가 아내를 구하는 일에도, 하나님은 아무하고나 결혼하게 두지 않으시고 간섭하신다.

반면에 에서는 제 눈에 좋은 대로 이방 여인과 결혼해도 내버려두신다. 이들의 삶은 선택의 결과로 갈라진 것이다. 이렇게 선택은 도덕적인 행위 이전의 일이고, 그 선택이 행동과 성품을 결정짓는다. 결국 야곱을 이스라엘로 변화시켜 당신의 목적을 이루시기까지 하나님은 결코 야곱을 포기하지 않으신다.

이처럼 하나님의 자녀는 선택으로 되는 것이지, 행위로 되는 것이 아니다. 하나님의 사랑에서 끊어지지 않는다는 약속은 단지 믿음의 명문가 출신이나 교회에 다니던 사람, 혹은 도덕적으로 착하게 봉사하던 사람들을 향한 것이 아니라, 하나님의 선택에 의해서 예수님을 믿고 거듭난 참 이스라엘인 하나님의 백성을 향한 약속이다.

그런 면에서 복음을 듣고 믿어 거듭난다면, 그가 선택된 하나님의 사람이란 증거이다. 하나님은 그를 붙잡으신다. 그는 죄를 이긴다. 그렇지 않고 혹 그리스도를 떠났다면, 한때 도덕적이었고 신실했던 그가 무언가에 실망해서 교회를 떠나고 다시 돌아오지 않는다면, 하나님이 신실하지 않으신 것이 아니라, 그가 도덕적인, 혹은 자기 의에 사로잡힌 종교인이었을 수도 있다고 생각해야 한다. 그가 복음을 듣고 거듭나지 못한 사람이었을 수 있다.

하나님의 선택은 긍휼히 여기심에 근거한다(모세와 바로)

행위나 노력이 아닌 하나님의 선택에 의해 구원이 이루어진다면 누구는 선택하고 누구는 선택하지 않는 것이 불공평하지 않느냐는 의문이 생긴다. "그런즉 우리가 무슨 말을 하리요 하나님께 불의가 있느냐 그럴 수 없느니라"(롬 9:14). 착하게 살아도 선택하지 않으시고 야곱처럼 사기꾼 같아도 선택하신다면, 그렇게 기준이 공평하지 않다면 하나님이 불의하신 게 아니냐는 것이다.

이에 대해서 바울은 그럴 수 없다고 한다. 바울은 모세를 예로 들어서 하나님이 긍휼히 여길 자를 긍휼히 여기신다고 말한다. "모세에게 이르시되 내가 긍휼히 여길 자를 긍휼히 여기고 불쌍히 여길 자를 불쌍히 여기리라 하셨으니"(롬 9:15). 긍휼, 즉 '불쌍히 여긴다'는 말은 애당초 그것을 받을 자격이 없는 자에게 베풀어지는 호의이다. 그러므로 누군가를 긍휼히 여기는 것은 의무 사항이 아니요, 베푸는 사람의 자의적 판단으로 이루어지는 것이다. 타인은 그 사람에게 "긍휼을 왜 모든 사람에게 베풀지 않는가?"라며 불만을 제기할 수 없다.

예를 들어서 어떤 부유한 사람이 특정 학교의 일부 학생 10명을 선발하여 장학금을 기부한다고 하자. 이것을 놓고 "당신은 왜 모두에게 장학금을 주지 않고, 공평하지 않게 10명에게만 주는가?"라고 말할 사람은 아무도 없다. 왜냐하면 그는 전교생에게 장학금을 지급할 의무를 가진 자가 아니다. 그는 하지 않아도 되는 긍휼을 베풀고 있기 때문이다.

하나님의 선택의 본질은 긍휼이다. 하나님이 보시기에 모든 사람은 다 죄인이요, 진노의 대상이다. 행위로 하면 하나님께 의롭다 여김을 받을 자가 아무도 없다. 하나님은 죄인 된 인간 모두를 구원하셔야 할 그 어떤 빚도 지지 않으셨다. 그분은 의무가 없으시다. 한 사람도 구원하시지 않아도 그분에게 뭐라 할 수 없다. 그중에 일부를 구원하시든, 전부를 구원하시든, 전적으로 베푸시는 이의 마음에 달린 일이다. 이렇게 하나님의 구원은 긍휼을 베푸시는 이의 마음에 달려 있지 사람들의 어떤 조건에 달린 문제가 아니다.

죄수들이 사형장으로 다 끌려가고 있다. 그때 왕이 사면장을 가지고 와서 어떤 사람을 구원한다면 그 사면이 불공평한가? 사형장에 있는 사람들은 다 자기 죄로 죽어 마땅한 자들이다. 그들이 죽는 게 공평이고, 정의이다. 그중에서 누가 사면을 받는다면 긍휼 때문이다. 복음이 무엇인가? 죄인을 구원하시려고 하나님이 아들을 대신 보내신 것이다. 긍휼히 여기심, 이것이 복음이다.

하나님의 구원은 본질적으로 긍휼을 근거로 한다. "그런즉 원하는 자로 말미암음도 아니요 달음박질하는 자로 말미암음도 아니요 오직 긍휼히 여기시는 하나님으로 말미암음이니라"(롬 9:16). 구원은 행위에 달린 것이 아니라 긍휼히 여기시는 하나님으로 말미암는다.

긍휼히 여기지 않고 내버려두심도 주권에 속한 것이다

이 원리는 긍휼히 여기심만이 아니라 완악하게 하고자 하는 자를 완악

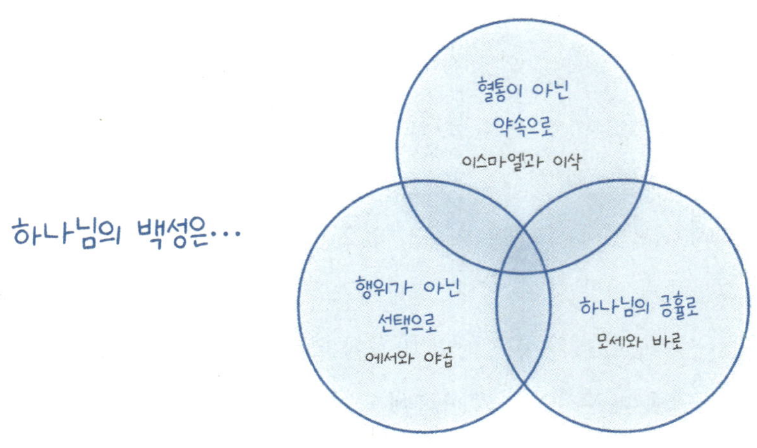

하게 하시는 데도 동일하게 해당된다. 하나님께는 완악하게 내버려두실 수 있는 주권이 있다. "성경이 바로에게 이르시되 내가 이 일을 위하여 너를 세웠으니 곧 너로 말미암아 내 능력을 보이고 내 이름이 온 땅에 전파되게 하려 함이라 하셨으니 그런즉 하나님께서 하고자 하시는 자를 긍휼히 여기시고 하고자 하시는 자를 완악하게 하시느니라"(롬 9:17-18).

바로는 열 가지 재앙 속에서도 완악한 마음을 버리지 않고 끝까지 버텼다. 그가 버틸수록 하나님의 크신 능력이 나타났다. 결국 하나님은 당신의 능력을 보이시기 위해 바로를 완악하게 내버려두셨다.

여기에서 오해하면 안 된다. 원래 바로가 선한 마음을 가진 사람인데 하나님이 그의 마음을 고의로 완악하게 만드신 것이 아니다. 하나님이 그에게 어떤 은혜도 베풀지 않고 그냥 마음의 정욕과 교만함 그대로 내버려두셨더니 그가 완악함에서 벗어나지 못한 것이다. 그러므로 하나님이 그를 완악하게 하셨다는 말은 그를 내버려두셨다는 의미이다. 하나님은 그저 누구는 긍휼히 여기시고, 누구는 그냥 내버려두실 뿐이다.

이처럼 하나님께는 긍휼히 여기시거나 완악하게 두시는 주권이 있으며 그 속에서 구원의 섭리를 행하신다.

토론과 적용을 위한 질문

» 구원이 하나님의 선택에 달려 있다는 사실에 대해 불공평하다거나 불의하다고 반문한 적이 있나요?

» 토기장이의 비유로 이야기되는 하나님의 주권이 나에게 주는 불안감이나 혹은 평안함이 있다면 나누어 봅시다.

29

그러면 믿지 않는 것은
누구의 책임인가요?

롬 9:19-33

선택에 관한 하나님의 주권

● **믿지 않는 것은 인간의 탓인가, 선택하지 않으신 하나님의 탓인가?**

누가 하나님의 뜻에 거역하겠는가?

그러면 '이렇게 하나님이 주권적으로 선택하셨다면, 우리가 할 일은 무엇일까? 믿지 않는 게 인간의 책임일까?' 하는 의문이 든다. "혹 네가 내게 말하기를 그러면 하나님이 어찌하여 허물하시느냐 누가 그 뜻을 대적하느냐 하리니"(롬 9:19). 하나님이 당신의 뜻대로 누구는 긍휼히 여겨 선택하시고, 누구는 완악하게 놔두신다면 어떻게 하나님이 우리의 불신앙을 책망하실 수 있느냐는 말이다. 어차피 하나님 뜻대로 될 텐데 어떻게 인간에게 책임을 물으실 수 있느냐는 말이다.

피조물은 창조자의 선택과 버려두심에 왈가왈부할 권리가 없다

이에 대해 바울이 무엇이라 하는지 보자. "이 사람아 네가 누구이기에 감히 하나님께 반문하느냐"(롬 9:20상). 이 구절에서 "반문"은 단지 몰라서 묻는 질문이 아니라 비난이다. 대드는 것이다. 즉 자신들의 논리를 잣대로 삼아 하나님을 궁지로 몰아넣고 있다.

그러자 바울이 갑자기 "하나님은 토기장이시고 너는 진흙이다. 진흙 주제에 감히 대드느냐"고 말한다. "이 사람아 네가 누구이기에 감히 하나님께 반문하느냐 지음을 받은 물건이 지은 자에게 어찌 나를 이같이 만들었느냐 말하겠느냐 토기장이가 진흙 한 덩이로 하나는 귀히 쓸 그릇을, 하나는 천히 쓸 그릇을 만들 권한이 없느냐"(롬 9:20-21).

이 말은 두 가지 의미를 내포한다. 첫 번째 의미는 하나님을 내 기준으로 판단하는 죄에 대한 따끔한 책망이다. 토기장이가 진흙으로 하나는 예쁜 그릇을 만들고, 하나는 막그릇을 만들었다. 막그릇이 "왜 나는 이렇게 천하게 만들었냐?"고 토기장이에게 항변하는 게 말이 되는가? 말도 안 된다. 한낱 피조물이 높고 높으신 하나님의 작정과 주권에 대해서 옳으니 그르니, 공평하니 불공평하니 말하는 태도 자체가 잘못이다. 창조주 앞에서 우리의 천한 신분을 이해하지 못하고 우리의 작은 머리로 판단하는 것 자체가 큰 죄악이라는 말이다. 신분 차이를 인식하지 못하는 '불경'을 저지른 것처럼 말이다.

이사야 선지자도 그들의 패역함을 가리켜 토기장이를 진흙처럼 여기는 것이라고 말한다. "너희의 패역함이 심하도다 토기장이를 어찌 진흙 같이 여기겠느냐"(사 29:16). 지금 주제 파악을 못하고 있다는 말이다.

둘째, 죄인을 향한 하나님의 처벌 권리를 의미한다. 이 비유는 죄인을 향한 하나님의 처분을 이야기하는 맥락으로 쓰인다(렘 18:6). 찰스 핫지는 이렇게 쓴다. "여기에서 주장되는 주권에서 고려되고 있는 것은 창조주로서의 하나님이 아니라 도덕적 통치자로서의 하나님이다. 하나님이 죄인인 인간들을 그분이 기뻐하시는 대로 용서하시거나 처벌하실 권리가 있다는 것이다."

예를 들어서 누군가가 죄를 지었지만, 왕은 그를 긍휼히 여길 수도 있고, 그를 사면할 수도 있다. 또는 누군가가 악을 행했지만 그를 더 지켜볼 수도 있다. 왕에게는 그런 권한이 있다. 그런 면에서 인간은 다 토기장이의 손안에 있는 진흙과 같다. 이런 주권 아래서 하나님은 누구는 진노의 그릇으로, 누구는 긍휼의 그릇으로 사용하신다. 그러므로 "너는 진흙인 주제에, 더 나아가 하나님의 처분만 기다려야 하는 죄인인 주제에 무슨 반문을 하느냐"는 것이다.

하나님의 주권에는 그분의 놀라운 목적과 섭리가 있다

하나님은 토기장이로서 마땅히 당신의 마음대로 행하실 주권을 가지고 계신다. 그런데 하나님이 변덕스러운 왕처럼 자기 마음 내키는 대로 주권을 행사하실까? 그렇지 않다. 하나님이 당신의 뜻대로 주권을 행사하시는 배후에는 그분의 깊고 놀라운 목적과 섭리가 있다. 그 목적에 대해서도 그분의 주권이기에 우리는 왈가왈부할 수 없다.

그래서 바울은 하나님의 주권 안에 있는 섭리를 설명 형식이 아니라 반문의 형식으로 드러낸다. "만일 하나님이 그의 진노를 보이시고 그의 능력을 알게 하고자 하사 멸하기로 준비된 진노의 그릇을 오래 참으심으로 관용하시고 또한 영광받기로 예비하신 바 긍휼의 그릇에 대하여 그 영광의 풍성함을 알게 하고자 하셨을지라도 무슨 말을 하리요"(롬 9:22-23). 바울은 하나님의 숨겨진 뜻을 말하면서, "그것에 대해서 하나님이 마음대로 하실 수 있고, 네가 이해가 되느니 마느니 하는 말을 할 자격이 없다"고 분명히 한다.

그러면 하나님의 주권 안에 있는 섭리는 무엇인가? 먼저 하나님은 바로가 불순종할 때 그를 단번에 멸해 버리실 수도 있었다. 하지만 그를 돌이키려고 무려 열 번이나 재앙을 내리셨다. 그 과정이 하나님이 진노의 그릇인 바로를 오래 참으심으로 관용하신 것이라는 말이다(롬 9:22). 그런데 바로에게 그렇게 하심으로써, 하나님은 긍휼의 그릇, 즉 장차 영광스럽게 할 이스라엘에 하나님의 영광의 풍성함을 나타내셨다는 것이다(롬 9:23).

이스라엘은 열 가지 재앙을 통해 하나님의 구원 능력, 유월절 제사를 통한 장자의 구원, 홍해의 기적 등을 경험했다. 하나님은 이를 통해 당신의 구원 능력과 영광이 얼마나 놀라운지 보여 주셨다. 여기에 바로를 완악하게 내버려두신 섭리가 있다. 바로를 완악하게 내버려두신 것을 통해서 바울이 생각하는 사람들은 바로 완악하게 내버려진 이스라엘이다. 이스라엘 중의 일부는 긍휼을 입었지만 대부분은 긍휼을 입지 못하고 버려졌다. 그러한 버려두심 속에 어떤 목적이 있는지에 대해 바울은 이야기한다. 바로의 완악함을 통해서 하나님이 긍휼의 그릇에 나타날 영광을 보여 주셨다면, 유대인을 불순종 가운데 버려두시는 데도 이유가 있다는 것이다. 그것이 로마서 11장에 나타난다.

바울은 11장에서 유대인들의 불순종으로 이방인들이 긍휼을 입었다고 말한다. "너희가 전에는 하나님께 순종하지 아니하더니 이스라엘이 순종하지 아니함으로 이제 긍휼을 입었는지라"(롬 11:30). 이스라엘은 하나님께 불순종해서 복음을 거부했다. 그래서 결국 핍박받은 예루살렘 교회가 복음을 들고 이방인에게로 간다. 이스라엘을 완악하게 하심을 통해서 하나님은 이방인들에게 긍휼을 입게 하셨다. 바로를 완고하게 하심으로 이스라엘에게 구원을 풍성히 전해 주신 것처럼, 이스라엘을 완고하게 버려두심이 이방인들에게 긍휼을 입게 하시는 섭리가 되었다는 것이다.

그러면 하나님이 이스라엘을 버리셨는가? 아니다. 불순종하는 이스라엘이 장차 이방인들이 하나님의 긍휼을 입은 것을 보고 회개하여 긍휼을 받을 날이 올 것이다. "이와 같이 이 사람들이 순종하지 아니하니 이는 너희에게 베푸시는 긍휼로 이제 그들도 긍휼을 얻게 하려 하심이라"(롬 11:31). 이렇게 이스라엘은 이방인들이 받은 긍휼을 보고 시기가 나서 그리스도께 돌아올 것이다. 결론은 이것이다. "하나님이 모든 사람을 순종하지 아니하는 가운데 가두어 두심은 모든 사람에게 긍휼을 베풀려 하심이로다"(롬 11:32). 불순종하던 유대인들로 인해 이방인이 긍휼을 입고, 그 결과 이스라엘도 긍휼을 입게 된다는 것이다. 이것이 바로 하나님의 선택과 유기의 궁극적인 비밀이요, 지혜라고 한다.

하나님은 생각 없이 주권을 행사하시는 분이 아니다. 구원에 인색하고 불공평한 분처럼 누구는 구원하고 누구는 버려두기로 하시는 분이 아니다. 결과적으로 이 모든 것을 통해서 당신의 놀라운 구원이 모든 사람에게 미치도록 하려고 이러한 주권을 행사하신다.

나의 아버지는 내가 교회에 가는 것을 핍박하셨다. 덕분에 나는 정말 주님만 의지했고 그분의 크신 긍휼을 경험했다. 그 결과 내가 하나님의 긍휼을 덧입는 것을 보신 아버지는 결국 그리스도께로 돌아오셨다. 장인, 장모님도 마찬가지이다. 두 분은 나와 아내의 결혼을 엄청나게 반대하셨다. 아내가 정말 힘들어했다. 하지만 우리 부부가 하나님의 긍휼을 덧입고 그분의 사랑 가운데 있는 것을 보고 결국 그리스도께로 돌아오셨다. 이처럼 선택과 유기의 주권 안에는 하나님의 구원 섭리가 작용한다. 우리는 그러한 하나님의 주권 앞에 머리를 숙여야 한다.

복음은 약속의 자녀를 부르시는 음성이다

그런 면에서 우리는 복음이야말로 하나님이 당신이 선택하신 약속의 자녀를 부르시는 메시지요, 음성이라는 사실을 알아야 한다. 복음 안에 약속이 있다. 그리스도가 이삭을 통해서 약속하셨던 그 자녀요, 그리스도를 통해서 태어나는 자녀들이 하나님의 백성이다. 복음이 증거하는 예수 그리스도를 믿음으로 하나님의 백성이 된다. 그러므로 복음은 약속의 자녀를 부르시는 음성이다.

복음은 선택의 은혜이다. 복음은 인간의 행위를 보지 않는다. 그리스도 안에서 자격 없는 자를 일방적인 선택과 사랑으로 부르시는 것이 복

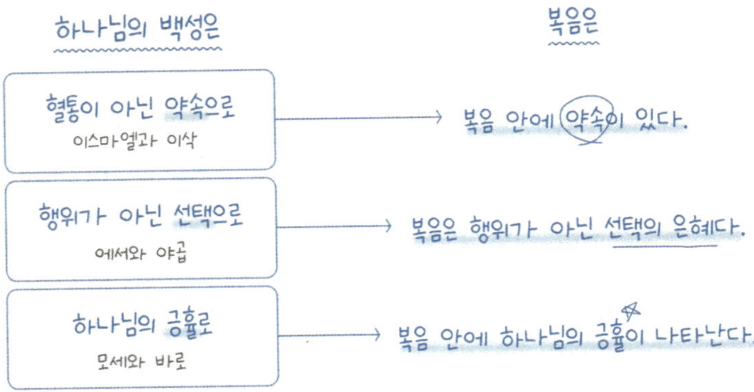

음이다. 그러므로 복음은 죄인인 우리를 초청하고 용서하시는 음성이다. 복음 안에 하나님의 긍휼이 나타난다. 하나님이 죄인을 긍휼히 여기셔서 당신의 아들을 십자가에 못 박으시고 대신 죽이셨다. 복음은 죄인인 우리를 긍휼히 여기신다는 음성이다. 복음은 "하나님이 너를 사랑하신다. 너를 사랑하시고 선택하셔서 너를 부르신다"는 초청이다. 복음은 "하나님이 너를 긍휼히 여기신다. 그래서 너를 위해서 당신의 아들을 십자가에 못 박았다"는 메시지이다. 당신의 택한 자녀를 부르시는 사랑의 음성이다. 복음이 증거되는 곳에 실제로 하나님의 은혜가 임재하고, 그 은혜가 굳은 마음을 녹이는 것이다.

● 운명을 가르는 복음의 부르심

복음은 운명을 역전시킨다. 이 복음을 들으면 구원받는다. 이스라엘

족속으로 태어나지 않아도 구원받을 수 있다. 율법을 모르는 이방인들도 구원받을 수 있다. 행위로 내세울 가문, 혈통이 없어도, 도덕적 공로가 없어도 구원받는다. 성경은 긍휼의 그릇에 대해서 그 대상이 누구라고 하는가? "이 그릇은 우리니 곧 유대인 중에서뿐 아니라 이방인 중에서도 부르신 자니라"(롬 9:24). 주님의 구원이 이제 이방인, 즉 유대인 외의 모든 족속, 온 열방에 미치게 되었다는 것이다. 이 부르심은 어떤 부르심인가?

종족을 초월하는 부르심

"호세아의 글에도 이르기를 내가 내 백성 아닌 자를 내 백성이라, 사랑하지 아니한 자를 사랑한 자라 부르리라"(롬 9:25). 이방인들은 원래 하나님의 백성이 아니었다. 하나님을 사랑하지 아니한 자들이었다. 그런데 하나님이 그들을 부른다고 하신다. 하나님이 "야곱은 사랑하고 에서는 미워하였다"고 하셨으나, 미워하던 자를 사랑하신다는 것이다. 하나님의 선택은 과거 이스라엘만 사랑하시던 좁은 사랑의 선택이 아니다. 미워하던 자를 사랑하시는 사랑이다.

지역을 초월하는 부르심

"너희는 내 백성이 아니라 한 그곳에서 그들이 살아 계신 하나님의 아들이라 일컬음을 받으리라 함과 같으니라"(롬 9:26). "내 백성이 아니라 한 그곳"은 이방 땅을 가리킨다. 하나님의 사랑이 이스라엘이라는 작은 땅에서 모든 세상 땅끝까지 펼쳐진 것이다. "이 약속은 너희와 너희 자녀와 모든 먼 데 사람 곧 주 우리 하나님이 얼마든지 부르시는 자들에게 하신 것이라 하고"(행 2:39). 하나님의 구원 약속은 먼 데 사람, 땅끝 어디에 있든지, 하나님이 얼마든지 부르시는 자들에게 하신 약속이다. 그래서 예수님도 "너희는 가서 모든 민족을 제자로 삼아"(마 28:19)라고 하셨다. 천하 만민에게 복음을 전하라고 하신 것이다.

이스라엘의 남은 자를 구원하시는 은혜

더 나아가서 하나님의 선택은 이스라엘 중에 남은 자를 구원하시려는 은혜이다. 바울은 이스라엘 백성 중에서 아주 소수만 구원받게 되는 것에 대해서 뭐라고 설명하는가? 적은 수가 구원을 받는 것조차도 하나님이 씨를 남겨 두신 은혜요, 만약에 하나님이 긍휼을 베풀지 않으셨다면 소돔과 고모라처럼 다 멸망했을 것이라고 말한다. "또 이사야가 이스라엘에 관하여 외치되 이스라엘 자손들의 수가 비록 바다의 모래 같을지라도 남은 자만 구원을 받으리니"(롬 9:27)라고 하였고, 뒤이어 "또한 이사야가 미리 말한 바 만일 만군의 주께서 우리에게 씨를 남겨 두지 아니하셨더라면 우리가 소돔과 같이 되고 고모라와 같았으리로다 함과 같으니라"(롬 9:29)고 했다.

결국 이스라엘이 구원에서 멀어진 것은 소돔과 고모라가 망한 것처럼 그들의 책임이요, 그들 중에서 소수라도 구원받는 것이 전적으로 하나님의 긍휼이라는 말이다. 존 스토트의 말을 들어 보자. "하나님 보시기에 우리는 심판 외에는 다른 아무것도 받을 자격이 없다. 우리가 받아 마땅한 것(심판)을 받는다거나 우리가 받을 만한 자격이 없는 것(긍휼)을 받는다면, 어느 경우에도 하나님이 불의하신 것이 아니다. 그러므로 어떤 사람이 버림받는다면(유기), 그것은 그의 책임이다. 하지만 어떤 사람이 구원을 받는다면, 그것은 하나님의 은혜이다."

그러나 하나님이 씨를 남겨 두셨다는 말씀에서 바울은 희망을 찾는다. '아, 하나님이 우리 민족을 버리지 않으셨구나!' 이것이 주님의 마음이다. 그렇게 악한 자들도 완전히 버리지 않으시고 돌아오길 기다리신다. 만약 내가 우리 집에서 유일하게 예수 믿는 사람이라면 그게 무슨 의미이겠는가? 하나님이 우리 가족을 버리지 않으셨다는 뜻이다. "주 예수를 믿으라 그리하면 너와 네 집이 구원을 받으리라"(행 16:31)라는 희망이다. 나를 통해 복음이 증거되어 그들이 긍휼을 입고, 그 긍휼을 통해 그들이 하나님께 돌아오는 놀라운 구원 계획이 하나님께 있는 것이다. 이와 같이 하나님의 주권은 궁극적으로는 이 땅의 모든 백성을 구원하시기 위한 주권이다.

하나님은 풍성한 긍휼로 모든 사람이 구원받기를 원하신다. 하나님의 선택은 복음의 문을 축소하지 않는다. 오히려 하나님은 복음의 문을 활짝 여신다. 육신의 자녀가 아니라, 약속의 자녀를 구원하시기에 유대인이 아니어도 누구나 다 구원이 가능하다. 조건과 행위가 아니라 오직 믿음으로 구원받을 수 있기에 자격을 따지지 않는 구원의 문이 열린다. 긍휼히 여길 자를 긍휼히 여기시고, 완악하게 할 자를 완악하게 하시는 주권적 섭리는 궁극적으로 복음을 풍성하게 하며 그들에게 돌아오라고 손짓한다.

주님의 선택적 주권은 구원의 문을 활짝 열어 놓는 기가 막힌 지혜이다. 그분이 선택하신 만큼, 사랑하신 만큼, 긍휼히 여기시는 만큼 구원의 문이 넓어지는 것이다. 그 크기를 누가 작다고 하겠는가? "하나님은 모든 사람이 구원을 받으며 진리를 아는 데에 이르기를 원하시느니라"(딤전

2:4). 하나님은 누구든지 구원받을 수 있도록 복음의 문을 활짝 열어젖히셨다. 하나님의 주권은 결코 게으름의 핑계가 될 수 없다.

마틴 로이드존스 목사는 만일 누군가 "하나님이 주권적으로 구원받을 자를 스스로 택하신다면 전도가 필요 없다. 복음을 전할 필요도 없고 우리는 뒷짐을 지고 가만있으면 된다"고 궤변을 떠는 사람이 있다면 그에게 이렇게 묻고 싶다고 말한다. "당신은 어거스틴에 대해서, 마르틴 루터에 대해서, 존 칼빈에 대해서, 조지 휘트필드에 대해서, 조나단 에드워즈에 대해서, 찰스 스펄전에 대해 아는가? 하나님의 주권을 믿었기에 복음 전도에 열정적이었던 분들을 알기나 하고 그런 말을 하는가?" 그는 또한 현대 선교의 아버지인 인도의 윌리엄 캐리와 성서공회를 설립한 토마스 찰스를 소개하면서 구원이 전적으로 하나님께 속해 있다는 것을 깨닫는 것만큼 전도를 촉진시키는 것이 없다고 단언했다.

» 바로와 이스라엘의 완악함조차 하나님의 긍휼을 드러내는 도구가 되었습니다. 우리의 삶이나 교회 역사 속에서, 하나님이 악이나 고난을 허용하시면서도 하나님의 구원 섭리를 이루셨던 구체적인 사례를 나누어 보세요.

» 구원은 나 혼자 받는다고 해서 결코 행복하지 않습니다. 사랑하는 사람들이 영원한 죽음의 문으로 들어가는 모습을 생각하면 아파할 수밖에 없습니다. 나에게는 다른 영혼에 대한 애타는 마음이 있나요? 그 대상은 누구인가요?

30

지식 없는 열심은
왜 해로운가요?

롬 10:1-8

유대인들의 열심과 무지

● 왜 유대인은 구원에서 멀어졌는가?

바울은 구약의 이삭, 야곱, 모세를 통해서 놀라운 복음을 소개했다. 하나님의 백성은 혈통으로도, 행위로도 아니고 오직 긍휼로 된다. 하나님은 그리스도 안에서 혈통이 아닌 약속으로, 행위가 아닌 믿음으로, 오직 당신이 선택하신 백성을 긍휼로 구원하신다. 이방인들은 이 약속의 복음, 은혜의 복음, 긍휼의 복음을 믿었다. 그래서 믿음에서 난 의를 얻은 것이다. "그런즉 우리가 무슨 말을 하리요 의를 따르지 아니한 이방인들이 의를 얻었으니 곧 믿음에서 난 의요"(롬 9:30). 하나님의 부르심은 민족, 지역을 초월하여 누구든지 부르시는 사람에 미친다고 한다. 하나님은 모든 사람이 구원받기를 원하신다. 그래서 이방인들은 믿고 구원받았다.

그렇다면 왜 이스라엘은 구원받지 못했는가? 그들은 율법을 추구했지만 정작 율법에 이르지 못했다. "의의 법을 따라간 이스라엘은 율법에 이르지 못하였으니"(롬 9:31). 율법에 이르지 못했다는 말은 결국 율법이 말하는 의의 수준에 도달하지 못했다는 것이다. 그 수준은 단지 율법을 다 지킨다는 차원을 넘어서 그리스도가 완성하실 의의 수준을 뜻한다.

그리스도는 마태복음의 산상수훈에서 율법의 진정한 성취가 단순히 어떤 행위를 하지 않는 차원을 넘어 우리 마음이 의로운 수준에까지 이르러야 한다고 말씀하셨다. 그 수준이 얼마나 높은지, 그것을 이루실 분은 오직 한 분 그리스도이시다. 신자는 그리스도 안에서만 여기에 이를 수 있다. 바울은 이스라엘이 실패한 원인이 믿음을 의지하지 않고 행위를 의지했기 때문이라고 말한다. "어찌 그러하냐 이는 그들이 믿음을 의지하지 않고 행위를 의지함이라 부딪칠 돌에 부딪쳤느니라"(롬 9:32).

하나님은 처음 아브라함 때부터 믿음의 길을 예비하셨다. 우리가 앞에서도 본 것처럼 율법은 의에 이르는 길이 아니라, 우리가 죄인임을 가르쳐 주고, 그리스도에게로 가게 하는 표지판 역할을 한다. 그런데도 그들은 잘못된 표지판을 따라가다가 결국 목적지에 이르지 못한 것이다. 마치 마라토너가 열심히 달렸지만 잘못된 길로 달려간 것과 같다. 그들은 행위를 의지하다가 "부딪칠 돌"에 부딪쳤다.

"부딪칠 돌"은 이사야가 예언한 것으로, 성경은 그가 바로 예수 그리스도이심을 말한다. 하나님은 예수님을 모퉁잇돌로 삼으셨지만, 그것이 자기 행위를 의지하는 이스라엘에게는 걸림돌이 되었다. 그러나 그분을 믿는 자는 구원을 받는다. 하나님 앞에서 부끄러움을 당하지 않는다. "기록된 바 보라 내가 걸림돌과 거치는 바위를 시온에 두노니 그를 믿는 자는 부끄러움을 당하지 아니하리라 함과 같으니라"(롬 9:33). 예수 그리스도를 믿는 자는 심판대 앞에서 수치를 당하지 않을 것이라는 말씀이다.

● 그들의 무지, 복음을 몰랐다

하나님의 의를 모름: 올바른 지식이 없는 열심

결국 이스라엘의 문제는 그들의 무지에 있었다. "내가 증언하노니 그들이 하나님께 열심이 있으나 올바른 지식을 따른 것이 아니니라"(롬 10:2). 그들은 하나님께 열심이 있으나 올바른 지식을 따르지 않았다. 오늘날로 치면 그들은 교회에 열심히 다니고 봉사도 열심히 했다. 주일성수, 십일조, 새벽기도도 열심히 했다. 오히려 유대인들은 그 이상의 열심이 있었다. 그런데 올바른 지식이 없었다. 이에 대해서 바울은 "하나님의 의를 모르고"(롬 10:3상)라고 한다.

그들은 복음 안에 나타난 하나님의 의를 몰랐다. 그 의는 우리가 도달해서 얻는 의가 아니라, 하나님이 선물로 마련해 주신 의라는 것을 몰랐다. 그 의는 예수님을 믿는 믿음으로 말미암는 의이다(롬 3:21-22). 그런데 그들이 그 사실을 몰랐다. 오늘날도 교회 생활을 열심히 하고 신실하고 착하게 살아가는데, 복음을 모르는 사람들이 많다. 그들은 단지 종교적인 열심을 가지고 신앙생활을 한다. 주변에 많은 신자들이 그저 착하게 살면 구원받는다고 생각한다. 이런 삶을 바울은 '자기 의를 세우는 삶'이라고 한다. 이것은 자신의 힘으로 하나님 앞에 인정받아 보겠다는 삶이다. 그래서 결국에는 바리새인처럼 교만해지거나 위선에 이르게 된다.

그러나 더 큰 문제는 종교적 열심을 내다가 정작 그리스도 안에 나타난 하나님의 의에 복종하지 않았다는 것이다. "자기 의를 세우려고 힘써 하나님의 의에 복종하지 아니하였느니라"(롬 10:3하). 이것이 지식 없는 열심의 문제이다. 그들의 자기 의가 낸 열심, 행위, 심지어 선한 행위가 걸림돌이 된 것이다.

하나님은 죄인이든 누구든 예수님을 통해서 죄 사함 받고 의롭다 함을 얻어서 하나님께 나오게 하셨다. 그 길은 정말 넓디넓은 길이다. 그런데 자신의 선한 행위를 의지하여 하나님께 인정받으려고 하다가 정작 그분이 마련해 놓으신 길을 거절한 것이다. 그들의 선함, 열심이 오히려 구원의 걸림돌이 되어 버렸다. 그래서 C. S. 루이스는 "우리를 그리스도(best)와 떼어 놓는 것은 죄(bad)가 아니라 율법, 선한 것들(better)이다"라고 말했다.

율법의 표지판이 가리키는 목적지를 오해함

그러면 그들의 무지의 핵심은 어디에 있는가? 그들은 율법의 표지판을 잘못 보았다. 그리스도는 누구신가? "그리스도는 모든 믿는 자에게 의를 이루기 위하여 율법의 마침이 되시니라"(롬 10:4). 여기 "마침"(τέλος, 텔로스)이란 단어는 '끝', '목적', '완성'이라는 복합적 의미를 가진다. 이 말은 한편으로는 구원의 길로서 율법의 길이 끝났다는 의미이며, 동시에 그리스도가 율법이 지향하던 최종 목적지가 되셨다는 의미이다. 즉 율법의 표지판이 가리키는 궁극적인 목적지가 그리스도이심을 가리킨다.

율법의 행위로는 도저히 하나님의 의에 도달할 수 없다. 죄인 된 인간의 행위로는 도달할 수 없는 길이다. 바울은 율법의 길을 이렇게 말한다. "모세가 기록하되 율법으로 말미암는 의를 행하는 사람은 그 의로 살리라 하였거니와"(롬 10:5). 즉 스스로 착하게 살아서 구원받아 보겠다는 사람은 결국 하나님의 율법을 다 지켜야 산다는 것이다. "누구든지 온 율법을 지키다가 그 하나를 범하면 모두 범한 자가 되나니"(약 2:10).

율법의 길을 선택한 사람들은 평생 모든 율법을 다 지켜야만 구원받는 코스를 선택한 것이다. 처음에는 할 만하다고 느꼈는데, 갈수록 험한 코스가 나오고 절벽이 나오더니 끝내 낭떠러지가 나온다. 하늘 도성은 저 멀리 닿을 수 없는 너머에 있다. 율법의 길은 죄인들에게 길이 아니었다.

그런데 우리 주님이 오셔서 "그것은 길이 아니다. 내가 길이고 진리이고 생명이다"라고 선포하셨다. 율법은 길이 아니라 죄를 깨닫고 예수님께로 오라고 가르쳐 주는 교사일 뿐이다. 그 율법이라는 표지판이 가리키는 길, 최종 목적지는 바로 그리스도이다. 그 표지판에는 "더 이상 길이 없음. 계속 가면 낭떠러지임. 돌아서 그리스도의 길로 갈 것!"이라고 적혀 있다.

예전에 태풍이 심할 때 일어났던 사고이다. 도로가 끊겨서 오래전에 폐쇄된 길이 있었다. 평소에는 도로 폐쇄 안내판을 세워 두었는데, 그날은 바람이 너무 심하게 불어서 안내판을 치워 버렸다. 그런데 아무것도 모르고 달리던 차가 그 길을 그대로 달려 낭떠러지로 떨어지고 말았다. 자기 스스로 착하게 살아서 구원받겠다는 사람은 마치 폐쇄된 길을 달려

절벽을 향해 가는 차와 같다. 그 길로 가면 결국 모든 은밀한 행위를 심판하시는 하나님을 만난다. 영원한 지옥 형벌로 떨어지는 멸망에 다다른다. 율법이 가리키는 참된 길은 예수 그리스도이다. 그들의 무지는 바로 여기에 있었다. 바울은 이제 율법이 가리키는 궁극적인 목적지가 그리스도이심을 말한다.

● 그리스도의 복음만이 새 언약을 성취한다

신명기에 언급된 새 언약

바울은 신명기의 말씀 예언의 성취로서 그리스도의 복음을 이야기한다. "믿음으로 말미암는 의는 이같이 말하되 네 마음에 누가 하늘에 올라가겠느냐 하지 말라 하니 올라가겠느냐 함은 그리스도를 모셔 내리려는 것이요 혹은 누가 무저갱에 내려가겠느냐 하지 말라 하니 내려가겠느냐 함은 그리스도를 죽은 자 가운데서 모셔 올리려는 것이라 그러면 무엇을 말하느냐 말씀이 네게 가까워 네 입에 있으며 네 마음에 있다 하였으니 곧 우리가 전파하는 믿음의 말씀이라"(롬 10:6-8).

이 말씀을 이해하려면 구약을 이해해야 한다. 이 말씀의 배경은 신명기에 나온다. 신명기에는 복과 저주의 말씀이 있다(신 28장). 여호와의 율법을 지키면 복, 아니면 저주라고 나온다. 율법을 지키면 나가도 복, 들어가도 복을 받고, 열방 가운데 빛이 되리라고 하신다. 하지만 율법을 지키지 않고 우상을 숭배하면 전염병에 걸리고 대적이 쳐들어와서 다 포로로 잡아가리라는 저주도 내리신다.

　그런데 마지막에 모세가 너희가 이 율법을 지키지 못해서 여기 기록된 저주가 다 임하고, 포로로 끌려갈 것이지만, 너희가 회개하면 하나님이 너희를 다시 돌아오게 하실 텐데, 그때 다음과 같이 하실 것이라고 말한다. "네 하나님 여호와께서 네 마음과 네 자손의 마음에 할례를 베푸사 너로 마음을 다하며 뜻을 다하여 네 하나님 여호와를 사랑하게 하사 너로 생명을 얻게 하실 것이며"(신 30:6). 하나님이 너희 마음에 할례를 베푸셔서 너희가 온 마음으로 하나님을 사랑하게 하실 것이란 말씀이다. 이것이 소위 새 언약이다.

　훗날 예레미야는 새 언약에 대해서, 그날에 하나님이 그들의 마음에 당신의 법을 기록하실 것이라고 말했다(렘 31:33). 에스겔은 하나님이 마음 속에서 굳은살을 제거하고 부드러운 마음을 주시고 우리 속에 성령을 두어서 우리가 율법을 행하게 하실 것이라고 말했다(겔 36:26-27). 이것이 바로 마음에 할례를 주서서 율법에 순종하는 백성을 만드시겠다는 새 언약의 약속이다.

　모세는 새 언약이 이루어질 그날에는 더 이상 율법의 말씀이 너희에게 결코 어려운 말씀이 아닐 것이라고 말했다. "내가 오늘 네게 명령한 이 명령은 네게 어려운 것도 아니요 먼 것도 아니라 하늘에 있는 것이 아니니 네가 이르기를 누가 우리를 위하여 하늘에 올라가 그의 명령을 우리에게로 가지고 와서 우리에게 들려 행하게 하랴 할 것이 아니요 이것이 바다 밖에 있는 것이 아니니 네가 이르기를 누가 우리를 위하여 바다를 건너가서 그의 명령을 우리에게로 가지고 와서 우리에게 들려 행하게 하랴 할 것도 아니라 오직 그 말씀이 네게 매우 가까워서 네 입에 있으며 네 마음에 있은즉 네가 이를 행할 수 있느니라"(신 30:11-14).

마음의 할례를 받지 못한 이스라엘에게 율법의 말씀은 땅에서 하늘로 올라가는 것처럼 어려운 명령이요, 바다 건너편처럼 마음에서 멀리 있었다. 한마디로, 그들의 마음이 하나님 말씀에서 멀었다. 말씀이 멀고 어려우니까 말씀대로 순종하지 않았고, 결국 저주와 사망이 임했다. 그런데 이제 하나님이 너희 마음에 할례를 베푸셔서 말씀이 너희의 입과 마음에 있게 하겠다고 모세는 말한 것이다. 그러면 이제 더 이상 말씀이 멀지 않게 될 것이라는 말이다.

새 언약의 성취

그런데 드디어 모세가 예언한 새 언약이 성취된 시대가 그리스도 안에서 도래했다. 성경은 예수님이 바로 "새 언약의 중보자"(히 9:15)이시라고 하고, 주님은 십자가가 새 언약을 성취한 사건임을 성만찬을 통해서 말씀하셨다(눅 22:20). 예수님이 십자가와 부활로 새 언약을 성취하셨다. 그러면 이 시대에 모세의 예언은 어떻게 이루어지는가? 어떻게 말씀이 내 입에 있고 내 마음에 있게 하실까?

바울은 그 율법을 그리스도로 치환한다. 앞서도 말한 대로 예수 그리스도가 율법의 마침이요, 그 율법이 지향하는 목적이 되셨다. 즉 율법을 성취하고 이루신 분이 예수님이시다. 그러므로 입에 있고 마음에 있어야 할 말씀은 곧 그리스도이시다. 그 말씀은 어렵지도 멀지도 않다. 그래서 모세가 하늘에 올라가 그 명령을 가져올 필요가 없다고 한 말을, 바울은 부활 승천하신 그리스도를 만나기 위해서 하늘에 올라가서 그리스도를 모셔 내릴 필요가 없다고 한다(롬 10:6). 바다 건너가서 그 명령을 가져오라 할 필요가 없다고 한 말을 우리를 위해 죽으신 그분을 만나려고 무저갱에 내려갈 필요도 없다고 말한다(롬 10:7).

왜냐하면 그분은 사도들이 전파하는 믿음의 말씀, 곧 복음을 통해서 만날 수 있기 때문이다. 그래서 바울은 모세가 "말씀이 네게 가까워 네 입에 있으며 네 마음에 있다"고 한 말은 곧 사도들이 전하는 믿음의 말씀을 가리킨다고 한다. "그러면 무엇을 말하느냐 말씀이 네게 가까워 네 입에 있으며 네 마음에 있다 하였으니 곧 우리가 전파하는 믿음의 말씀이라"(롬 10:8).

결국 복음을 통해 우리를 위해서 죽으시고 부활하셔서 우리 주가 되신 그리스도를 마음으로 믿고 입으로 시인할 때 우리는 그리스도를 마음에 모시게 된다고 바울은 말한다. 그러면 그리스도가 우리의 의가 되실 뿐만 아니라, 이제 우리의 삶에서 율법을 행하도록 성령 안에서 인도하신다는 것이다.

● 예수 믿으면 복을 받는다

신명기의 생명과 축복

이제 예수님 안에서 율법이 성취되고, 신명기에 약속된 복이 임한다. 율법의 완성이신 그리스도를 떠나 자기 힘으로 율법을 지켜보겠다고 하면 결국 육신 아래서 죄를 짓게 된다. 그래서 사망과 저주의 길을 간다. 그러나 예수 그리스도를 믿고 그분께 붙어서 걸어가면 하늘의 생명을 얻고 주의 자녀로 변화될 뿐 아니라 내가 그 말씀 안에서 점점 예수님을 닮아서 모든 법을 성취하게 된다.

우리는 율법의 의를 성취하신 예수 그리스도를 믿어 의롭게 되고, 그리스도 안에서 율법을 이룸으로써 그 의를 이루는 삶을 살게 된다. 그래서 구약에서 하나님이 너희에게 주겠다고 하신 복, 신명기에서 말씀하신 복을 우리가 그리스도 안에서 누리는 것이다. 결국 예수 그리스도 앞에 사망과 생명, 저주와 축복이 놓여 있다.

로마서 마지막에 바울이 내가 너희에게 나아갈 때 "충만한 복"(롬 15:29)을 가지고 나아간다고 했다. 그 충만한 복이 바로 로마서의 복음 안에 있다. 바울은 바로 이 복음을 로마에 전하길 원했다. 바로 이 복음이 구약의 신명기에서 말한 모든 복을 우리의 복이 되게 한다.

복을 못 받는 이유

결국 핵심은 그리스도이시다. 그런데 오늘날 우리의 문제는 우리가 날마다 그리스도에게 가지 않는다는 데 있다. 처음에는 믿음으로 시작했으나, 어느 순간부터 자신의 힘으로 행하려고 하다가 결국 그리스도에게서 떨어지는 것이다. 그리스도와 관계없이 자기 혼자의 힘으로 신앙생활을 한다. 결국 구약의 백성들처럼 너무 멀고 어려운 율법의 길로 가고 있다. 그 길의 끝이 낭떠러지인 줄도 모르고 말이다.

또 다른 문제는 우리가 그리스도를 너무 모른다는 데 있다. 그리스도가 율법을 성취하시고, 율법의 목적이 되신 분이라는 사실은 우리가 말씀을 통해서 그리스도를 더 깊이 알아 가야 함을 말한다. 그리스도는 말씀이 성육신하신 분이다. 그래서 그분을 만날 때 우리에게 말씀이 들리기 시작하고 말씀을 사모하게 되는 현상이 나타난다. 말씀이 문자가 아니라, 그리스도의 인격, 그분의 성품으로 읽힌다. 연애편지처럼 달콤하여 말씀을 사랑하게 된다. 우리가 유대인과 같은 구약성경을 읽어도, 그 읽는 법이 다르고 마음에 전해지는 것이 다르다.

결국 그리스도는 우리를 말씀 가운데로 인도하시고, 우리는 그 말씀을 통해서 그리스도를 더 알아 간다. 그리고 그리스도를 알아 가는 만큼, 그 지식에서 자라 가는 만큼 우리는 열매를 맺게 된다. 그리스도를 닮아 간다. 그리고 그 과정을 통해서 율법의 요구를 이루어 가는 것이다. 이것이 바로 그리스도의 길이다.

그리스도는 우리를 말씀에 순종하는 사람으로 만드시고, 결과적으로 생명과 복을 얻게 하신다. 그분 안에서만 우리는 율법을 성취하고, 성경에서 약속한 모든 생명과 축복을 경험한다. 물론 이 땅에는 고난이 있다.

그러나 그 고난조차 우리로 그리스도를 닮게 하는 여정이다. 상속자가 되게 하는 여정이다. 종국적으로는 그날에 우리가 신명기의 생명과 축복의 주인공이 될 것이다. 그날이 바로 약속의 땅인 천국에 도달하는 날이다. 그러나 이미 여기서 그 나라는 경험된다. 고난도 있지만, 그리스도와 동행하며 순종할 때 경험하는 생명과 축복도 있다.

중요한 것은 이 모든 일이 다 그리스도 안에서 이루어진다는 사실이다. 오직 복음만이 생명과 축복의 길이다. 우리는 그리스도를 믿고, 그분을 알아 가는 일에 매일 힘써야 한다. 복음은 그리스도이시다.

» 이스라엘에게는 율법을 향한 잘못된 열심이 있었습니다. 내용과 모습은 조금 다르더라도 우리도 삶 속에서, 그리고 교회 안에서 잘못된 열심을 가질 수 있습니다. 혹시 내 안에 종교인의 모습이라고 생각되는 부분이 있나요?

» 신앙생활을 하면서 자기 의에 빠져 열심을 내다가 지쳐 어려움을 겪었던 적이 있다면 나누어 봅시다.

31

전도라는 방식이
정말 효과가 있나요?

롬 10:9-21

마음으로 믿고, 입으로 시인하고

● 믿고 시인해야 구원받는다

진정한 믿음엔 내적 고백과 외적 고백이 따른다

우리는 예수님을 믿을 때 생명을 얻고, 축복을 얻는다. 그러면 어떻게 예수님을 믿을 수 있을까? 내 입으로 시인하고 내 마음으로 믿으면 된다. "네가 만일 네 입으로 예수를 주로 시인하며 또 하나님께서 그를 죽은 자 가운데서 살리신 것을 네 마음에 믿으면 구원을 받으리라"(롬 10:9). 우리가 입으로 시인하고 마음으로 믿을 내용은 무엇인가? 예수님이 주님이시요, 하나님이 그분을 죽은 자 가운데 살리셨다는 사실이다. 즉 십자가에서 죽으시고 부활하신 예수가 하나님이 세우신 그리스도요, 주님이시라는 사실이다. 그러므로 우리가 입으로 예수님을 주님이라고 고백할 때, 그분이 죽으시고 부활하신 분임을 마음으로 믿는 것이다.

순서적으로 말한다면, 먼저 마음으로 믿고 그다음에 입으로 시인하는 데 이른다. "사람이 마음으로 믿어 의에 이르고 입으로 시인하여 구원에 이르느니라"(롬 10:10). 우리가 구원받으려면 먼저 마음으로 믿는 내적인 고백과 입으로 시인하는 외적인 고백이 함께 있어야 한다.

첫째, 내적인 믿음의 고백이 있어야 한다. 내적인 믿음 없이 입술로만 하는 고백은 거짓된 신앙고백이다. 그러나 마음으로 믿는다는 것은 어떤 면에서 마음에서 믿어지는 것이다. 어떤 이는 마음으로 믿고 싶어도 안 믿어진다. 죽은 자가 다시 살아난다는 사실, 하나님의 아들이 성육신하셨다는 사실은 인간의 이성으로 믿을 수 있는 것이 아니기 때문이다.

그러므로 주님이 죽으시고 부활하심이 믿어지는 것이 은혜이다. 이는 복음을 들을 때 우리가 실제로 죽으시고 부활하신 예수님을 만나기에 가능하다. 그리스도가 우리에게 성령을 보내서서 굳은 마음을 열어 주시고 총명을 밝히셔서 우리의 영적인 지각이 살아나게 하시고 우리가 예수님을 믿게 하시는 것이다.

그런 면에서 믿는다는 것은 단지 지적인 동의가 아니다. 우리가 믿을 때에, 성령의 은혜가 함께한다. 그때에 실상 죽으시고 부활하신 그리스도와의 연합이 일어난다. 그러므로 그 마음에서 그리스도의 죽으심과 부활하심이 믿어진다면, 그 사람은 그리스도와 연합된 사람이요. 의롭다 함을 얻은 사람이다. 그래서 마음으로 믿어 의에 이른다고 말하는 것이다.

둘째, 입으로 시인하는 외적인 고백이 있어야 한다. 내적으로 믿는다면 입으로 시인해야 구원에 이른다. 입으로 시인하는 것은 나의 인격적인 행동이고 의사 표현이다. 입으로 시인하는 행동은 공동체적인 시인, 즉 세례를 포함한다. 공적으로 "나는 그리스도인이다. 나는 예수님을 믿는다"라고 고백하는 것이다.

로마서가 기록된 당시에 예수님을 믿는 데는 많은 핍박과 어려움이 따를 수 있었다. 그럼에도 입으로 시인하는 외적인 고백은 단지 언어의 문제가 아니었다. 공적 신앙의 선포, 고난 가운데에서도 믿음을 붙드는 실천, 그리고 그리스도를 삶의 주인으로 인정하는 제자도를 의미했다. 마음으로 믿는 참된 믿음은 결코 마음 안에만 묶여 있지 않는다. 누군가 마음으로 뜨겁게 사랑한다면, 그의 입술과 행동으로 그 마음에 있는 것이 드러나지 않겠는가? 소위 썸만 타다가 끝났다면 그 사랑은 간 보기에 불과할 뿐이다. 입술로 고백할 때, 자신의 인격과 삶을 걸 때 그 내면의 사랑이 진정한 사랑인 것처럼, 우리의 믿음도 그렇다.

이처럼 믿는 자는 부끄러움을 당하지 않는다. "성경에 이르되 누구든지 그를 믿는 자는 부끄러움을 당하지 아니하리라 하니"(롬 10:11). 이 당시에 주님을 입술로 시인한다는 의미는 내가 사회 속에서, 직장 속에서, 세상 속에서 손가락질을 당하고 부끄러움과 수치를 당할 각오를 한다는 의미이다. 그런데도 성경은 예수 그리스도를 입술로 시인하는 믿음의 사람들은 하나님 앞에서 부끄러움을 당하지 않으리라고 말한다.

주님은 우리가 사람들 앞에서 주님을 부끄러워하면 주님도 부끄러워할 것이라고 말씀하셨다. "누구든지 이 음란하고 죄 많은 세대에서 나와 내 말을 부끄러워하면 인자도 아버지의 영광으로 거룩한 천사들과 함께 올 때에 그 사람을 부끄러워하리라"(막 8:38). 반면에 우리가 주님을 부끄러워하지 않으면 주님도 하나님 앞에서 우리를 부끄러워하지 않으신다.

진정한 믿음은 단순한 감정이 아니라, 복음과 예수님의 이름을 공개적으로 시인하고 그분의 가르침을 따르며, 그로 인해 오는 수치나 핍박을 기꺼이 감내하는 결단이 따르는 것이다.

듣는 자가 믿음을 결부시켜야 한다

우리가 감정적인 체험, 영적인 체험이 있다고 해서 온전한 구원에 이르렀다고 생각하면 안 된다. 이스라엘 백성은 광야에서 계속 영적인 체험을 하고, 은혜를 경험했다. 홍해가 갈라지고, 하늘에서 만나가 내리고, 반석에서 물이 나고, 구름 기둥과 불 기둥으로 하나님이 함께하시는 모든 순간이 은혜였다. 그리고 그들은 그런 은혜와 체험이 있을 때마다 하나님을 찬양했다. 하지만 그러다가 고난이 오면 그들은 불평했다. 40년 동안 하나님이 은혜를 내리셨는데 40년 동안 불평을 했다. 이게 무슨 말인가? 그들이 진정으로 믿는지 아닌지는 고난의 때에 알 수 있다. 그들은 40년 동안 은혜를 체험했지만, 결국은 믿지 않았다.

이것은 오늘날 우리의 거울이다. 오늘날도 삶이 잘되고 은혜로우면 믿는 것 같다가, 조금 인생이 힘들어지면 다시 불평하는 사람들이 얼마나 많은가? 결국 어렵고 일이 잘 안될 때 내가 진정으로 믿는지가 나타난다. 그때 원망하고 불평한다면 그는 믿지 않는 것이다. 이렇게 살아가는 이스라엘과 오늘날 성도들에 대해서 성경은 뭐라고 하는가? "그들과 같이 우리도 복음 전함을 받은 자이나 들은 바 그 말씀이 그들에게 유익하지 못한 것은 듣는 자가 믿음과 결부시키지 아니함이라"(히 4:2).

복음 전함을 받았으나 믿음과 결부하지 않았다는 것이다. 주님은 이스라엘 백성에게 온갖 은혜와 기적으로 복음을 전하셨다. 쉼 없이 그들에게 자신의 사랑을 계시하시고 문을 두드리셨지만, 이스라엘은 그때만 빼꼼히 창을 열고 내다볼 뿐, 결국 문을 열지 않았다. 그 은혜에, 그 감동과 눈물에 믿음을 결부시키지 않았다. 주님을 믿고 따르기로 결단하지 않았다. 입으로 시인하는 믿음이 따르지 않았다. 결국 그들은 약속의 땅에 들어가지 못하고 모두 광야에서 엎드러졌다.

구원에 필요한 것은 혈통도, 행위도, 열심도 아니다. 오직 예수님을 진정으로 믿는지 여부이다. "유대인이나 헬라인이나 차별이 없음이라 한 분이신 주께서 모든 사람의 주가 되사 그를 부르는 모든 사람에게 부요하시도다"(롬 10:12). 주님은 혈통이나 민족의 차별 없이 누구든지 "그를 부르는 모든 사람"의 주가 되신다. 그를 부르는 사람에게 주님은 부요하시다고 바울은 말한다. 그리스도를 진정으로 주로 시인하고 믿는 사람들에게 하나님은 풍성히 베푸시는 분이라는 것이다. 용서의 풍성함, 의의 선물, 성령의 내주, 영원한 생명, 하나님의 자녀로서 상속권 등 구원에 속한 모든 것을 풍성하게 주신다.

이 부요함을 누가 경험하는가? "그를 부르는 모든 사람"이다. 전심으로 주를 믿는 사람이다. 어디서나 주를 시인하고, 복음을 증거하는 사람이다. 우리는 예수를 입 다물고 믿으면 안 된다. 신앙고백도 하지 않고, 입 벌려서 찬송도 하지 않고, 입술을 벌려 그분의 말씀을 전하지 않으면 설사 마음으로 믿는다고 해도 부요함을 경험하지 못한다.

우리 주위에서 부요한 신앙생활을 하는 자가 누구인가? 입술로 기도하고, 입술로 찬양하고, 입술로 가르치고, 입술로 복음 전하고, 쉼 없이 하나님께 감사하고, 그분을 자랑하는 사람이다. 그럴 때 하나님은 그에게 부요하시다. 입술부터 믿음을 고백하라. 급기야 바울은 믿는 자를 "주의 이름을 부르는 자"라고 말한다. "누구든지 주의 이름을 부르는 자는 구원을 받으리라"(롬 10:13). 이제 믿는 자가 "부르는 자"로 전환되었다. "주님" 하고 불러야 한다. "주님, 저를 구원해 주세요" 하고 불러야 한다. "주여, 저를 불쌍히 여기소서"라고 불러야 한다. 그렇게 간절히 부르고 고백하고 사모하고 시인할 때, 하나님은 우리의 믿음을 진정으로 여기신다. 주님을 부르는 그 사람이 구원을 받는다.

복음을 전해야 듣고 믿는다

● 들어야 믿고 고백한다

그러면 어떻게 주님의 이름을 부를 수 있을까? 먼저 그분을 믿어야 한다. 믿어야 주님의 이름을 부를 수 있다. "그런즉 그들이 믿지 아니하는 이를 어찌 부르리요"(롬 10:14상). 그분을 믿으려면 복음을 들어야 한다. "듣지도 못한 이를 어찌 믿으리요"(롬 10:14중). 복음을 들을 때 주님이 그들을 만나 주신다. 성령이 함께하시고, 마음을 두드리시고, 은혜를 주셔서 그리스도를 만나게 된다. 이처럼 복음은 살아 계신 하나님의 말씀이기에 복음을 들으면 하나님의 역사가 나타난다. 이것이 복음의 능력이다.

중요한 것은 듣는 것이다. 교회에 앉아 있다고 구원받는 것이 아니다. 복음을 들어야 한다. 복음이 귀에 들려야 한다. 그러면 그 말씀이 그를 구원하는 역사를 일으킨다. 믿음이 생기는 것이다. "그러므로 믿음은 들음에서 나며 들음은 그리스도의 말씀으로 말미암았느니라"(롬 10:17). 그래서 마귀는 늘 말씀을 듣지 못하게 한다. 예배당에 나와도 말씀을 듣지 못하도록 졸게 한다. 그러다가 어느 날 고난이 오고 말씀이 들리기 시작한다. 그렇게 눈을 뜨고 말씀을 들을 때부터 믿음이 생기고 믿음이 성장하기 시작한다. 복음의 말씀을 들어야 한다. 들을 때 믿음이 생긴다.

● 전해야 듣고 믿는다

어떻게 해야 들을까? 전파하는 자가 있어야 한다. "전파하는 자가 없이 어찌 들으리요"(롬 10:14하). 누군가 그에게 전도를 해야 한다. 하나님은 사람을 구원하시되 전도란 방법으로 구원하기로 작정하셨다. "하나님의 지혜에 있어서는 이 세상이 자기 지혜로 하나님을 알지 못하므로 하나님께서 **전도의 미련한 것**으로 믿는 자들을 구원하시기를 기뻐하셨도다"(고전 1:21). 죽음과 부활의 복음을 전하는 것이 이성적으로는 미련해 보일지 모른다. 하지만 전하면, 듣는 이가 그리스도를 만나고 믿어서 구원을 받는다.

바로 이 사명이 우리에게 있다. "보내심을 받지 아니하였으면 어찌 전파하리요"(롬 10:15상). 바울은 자신이 보내심을 받았다고 말한다. 그래서 복음을 전파한다는 것이다. 예수님은 사도들을 보내셨다. 그리스도는 제자들에게 땅끝까지 복음을 전하라고 하셨다. 사도들의 터 위에 세워진 교회는 이 세상으로 복음을 전하도록 보내심을 받았다. 즉 보냄 받은 존재로서, 우리는 복음 전도의 사명을 가지고 있다.

우리가 복음을 알고 은혜를 누린다는 것은 빚진 자라는 의미이다. 내가 생명의 복음을 알고 충만한 복을 알았는데 사랑하는 사람들에게 전해 주지 않는다면 그들은 알지 못한다. 그냥 그들은 '교회나 절이나 타 종교나 다 착하게 살려고 하는 것이지. 착하게 살면 구원받는 것이지. 나도 착하게 살려고 애쓰니까, 당신이 교회에 나가는 것이나 내가 착하게 사는 것이나 뭐 별다를 게 있어?'라고 생각하고 만다.

"기록된 바 아름답도다 좋은 소식을 전하는 자들의 발이여 함과 같으니라"(롬 10:15하). 하나님은 좋은 소식을 전하는 자들의 발이 아름답다고 하셨다. 복음 전도의 사명을 감당하는 발걸음, 그 삶을 하나님은 아름답게 여기신다. 우리를 그리스도께로 인도한 그들이 얼마나 아름다운가. 생각해 보면 그리스도를 전해 준 그 발걸음, 그 입술만큼 아름다운 것이 없다. 우리도 누군가에게 정말 아름다운 인생이 되어야 한다.

● 듣고도 안 믿는 것은 내 책임이다

바울은 여기서 이스라엘이 왜 복음을 믿지 않았는가에 대해 질문을 던진다. "혹시 이스라엘이 복음을 못 들은 것 아닌가?" 이에 대해 바울은 "그렇지 않다"($\mu\epsilon\nu o\hat{\upsilon}\nu\gamma\epsilon$, 메눈게), 즉 강한 부정으로 답하며, 복음은 들려졌고 널리 퍼졌다고 선언한다. "그러나 내가 말하노니 그들이 듣지 아니하였느냐 그렇지 아니하니 그 소리가 온 땅에 퍼졌고 그 말씀이 땅끝까지 이르렀도다 하였느니라"(롬 10:18). 이미 예루살렘에 엄청난 복음의 부흥이 있었다. 그리고 박해로 흩어진 신자들이 유대인들에게 복음을 전했다. 그러므로 그들은 들었다.

그렇다면 "혹시 이스라엘이 복음의 뜻을 정말로 몰라서, 즉 이해하지 못해서 안 믿은 것은 아닐까?"라는 질문을 던진다. "그러나 내가 말하노니 이스라엘이 알지 못하였느냐"(롬 10:19상). '이스라엘이 복음을 듣긴 했지만, 그 의미나 중요성을 알지 못했기 때문에 믿지 않은 것이 아닐까?'라는 의구심이다. 이에 대해서 바울은 구약의 예언을 인용하여 반박한다.

핵심 요지는 이렇다. 이미 하나님은 모세를 통해서 신명기에서 말씀하셨다. 믿지 않는 그들을 이방인 백성들을 사용하여 시기가 나게 하신다는 말씀이다. 하나님이 이방인을 먼저 받아들이심으로써, 이스라엘을 자극하실 것이라는 경고이자 전략이다. "그러나 내가 말하노니 이스라엘이 알지 못하였느냐 먼저 모세가 이르되 내가 백성 아닌 자로써 너희를 시기하게 하며 미련한 백성으로써 너희를 노엽게 하리라 하였고"(롬 10:19). 이렇게 하나님은 이방인들을 구원함으로써 이스라엘에게 종일 손을 벌렸다고 말씀하신다. "이스라엘에 대하여 이르되 순종하지 아니하고 거슬러 말하는 백성에게 내가 종일 내 손을 벌렸노라 하였느니라"(롬 10:21). 하나님은 이런 방식으로 아이에게 손 벌리는 엄마처럼 달려만 오면 안아 주려고 기다리셨다.

집 나간 탕자를 기다리는 아버지가 손을 벌리듯이, 그렇게 하나님은 이스라엘을 향해서 구원의 손길을 내미셨다. 종일 손을 벌려서 선지자도 보내시고, 하나님의 아들도 보내시고, 사도들도 보내셨다. 결국 그들이 지금 복음을 받아들이지 않는 것은 '모르기 때문'이 아니라, 알면서도 거절하는 불순종 때문이다. 그들은 결코 듣지 못할 수도 없으며, 모를 수도 없다. 다만 완악함으로 인해서 믿지 않았을 뿐이다. 그들은 알면서도 복음을 완강하게 거부하고 오히려 핍박했다.

오늘날 복음이 많은 사람에게 전파되고 있다. 어떤 이는 복음을 듣지 못해서 믿지 않지만, 어떤 이들은 듣고도 안 믿는다. 어떤 이들은 이해를 못해서 온전히 믿지 못하기도 하지만, 어떤 이들은 알면서도 안 믿는다. 고의로 불순종하고 그리스도를 거역하는 것이다. 결국 책임은 본인에게 있다. '하나님이 선택하신 자녀라면 믿을 것이고, 버림받았으면 어차피 안 믿을 텐데' 하면서 자신의 책임을 부정한다. 자신의 마음을 강퍅하게 내버려둔 채 거부한다.

하나님은 분명 복음을 전하셨고, 이 사람 저 사람을 통해서 설득하면서 종일 손을 벌리셨다. 사랑으로 기다리셨다. 그리고 지금도 기다리신다. 그러므로 믿지 않는 것은 전적으로 나의 완고함 때문이다. 이 사실을 기억하고 돌아와야 한다. 완고함을 버리고 회개해야 한다.

토론과 적용을 위한 질문

» 오늘날에도 여전히 전도가 필요한 이유는 무엇인가요? 전도에 대해 그동안 갖고 있었던 나의 생각을 적어 보세요.

» 복음에 '빚진 자'로서 전도의 사명을 삶에서 실천하고 있나요? 전도를 통해 다른 사람을 교회로 인도한 경험이 있다면 나누어 봅시다.

32

이스라엘은
영원히 버림받은 건가요?

롬 11:1-6

버려두심에 담긴 놀라운 섭리

● 남은 자가 있다

그러면 과연 이스라엘은 버림받았는가? 바울은 그렇지 않다고 말한다. 바울은 자신도 이스라엘인이라고 말하면서(롬 11:1) 엘리야 때처럼 남은 자가 있다고 말한다(롬 11:2-4). '남은 자'(Remnant) 개념은 구약성경 전반에 걸쳐 반복적으로 등장하는 사상이다. 하나님은 홍수 심판 때에도 노아의 가족 여덟 명을 남기셨다. 엘리야 시대에 온 이스라엘이 우상 숭배에 빠졌지만, 바알에게 무릎 꿇지 않은 칠천 명을 남기셨다. 이스라엘의 우상 숭배로 모두 바벨론에 포로로 끌려갔지만 하나님은 여전히 충성된 백성들을 남겨 두시고 그들을 통해서 이스라엘을 재건하신다. 지금도 바울은 남은 자가 있다고 한다.

그런데 이스라엘 중에 남은 자는 누구인가? 바로 은혜로 택하심을 받은 자들이다. "그런즉 이와 같이 지금도 은혜로 택하심을 따라 남은 자가 있느니라"(롬 11:5). 율법의 행위가 아니라, 은혜로 택하심을 받은 자라는 것이다(롬 11:6). 그들은 율법이나 민족적 혈통이 아니라 예수 그리스도 안에서 믿음으로 구원받은 하나님의 백성이다. 그런 면에서 바울을 비롯한 예수님의 열두 제자가 남은 자요, 예수님의 부활을 목격한 오백여 형제도 모두 유대인으로 남은 자요, 초대교회 예루살렘 성도들도 남은 자였다. 비록 그들은 고국에서 핍박받고 쫓겨나 배척당했지만, 그들이야말로 하나님의 백성이요, 남은 자였다.

그러므로 하나님은 이스라엘을 버리지 않으셨다. 그들은 마치 그루터기와 같다. 나무가 잘렸지만, 밑동은 남아서 그루터기가 되어 다시 싹이 나고 가지가 돋아 살아날 수 있듯이 이스라엘은 남은 자를 통해서 다시 회복될 것이다. 그러면 어떻게 이스라엘이 남은 자들을 통해 하나님께로 돌아오게 되는가?

● 버려두심 속에 숨겨진 하나님의 섭리

이스라엘의 불신앙으로 구원이 이방인에게 이르게 되었다

첫째, 완악한 이스라엘이 넘어짐으로써 구원이 이방인에게 이르게 하신다. "그들이 넘어짐으로 구원이 이방인에게 이르러"(롬 11:11중). 바울이 비시디아 안디옥의 회당에서 말씀을 전할 때 유대인들이 바울을 비방했다. 그때 바울의 반응을 보라. "너희가 그것을 버리고 영생을 얻기에 합당하지 않은 자로 자처하기로 우리가 이방인에게로 향하노라"(행 13:46하). 이렇게 하나님은 유대인들을 강퍅케 하심으로 복음이 이방인에게 전파되게 하셨다. 하나님은 이스라엘을 우둔케 하심으로 이방인의 구원을 이루어 주셨다.

이방인의 구원이 이스라엘로 시기 나게 한다

둘째, 하나님은 이방인들의 풍성함으로 인해 이스라엘로 시기 나게 하여 돌아오게 하신다. "그들이 넘어짐으로 구원이 이방인에게 이르러 이스라엘로 시기 나게 함이니라"(롬 11:11하). 로마서 11장 12절에 보면, 이방인들이 믿고 구원받는 것을 "풍성함"이라고 한다. "그들의 넘어짐이 세상의 풍성함이 되며"(롬 11:12상).

이 풍성함, 즉 복음 안에서의 부요함은 원래 이스라엘 백성이 하나님의 율법에 순종했을 때 그들에게 약속된 복이었다. 그런데 정작 이방인들이 믿고 순종해서 부요함을 누리고 있다. 오히려 이스라엘은 주후 70년에 로마에 의해 완전히 망하고 2천 년 동안 나라 잃은 설움을 안고 유리방황하게 된다. 긍휼의 그릇이 진노의 그릇이 되어 버린 것이다. 그러나 복음을 들은 수많은 이방 나라, 유럽이나 미국 등은 그리스도 안에서 얼마나 놀라운 축복과 부요함을 누리는가?

역사적으로 보면 복음이 들어간 곳마다 부요함을 누린 것이 사실이다. 물론 예수를 믿기에 고난을 겪기도 한다. 하지만 복음 안에서 우리가 하나님과 화목하고, 죄 사함 받고, 죄를 이기고, 성령 안에서 열매를 맺으며 살아갈 때, 그 개인과 가정에 하나님이 주시는 평안과 풍성함이 있다. 때로 하나님이 믿는 가정의 부요함을 통해서 믿지 않는 형제들을 주님께 돌아오게 하신다. 이처럼 이스라엘도 이방인의 풍성함을 보고 시기 나게 하여 하나님께로 돌아오게 하신다는 것이다. 이것이 하나님의 섭리이다.

이스라엘의 구원은 세상에 더 많은 축복을 가져올 것이다

셋째, 이스라엘의 넘어짐이 이방인의 구원, 부요함을 가져왔다. 그렇다면 이스라엘의 충만함은 훨씬 더 많은 부요함을 가져오지 않겠느냐고 바울은 반문한다. "그들의 넘어짐이 세상의 풍성함이 되며 그들의 실패가 이방인의 풍성함이 되거든 하물며 그들의 충만함이리요"(롬 11:12).

여기에서 "충만함"은 모든 이스라엘이 다 구원받는다는 의미가 아니라 그들 중 선택받은 백성들의 충만한 숫자를 말한다. 바울은 그들의 완악함이 이방인에게 풍성함이 되었다면, 그들이 돌아오면 얼마나 더 많은 풍성함이 되겠느냐고 한다. 더 풍성하게 되는 것을 이렇게 이야기한다. "그들을 버리는 것이 세상의 화목이 되거든 그 받아들이는 것이 죽은 자 가운데서 살아나는 것이 아니면 무엇이리요"(롬 11:15).

새번역을 참고하면 이 구절의 의미가 더 쉽게 이해된다. "하나님께서 그들을 버리심이 세상과의 화해를 이루는 것이라면, 그들을 받아들이심은 죽은 사람들 가운데서 살아나는 삶을 주심이 아니고 무엇이겠습니까?"(롬 11:15, 새번역) 여기에 "죽은 사람들 가운데서 살아나는 삶을 주심"은 일차적으로 이스라엘을 향해서이다. 이스라엘이 회심하는 사건은 하나님이 에스겔 골짜기의 마른 뼈 같은 그들을 다시 살리시는 사건이다. 또한 그것은 온 세상을 향한 것이다. 이는 곧 하나님이 그들을 통해 이 땅에 죽은 자가 다시 살아나는 종말론적 회심의 부흥을 일으키실 것을 말한다.

예를 들어, 바울의 핍박으로 유대 그리스도인들이 흩어져 이방인에게 복음을 전하는 계기가 되었다. 그런데 바울이 회심하자 그를 통해 엄청난 이방인들이 믿고 돌아오는 부흥의 역사가 일어난다. 그런 면에서 유대인들의 회심은 복음 전파에 새로운 동력이 되고, 하나님의 구원 역사에 종말론적 부흥이 일어나는 통로가 될 것이라는 말이다.

이렇게 하나님은 이스라엘의 완악함으로 이방인이 구원을 받아 풍요함을 누리고, 유대인들은 그것을 시기하여 예수님께 돌아오는 섭리로 이스라엘을 다시 회복시키실 것이다. 바울이 자신을 이방인의 사도로서 영광스럽게 생각하는 이유가 이러한 섭리 아래서 자신의 골육인 이스라엘이 시기 나게 하여 그들을 구원하고자 함이라는 것이다(롬 11:13-14).

이러한 섭리는 구약성경에도 나타난다. 요셉이 형제들에 의해 애굽에 팔림이 그가 하나님의 은혜를 받는 여정이 된다. 그가 애굽에서 국무총리가 되어 하나님의 부요하심 가운데 나타나자, 결국 그 여정 속에서 형들도 모두 하나님께로 돌아온다. 그리고 형들이 모두 돌아올 때 이스라엘의 열두 시조가 완성되고 한 민족의 근간이 이루어진다.

우리의 삶도 마찬가지이다. 종종 가정 안의 핍박으로 오히려 우리의 믿음이 더 굳게 선다. 그리고 우리가 예수님 안에서 부요함을 누리는 모습을 보면서 온 가족이 주님 앞으로 돌아온다. 핍박하던 아버지가 돌아오는 회심이라면 온 집안에 영향력이 얼마나 더 크겠는가? 믿음의 아내를 핍박하던 남편이 주님께 돌아올 때 그 영향력은 가정에 큰 부요함을 가져온다. 완악하던 회사의 사장이나 부장이 돌아오는 것도 얼마나 큰 부요함이겠는가? 특별히 거절에서 회심으로의 전환이 복음에 큰 영향력을 미친다. 김익두 목사가 깡패 두목으로 그리스도인들을 핍박하다가 회심했을 때에 미친 영향력은 실로 지대했다. 이처럼 바울이 이스라엘이 돌아올 것이라고 확신하는 근거는 뭘까?

● 이스라엘이 다시 돌아올 것이라는 두 가지 근거

그리스도처럼 버려졌다면 그리스도처럼 받아들여질 것이다

첫 번째 근거로 바울은 앞서 본 로마서 11장 15절에서 유대인들의 버려짐과 받아들여짐을 그리스도의 버려짐과 받아들여짐의 유비(類比)로 설명하고 있음을 알아챌 수 있다. "그들을 버리는 것이 세상의 화목이 되거든 그 받아들이는 것이 죽은 자 가운데서 살아나는 것이 아니면 무엇이리요"(롬 11:15). 예수님을 버림으로써 하나님이 세상과 화목하신 것처럼, 하나님이 이스라엘을 버리심으로써 이방인들을 돌아오게 하셨다는 것이다. 버림받으신 예수님을 받아들이시기 위해서 그분을 죽은 자 가운데서 다시 살리신 것처럼, 이제 이스라엘의 받아들여짐(돌아옴, 회심)은 곧 죽은 자가 다시 살아남과 같다고 한다.

바울은 이스라엘의 대표자이신 그리스도의 버려지심과 받아들여지심 아래서, 이스라엘도 버려졌지만 다시 받아들여질 것이라고 말하고 있다. 즉 그리스도처럼 버려졌다면, 그리스도처럼 받아들여질 희망이 있다는 것이다. 하나님의 놀라운 섭리 속에서 그들을 버리심이 주님의 버림받으심과 일치한 목적을 가진다면, 하나님이 그리스도를 살리심처럼 이스라엘도 살리시지 않겠느냐는 것이다.

뿌리가 거룩하면 가지도 거룩하다(언약의 신실성)

두 번째 근거로 바울은 하나님이 그들의 조상에게 주신 언약의 신실성을 이야기한다. 하나님께 드려진 처음 익은 곡식 가루가 거룩하면 그 떡덩이도 거룩하고, 뿌리가 거룩하면 가지도 거룩하다고 말한다(롬 11:16). 여기에서 처음 익은 곡식 가루와 뿌리는 아브라함을 가리킨다. 그가 하나님의 약속을 받았고, 그의 후손도 약속을 받았다. 물론 그 약속은 궁극적으로 그리스도 안에서 믿음의 후손들을 가리킨다. 하지만 그 약속은 순서적으로 보면, 이방인 이전에 이스라엘에게 우선적으로 주어졌다. 그래서 바울이 복음을 전할 때에도 늘 유대인에게 먼저 전하는 것이다. 약속이 먼저 유대인에게 주어졌기 때문이다.

그런 면에서 뿌리가 거룩하면 가지도 거룩하다는 말은 민족적·혈통적 차원이 아닌 '언약적 신실함'의 차원에서, 이스라엘은 하나님이 여전히 주목하시는 우선적인 대상이라는 뜻이다. 그러므로 이스라엘이 그 언약을 믿고, 언약하신 예수 그리스도를 믿게 된다면, 본래의 뿌리에 다시 '접붙임'을 받을 수 있다는 것이다.

그러므로 그들도 믿으면 다시 접붙임 받는다

바울은 이 두 가지에 근거하여 이제 이스라엘의 대표자이신 예수님,

아브라함의 언약의 성취자이신 예수님을 믿으면 그들도 다시 하나님의 백성으로 접붙임을 받는다고 말한다. "그들도 믿지 아니하는 데 머무르지 아니하면 접붙임을 받으리니 이는 그들을 접붙이실 능력이 하나님께 있음이라"(롬 11:23). 오히려 그들이 더 잘 접붙여질 것이라고 말한다. "네가 원돌감람나무에서 찍힘을 받고 본성을 거슬러 좋은 감람나무에 접붙임을 받았으니 원가지인 이 사람들이야 얼마나 더 자기 감람나무에 접붙이심을 받으랴"(롬 11:24).

감람나무와 돌감람나무는 서로 본성이 다르다. 돌감람나무인 이방인들을 좋은 감람나무인 이스라엘에 접붙임은 식물학적으로 원래 자기 본성을 거스른 접붙임이었다. 그러나 원래 감람나무 가지였던 이스라엘이 설사 거기에서 꺾였다고 할지라도, 그들은 원감람나무와 본성이 같다. 그러므로 본성이 다른 감람나무보다 훨씬 잘 접붙여질 것이란 말이다.

이 말은 유대인들이 예수님을 믿으면 이방인보다 더 잘 접붙여져서 열매도 잘 맺는다는 뜻이 아니다. 이방인이든 유대인이든 그리스도의 은혜 가운데서 열매를 맺는다. 여기서의 초점은 이스라엘이 주님께 돌아오는 일이 자연스러운 순리라는 데 있다. 돌감람나무였던 이방인들의 접붙여짐은 자연스러운 순리라기보다는 은혜의 기적이다. 하지만 원래 그 뿌리에서 난 가지였던 이스라엘이 다시 그리스도께 돌아와서 믿음으로 접붙여지는 것은 보다 자연스러운 일이다.

이스라엘이 예수 그리스도를 믿게 되는 일은 결코 이상한 일이 아니라, 아브라함 안에서 본래 그들에게 주어진 은혜의 언약 아래로 돌아오는 자연스러운 일이다. 유대인들이 돌아와 예수님을 믿는 것을 불가능한 일

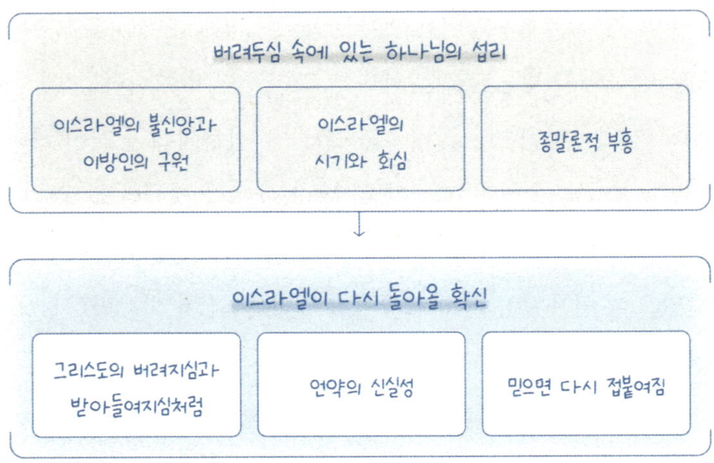

이나 이상한 일로 여겨서는 안 된다. 이것은 마치 믿음의 가문에서 자라난 자녀가 언젠가 예수님을 믿고 복음에 헌신하는 것이 보다 자연스러운 것과 같다. 이처럼 이스라엘도 믿으면 접붙여진다.

토론과 적용을 위한 질문

» 주변에 복음을 완강하게 거부하고 핍박했던 사람이 회심하여 예수님을 믿게 된 사례가 있나요? 그 일을 통해 그 주변인들이 복음을 듣는 태도에 어떤 변화가 생겼나요?

» 이스라엘의 불신앙을 이방인의 구원으로 이끌고, 이방인의 구원으로 이스라엘을 돌이키게 하시는 하나님의 섭리처럼, 나의 삶 속에서 누군가의 거절이나 실패를 통해 오히려 하나님의 뜻이 이루어진 경험이 있다면 나누어 봅시다.

이미 믿은 자를
아끼지 아니하신다니요?

믿는 자를 향한 경고

● 자만하지 말라는 경고

바울은 이스라엘이 다시 감람나무에 믿음으로 접붙여져 돌아올 것이라고 말하면서, 갑자기 이미 믿는 이방인 신자들에게 잘 믿어야 한다고 경고 어린 권면을 한다. 이렇게 권면하는 이유는 이방인들의 믿음에 유대인들을 돌아오게 할 책임과 사명이 있기 때문일 것이다.

원래 돌감람나무였다는 사실을 기억하라

바울은 이스라엘의 접붙여짐이 원가지에 붙는 자연스러운 순리인 반면에, 이방인들은 그렇지 않다고 한다. 그들은 원래 열매를 맺을 수 없는 돌감람나무였으나 참감람나무에 접붙인 바 되어 그 뿌리의 진액을 함께 받게 되었다. "또한 가지 얼마가 꺾이었는데 돌감람나무인 네가 그들 중에 접붙임이 되어 참감람나무 뿌리의 진액을 함께 받는 자가 되었은즉"(롬 11:17). 그들이 열매를 맺는 존재가 된 것은 전적으로 접붙임 때문이다. 그러므로 그들은 착각하여 자랑하면 안 된다. "그 가지들을 향하여 자랑하지 말라 자랑할지라도 네가 뿌리를 보전하는 것이 아니요 뿌리가 너를 보전하는 것이니라"(롬 11:18).

바울은 두 가지 이유로 이방인들에게 자만하지 말라고 경고한다. 첫째로, 본성이 다른데 접붙여졌다는 사실은 전적인 은혜이기 때문이다. 언약 밖의 민족, 죄의 문화 아래 있던 자들로서 너희가 구원받은 것은 진실로 전적인 은혜라는 것이다. 둘째로, 이방인이 잘 믿고 수적으로 많은 반면에, 이스라엘은 수가 적고 오히려 안 믿는 상황이라고 해서 네가 뿌리를 보전하는 위치가 아니고, 오히려 뿌리가 너희를 지탱한다는 사실을 잊지 말라는 경고이다.

여기서 "뿌리"는 구속사의 언약적 기초를 의미한다. 구체적으로는 아브라함과 족장들과 맺으신 언약, 그리고 그 언약에 기초한 이스라엘 공동체 전체를 포함한다. 이방인들은 그 뿌리로부터 진액을 공급받았다. 지금 그들이 누리고 있는 복음, 생명, 성령의 은혜는 그들이 만들지도, 그들의 민족이 세우지도 않았다. 오로지 하나님이 아브라함과 그의 자손에게 약속하신 뿌리로부터 흘러나온 진액이며, 이방인들은 그 뿌리에 은혜로 접붙임 받았을 뿐이다. 그러므로 너희가 잘 믿고 숫자가 많아진다고 해서 스스로 구속사의 중심이라고 생각하면 안 된다는 것이다.

이것은 실로 기독교 역사의 뿌리를 기억하게 하는 중요한 경고이다. 이단들을 보면 함부로 뿌리를 한국이나 동방으로 옮긴다. 그래서 어떤 교주가 갑자기 뿌리가 된다. 이처럼 우리가 역사적인 뿌리, 구약적인 뿌리를 잊어버린다는 것은 참으로 위험한 일이다.

너도 아끼지 아니하시리라

그리고 바울은 그들 내면의 교만에 대해서도 경고를 한 가지 더 추가한다. 그들은 유대인이 버림받은 것은 우리 이방인이 구원받도록 하려는 하나님의 계획이 아니냐고 반문한다. "그러면 네 말이 가지들이 꺾인 것은 나로 접붙임을 받게 하려 함이라 하리니"(롬 11:19). 즉 "이스라엘이 꺾인 것은 이방인을 위한 발판이다. 결국 우리는 하나님의 관심 대상이고, 그들은 도구 아니었냐"는 반문이다. 바울은 여기에서 이방인들이 복음에 참여하게 된 은혜를 특권으로 오해하는 교만을 지적하고 있다.

이에 대해서 바울은 유대인들이 꺾인 것은 맞는데, 그 이유는 그들이 믿지 않았기 때문이라고 한다. 반면에 너는 단지 믿음으로 섰다는 것이다. "옳도다 그들은 믿지 아니하므로 꺾이고 너는 믿으므로 섰느니라 높은 마음을 품지 말고 도리어 두려워하라"(롬 11:20). 유대인들은 하나님의 은혜로 축복을 받자 스스로 자랑하고 자기 의를 의지하여 믿음에서 떠나서 꺾였다. 너희도 그들처럼 높은 마음을 품으면 꺾일 수 있다는 것이다. 원가지도 아끼지 않으신 하나님이 믿음에서 떠나면 너희도 아끼지 않고 잘라 버리실 것이란 말이다. "하나님이 원가지들도 아끼지 아니하셨은즉 너도 아끼지 아니하시리라"(롬 11:21).

우리가 예수님을 믿고 마치 천국을 얻어 놓은 것처럼 착각하면 안 된다. 아무렇게나 살아도 천국은 가게 되는 것처럼 생각하면 안 된다. 믿음에서 떠나면 하나님이 찍어 버리겠다고 하셨다. 자기 마음대로 살겠다고 교회에 나오지 않는 사람이나, 교회에 다녀도 자기 행위, 자기 의로 신앙 생활을 하는 사람이나 실상은 똑같다. 그들은 믿음에서 떠난 자이며 하나 님은 그런 자를 찍어 버리겠다고 경고하신다.

인자하심인가, 준엄하심인가?

"너희가 만일 하나님의 인자하심에 머물러 있으면 그 인자가 너희에게 있으리라 그렇지 않으면 너도 찍히는 바 되리라"(롬 11:22하). 하나님은 인 자하심과 준엄하신 성품을 다 가지고 계신다. "그러므로 하나님의 인자 하심과 준엄하심을 보라"(롬 11:22상). 우리가 죄인이지만 하나님이 당신의 아들을 보내셔서 믿는 자에게 은혜를 베푸시는 것은 그분의 인자하심이 다. 그러나 그 인자하심에 머물지 않고 자기 행위를 의지하여 믿음에서 떨어지는 자에게는 준엄하심이 있다. 믿음으로 그분 안에 머물면 그분의 인자하심을 경험한다. 하지만 믿음에서 떠나 넘어지면 그분의 준엄하심 을 경험할 것이다.

이것은 오늘 우리 신약의 성도들을 향한 경고이다. 우리를 위해서 죽 으신 예수님에게서 떠나는 순간, 교만한 순간, 우리에게는 준엄한 심판이 돌아올 뿐이다. 우리가 믿음에서 떨어지면 다른 사람을 시기 나게 하기는 커녕 우리 자신이 꺾이고 만다. 우리도 버림받는다. 그분의 인자하심을 경험하는 길은 오직 하나, 믿음 안에 있다. 우리가 예수님을 잘 믿는 것, 그 믿음 안에 거하는 일이 얼마나 큰 축복인지 기억해야 한다. 이 악한 시대를 이기고, 가정을 지키고, 자녀를 지키는 길은 오직 믿음, 오직 은혜이다. 이 믿음을 소중히 여기고 끝까지 예수님 안에 머물러야 한다.

● 온 이스라엘의 구원과 하나님의 신비

이제 다시 바울은 이스라엘의 구원 문제로 돌아온다. 바울은 하나님이 이스라엘을 구원하시는 지혜를 "신비"라고 표현한다. 신비란 인간 이성으로는 알 수 없지만 하나님이 계시로 밝히신 구속사적 비밀을 의미한다. 그것은 이방인의 충만한 수가 구원받기까지 이스라엘의 일부가 우둔해졌다는 것이다. 그래서 "온 이스라엘"이 구원을 받게 하셨다는 것이다(롬 11:25-26). 바울이 앞서 여러 번 언급했던 것처럼, 이방인들이 예수님을 믿는 것을 보고 이스라엘이 시기하여 돌아오는 방식으로 온 이스라엘이 구원받을 것이라는 말이다. 여기서 "신비"는 바로 그러한 하나님의 섭리를 말한다.

온 이스라엘의 구원의 의미

바울은 여기서 온 이스라엘이 구원받는다고 하는데, 그것이 이스라엘의 민족적인 회개를 가리키는지, 아니면 육적 이스라엘이 돌아온 총수를 말하는지, 아니면 유대인과 이방인들을 합한 영적인 온 이스라엘을 말하는지는 논란이 많다. 다만 바울은 앞에서 "이스라엘에게서 난 그들이 다 이스라엘이 아니요"(롬 9:6하)라고 한 바가 있고, 하나님의 백성은 약속의 자손이며 선택받은 자손이어야 함을 말한 바 있다. 그러므로 이것이 민족적 혈통으로 이어진 이스라엘의 집단적 회심을 가리킨다면 모순이 된다.

그렇다면 "온 이스라엘"은 두 가지 가능성을 가진다. 첫째, 온 이스라엘은 이방인과 이스라엘 중에 택함을 받은 백성으로 이루어진 참 이스라엘 전체를 말한다는 주장이다(톰 라이트). 둘째, 온 이스라엘은 이스라엘 중에 지금까지 택함 받은 자들의 총수를 말한다는 견해이다. 앞에 이방인의 충만한 수가 구원받는 것처럼, 온 이스라엘은 이스라엘 중에 충만한 수를 의미한다고 본다(존 스토트, 존 칼빈). 그런데 뒤에 가면 "야곱에게서 경건하지 않은 것을 돌이키시겠고 내가 그들의 죄를 없이"(롬 11:26-27상) 하겠다고 하실 때에 언급된 것은 이스라엘이다. 복음으로 하면 원수이고 택하심으로 하면 사랑을 입은 자라고 하실 때도(롬 11:28) 유대인들을 가리킨다. 이를 보면 여기에서 온 이스라엘은 역사 속에서 구원받은 이스라엘의 총합을 가리키는 것이 문맥상 타당하게 여겨진다. 이것은 결국 후회가 없으신 하나님의 언약의 신실함을 반증한다(롬 11:29).

이방인도, 이스라엘도 오직 긍휼로 구원받는다

그렇다고 해도 이스라엘이 특별해서 하나님이 구원하신다는 것이 아니다. 바울은 이방인도, 이스라엘도 다 긍휼로 구원받는다고 말한다. 이방인들도 원래 순종하지 않는 백성들이었다. 그런데 이스라엘이 순종하지 않아서 복음이 그들에게 향하였고, 그들이 긍휼을 입었다(롬 11:30).

이방인들은 긍휼로 구원받았다. 그리고 순종하지 않는 이스라엘은 앞으로 하나님이 이방인들에게 베푸시는 긍휼을 보고 시기하여 긍휼을 얻게 하실 것이다(롬 11:31). 결국 이스라엘도 긍휼로 구원받을 것이다. 이방인들도 순종하지 않았고, 이스라엘도 순종하지 않았다. 그들 모두 다 긍휼로 구원받는다.

"하나님이 모든 사람을 순종하지 아니하는 가운데 가두어 두심은 모든 사람에게 긍휼을 베풀려 하심이로다"(롬 11:32). 여기 어디에도 이스라엘이 원래 하나님이 택하신 민족이라서, 또는 그들이 남들보다 율법을 지킨 지혜롭고 도덕적인 민족이어서, 그들이 특별해서 구원하신다는 말이 없다. 모두 다 순종하지 않는 죄인들이고, 다 긍휼로 구원받는다는 것이다.

11장의 핵심은 이스라엘이나 이방인이나 다 복음으로 구원받는다는 것이다. 그러므로 이방인의 구원도 자랑할 수 없고, 이스라엘의 구원도 특권이 될 수 없다. 하나님이 이스라엘의 남은 자를 구원하시는 것은 분명 그들의 조상에게 주신 언약의 우선성, 그리고 신실성을 나타낸다. 하지만 이것이 그들의 민족적 특수성이나 특권을 나타내는 것은 아니다. 오늘날 이스라엘을 무비판적으로 지지하는 태도는 신학적으로 위험하다.

"우리가 이스라엘을 위해 기도해야 하는 이유는 그들이 하나님께 특별한 민족이기 때문이 아니라, 그들도 복음의 긍휼을 필요로 하는 죄인이기 때문이다"(존 스토트).

"이스라엘은 선택된 백성이었지만, 그 선택은 궁극적으로 예수 그리스도 안에서 재정의되며, 정치적 특권이 아닌 복음적 회복의 길로 초대받는 것이다"(톰 라이트).

우리는 이스라엘에 대해서 특별하게 생각하거나, 반대로 하나님께 버

림받은 족속이라는 반유대적 사상 등을 품지 말아야 한다. 오로지 우리
가 그들에게 복음의 빚을 졌으며, 그들이 지금 복음이 필요한 존재라는
생각을 하고, 그들의 구원을 위해서 기도하고, 그들에게도 복음을 전해
야 한다.

오직 은혜, 오직 하나님께 영광!

바울은 온 이방을 구원하고 이스라엘을 시기 나게 하여 돌아오도록 하
시는 하나님의 섭리와 지혜를 찬양한다. 이것은 그 누구도 헤아릴 수 없
는 놀라운 지혜라는 것이다. 그리고 인간 이성의 한계와 하나님의 지혜
의 불가해성(不可解性)을 선언한다(롬 11:33). 인간은 하나님의 계획을 이해
하거나 지도할 수 없는 존재이다(롬 11:34). 인간에게는 하나님이 이러저러
한 방법으로 구속사를 펼치셔야 한다고 지시할 자격이 없다. 우리는 그분
께 무엇을 바쳐 그 대가로 구원을 얻은 존재가 아니다(롬 11:35). 인간의 선
행, 혈통, 율법 준수는 하나님의 은혜를 얻을 자격을 만들지 못한다. 구원
은 오직 하나님의 주권적으로만 주어진다.

결론적으로 모든 만물은 주에게서 나오고 주로 말미암고 주에게로 돌
아간다(롬 11:36). 우리의 시작도 그분, 과정도 그분, 끝도 그분이시다. 구
원의 경륜은 삼위 하나님의 절대 주권과 긍휼에서 시작되고 끝나며, 결국
모든 것은 하나님께로 돌아간다. "그에게 영광이 세세에 있을지어다 아
멘"(롬 11:36하). 복음은 결국 오직 하나님의 은혜에 대해서 감사하고, 오직
그분께 영광 돌리게 한다.

우리는 끝까지 예수님을 믿어야 한다. 십자가의 복음만이 신령한 은사이고, 충만한 복이다. 바울은 그의 마지막 서신인 디모데후서에서 "복음을 지켜라. 복음을 전하라"고 부탁한다. 바울은 복음을 핍박하는 전운이 깊어질 때도 디모데에게 "복음과 함께 고난을 받으라"(딤후 1:8)고 하면서 복음을 지키라고 부탁한다(딤후 1:13-14). 더 나아가 디모데로 하여금 충성된 사람들에게 부탁하고, 그 충성된 사람들이 또 다른 사람들을 가르치게 하라고 명령한다(딤후 2:2).

바울은 복음이 세상을 변화시킬 것이라는 사실을 확신했다. 실제로 바울이 로마서를 쓸 당시의 로마 시대, 즉 동성애가 난무하고 죄악이 가득했던 그 시대를 복음이 변화시켰다.

초대교회 당시 세계를 다스리는 자는 로마 황제였다. 로마 황제가 마치 역사의 주인공인 것처럼 인식된다. 그러나 아놀드 토인비(Arnold Toynbee)는 "바울이 탄 배에는 유럽 문명이 실려 있었다"라고 말했다. 바울은 아시아가 아니라 유럽으로 갔다. 한 사람이 전 세계의 역사 흐름을 바꾼 것이다. 우리도 복음에 대해 바울 같은 확신 가운데 굳건히 서야 한다.

오늘날 한국 교회의 문제는 다른 게 아니라 바로 복음에 무지한 데 있다. 이 시대의 대안은 오직 복음, 우리 주 예수 그리스도 외에는 없다. 복음은 예수만 믿게 하는 것이다. 복음은 처음부터 끝까지 예수님만 믿게 한다. 복음을 알아야 한다. 복음을 체질화해야 한다. 복음을 아는 것으로 끝나지 말고 복음으로 자신을 형성하고, 복음으로 교회의 체질을 새롭게

처음부터 끝가지 예수님만 믿으라!

형성해 가야 한다. 그리스도 외에 다른 것이 들어오려고 할 때 이를 철저히 봉쇄하는 방법도 오직 복음뿐이다. 그리스도의 복음을 지키고, 이 복음을 전하여 오직 예수 그리스도만이 구원자요, 주요, 기쁨이요, 만족이요, 살아갈 이유요, 사랑이요, 문제의 대답이요, 목자요, 피할 반석이요, 소망이요, 바라볼 영광이요, 승리요, 충만함이요, 모든 것이심을 알게 하자. 오직 예수 그리스도만이 우리의 소망이다.

토론과 적용을 위한 질문

» 바울은 복음이 세상을 변화시킬 것을 확신하고 전파했습니다. 바울처럼 세상을 변화시킬 '나의 복음'이 있나요? '나의 복음'을 자신의 말로 정리해 봅시다.

» 처음부터 끝까지 예수님을 믿어야 하는 이유가 무엇인가요? 끝까지 믿음으로 복음대로 사는 신앙이 내 삶에 어떤 도전을 주는지 이야기해 봅시다.